北京市“十二五”课题“幼儿园体能锻炼教育策略的实践研究”成果

幼儿园
趣味性体育活动
案例及论文精选

王玉菊　主　编
李新波　副主编

中国农业出版社

主　　编　王玉菊

副 主 编　李新波

编　　委（按姓氏笔画排序）

尹文玉　史新杰　刘　爽　李国苹　杨　丽　吴　迪　宋　扬
宋艳利　张冬梅　张　岩　张　盼　周亚静　周雪征　郑艳荣
赵东霞　蔡亚楠　薛红梅

参与人员（按姓氏笔画排序）

王　杨　王雨晨　王雨涵　王佳琳　王新元　白志瑶　冯　爽
师美玲　刘　爽　刘斯琪　安　瑶　李千惠　李丹阳　李国莲
张靖凡　张新跃　陈建英　范欣然　金　睿　周凤森　赵　蕊
姜　珊　袁梦洲　袁　爽　贾晓娟　贾舒宇　徐卫红　高　萌
崔　颖　章巧雅　韩　雪

指导专家　通州区教师研修学院教科研部主任　李　颖
通州区教师研修学院学前研修部主任　王彦惠
通州区教师研修学院教育学会　王金华
通州区教师研修学院教科研部　王洪霞

序言

“十二五”时期是我区实现现代化国际新城建设目标的关键时期。为贯彻落实《幼儿园教育指导纲要（试行）》《3—6岁儿童学习与发展指南》，促进我区学前教育事业科学发展，幼儿园对于园本课程及其影响日益重视与关注。幼儿园课程的理论与实践研究不断深入。这些研究有力地保证了学前教育能够更好地服务于全区经济快速发展和社会全面进步，实现通州区学前教育事业的新跨越。通州区新城东里幼儿园作为我区的首善之园，拥有一支睿智进取的领导班子队伍和一支乐于研究、善于研究的教师团队。在“十二五”时期，他们承担着市区级科研课题研究的任务，以“尊重幼儿身心发展特点，通过游戏促进幼儿健康发展”为己任，努力践行《纲要》《指南》精神，并结合园所自身的组织文化、办园理念、办园特色，努力开展“幼儿园体能锻炼教育策略”的实践研究，取得了可喜的成果，积淀了丰富的经验。在我区学前教育研究方面，他们率先垂范，充分发挥了幼教龙头的示范作用。

本书通过分析幼儿园不同年龄班幼儿的游戏特点，制定适合他们的游戏化的体能锻炼策略。小班幼儿爱模仿，喜欢和成人一同游戏，在小班的体能游戏中重点体现了教师主导游戏的教育策略；中班幼儿自主游戏意识增强，对规则类游戏感兴趣，所以制定中班幼儿的体能锻炼策略重点为任务驱动游戏策略；大班幼儿合作竞争意识增强，开始有团队意识，在大班的体能锻炼中重点突出合作竞争的游戏策略。

在这些主导策略的支持、引导下，教师们设计出一个个生动的教学案例，体现了教师如何通过游戏的方式开展幼儿体能锻炼的教学实践，揭示了他们对游戏化体能锻炼的理解，并将其自然并有创意地融入到幼儿园一日的生活活动之中，使游戏对幼儿的发展价值进一步深化。

透过这本书的字里行间，我还看到了新城东里幼儿园的管理者秉承着“一切为了孩子”的理念，和自己的教师团队一起，研究幼儿、研究教师、研究教学、研究课程，为幼儿健康成长贡献着自己的智慧和力量；看到了教师在落实

《纲要》《指南》过程中的心路历程；看到了在平凡工作中快乐、奉献、辛勤、智慧、幸福的“东幼”教师们，并为他们“与幼儿共享成长的快乐、共享生命的激情与爱”的教育情怀而喝彩！

望每一位幼教工作者，在践行《纲要》《指南》的路上感悟成长、收获希望！

北京市通州区教育委员会主任

前言

北京市通州区新城东里幼儿园申报“十二五”课题“幼儿园体能锻炼教育策略的实践研究”，从2010年9月开始，历时3年，从幼儿的一日活动中，优化各个环节的体能锻炼内容，突出各环节的重点，从而达到科学合理地组织幼儿一日体能锻炼，提高幼儿体能的目的。

一、课题研究的过程

课题立项之后，我园课题领导小组参加了北京市教科所举办的课题辅导，请专家从课题的研究方向、切入点等方面为我园的课题把脉。请通州教师研修中心教科研部李颖主任、王洪霞老师和如意中心园张海燕园长为教师们讲解教科研的方法、如何确立子课题、怎样进行行动研究，对我们进行课题的研究，起到了引领作用。之后，在课题负责人的带领下，全体教师重温我园的“课题申报表”，明确研究目的和研究的指导原则。

首先，我们学习与体能相关的概念，界定了我园幼儿体能研究的项目有：十米往返跑、网球掷远、坐位体前屈、双脚连续跳、立定跳远、走平衡木，并组织教师研讨：小、中、大班不同年龄阶段幼儿的学习特点，取得研究共识：幼儿阶段体能锻炼均以设置情景游戏为主的锻炼策略。同时小中大班幼儿又有着不同的游戏特点。

小班幼儿明显地需要感情的呵护，对成年人的依恋；特别喜欢老师和他们一起游戏，满足他们爱模仿的心理需求。所以，小班制定的体能锻炼策略为：教师主导游戏策略。中班幼儿活泼好动，活动的主动性和积极性增强，对规则感兴趣，所以中班体能锻炼的策略为：任务驱动游戏策略。大班幼儿自控能力增强，合作竞争意识增强。所以，大班幼儿体能锻炼的策略制定为：合作竞赛游戏策略。

然后，各年龄班根据游戏策略的不同，制定本年龄班的子课题。小班：以教师主导游戏策略为途径提高小班幼儿的体能；中班：以任务驱动策略为途径提高中班幼儿的体能；大班：以合作竞争游戏策略为途径提高大班幼儿的体能。

各班教师再在原有的年龄班课题下，根据本班幼儿的发展弱项，申请子课题，形成金字塔型的课题结构：

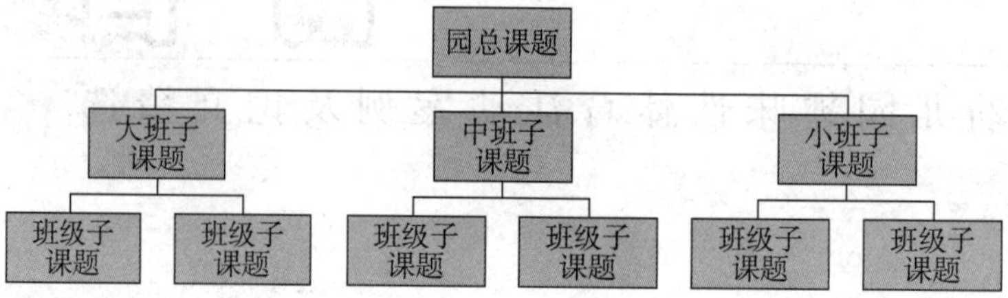

班级子课题有：

1. 以教师主导游戏策略为主的游戏方式，提高小班幼儿立定跳远能力；

2. 在情景游戏中，提高幼儿参与体能游戏的兴趣；

3. 提高幼儿肩上挥臂投掷能力的教学策略；

4. 在分散游戏中提高幼儿体能的教育策略；

5. 投放适宜的游戏材料，调动幼儿游戏积极性提高体能。

在实际工作中，每位教师以班级的子课题为中心，以行动研究的方法，潜心研究。发现问题，我园组织教师利用教研活动和业务学习时间，进行学习和探讨。每周的班务会，本班的三位教师会认真分析幼儿的各方面发展状况，对出现的问题进行分析、研究，对自己的研究进行及时调整。

二、课题的组织与管理

（一）建立教科研工作管理机制，使教科研工作不断规范化和制度化

1. 建立教育研究的组织机构，明确职责分工，成立东里幼儿园教科研领导小组。以园长为组长，业务园长、骨干教师为成员，明确职责、落实到人。教研组负责制订详细的活动计划，通过骨干教师引领、全体教师跟进的方式，带动全园的教科研工作。

2. 加强教科研管理，提供制度保障。建立必要的教科研制度，使我园教育研究工作制度化、规范化。在建立制度时，坚持制度的政策性。首先要以《纲要》为依据，给老师以正确的导向。其次，坚持制度全面性。我园以教科研管理目标为方向，制定了组织建设、课题规划、课题立项、日常管理、课题结题鉴定、成果评奖、科研经费等制度。各个制度之间相互联系、相互补充、相互协调。再次，坚持制度的可行性，力求内容简便易行。第四，坚持制度的严肃性。制定制度的关键在于执行，我们将教师的教科研状况在学期、年度考核中加分奖励，在教师职称评定、评优评先、外出参观学习时都给予优先考虑。

这些制度的建立，提高了教师参与教科研的自觉性和积极性，促使每位教师在不

同程度上得到发展和提高。

（二）研、训结合，发挥行政教研的专业引领作用

我园在教科研中，主要采取研、训结合的策略，通过行政引领、建立学习共同体和解决实际问题等方式进行了实际研究工作。我们大致经历了三个阶段。

第一阶段：行政人员研究先行，做到方向引领。

在课题研究中，首先，我园教科研领导小组主要研究三个问题。第一，分析研究每一位教师的研究能力和研究水平；第二，分析、研究在教育实践中的主要问题；第三，研究针对教师的能力和水平激发教师主动学习，主动反思，主动解决教育实践中的问题，从而准确把握研究方向。

其次，以点带面，建立学习、研究的共同体。在课题刚起步时，行政研究人员针对研究中的重难点提出管理目标：既注重教师个体能力的培养，又重视整体合力的形成。以骨干教师为龙头，带动全园课题研究的开展。从课题确定、课题研究方法的选择，设置问题，提出问题，进行猜想和假设等，一步一步地和行政教研人员亲历研究过程。经过一段时间后，越来越多的教师想参与教育科研，于是我们又以课题为单位成立了科研小组，每个科研小组合起来再成立以园长为核心的中心科研组，选定每个小组负责人开展研究工作。

再次，引领教师在实践中解决问题。当研究中遇到问题时，行政研究成员及时分组召开研究会议，将困惑或者问题提出来，大家分析、讨论，寻找适宜的方法，最后将解决方案提交中心组，中心组再对方案提出意见或建议，使方案更加完善。

第二阶段：运用研、训结合的策略，为教师的研究提供理论支持。

为了保证研究的顺利进行，主要采取培训先行，研究跟进，再结合研究中的实际问题再培训的分步骤培训研究的方式。第一步，由科研组长、学科带头人、区骨干教师参加北京教育科学院基础教育研究所专家讲座，并将讲座内容录像，回园后组织全体教师观看，再结合工作实际分析讨论，加深印象，促使教师在实际中应用。第二步，请区研修中心科研部专家参与课题的中期汇报，并结合我们的研究实际，提出改进的方法，帮助我们梳理思路，解决科研中的实际问题，为继续开展研究指明方向。第三步，结合课题研究和自身需要，督促教师自主学习。学习的主要内容有：《基础教育科研方法入门》中有关章节，重点是观察法、调查法、行动研究法，使教师的研究有了理论方法的支撑。同时，我们对课题的相关概念进行培训。第四步，借助区“十二五”科研滚动课题的申报，园内组织教师进一步学习相关教育理论和科研方法，自主申报科研课题，帮助教师形成科研的思路、理清科研的方法。第五步，组织教师参与区教科研部组织的其他课题的课题汇报，明确课题研究报告的书写要求，申报区级“十二五”滚动课题。

在第一阶段研究的基础上，本阶段加大细化研究、跟踪研究的力度。如，支持老

师选择子课题进行研究，在研究中实施以下几个细节。首先，进行文献分析，了解国内外研究内容和进展情况。其次，对我园教师发展、幼儿发展和园本课程情况进行分析，找准优势和不足。第三，学习对照《纲要》找到研究依据。第四，借助市区两级专家的论证指导，对教师进行培训，全面讨论选择课题内容及研究的切入点。在整个过程中，行政教研、科研领导小组人员统一思想，达成共识。与此同时，我园接受了区教科所对“十二五”区级重点课题的开题论证与中期报告审核，在专家面对面的引导下，从分析课题名称的科学性入手，使我们对课题界定的方法有了进一步了解，从而调整了课题名称，使之科学合理化。在专家给予界定后我们积极开展了研究。为了使课题研究更具有可操作性，我们进一步研究出课题实施的基本内容并以表格形式成文，即课题的研究内容、研究的时间段、前段研究中的基础策略的主要问题等，这一研究成果的出现，引发了教师主动思考，教师主动要求将研究课题的内容进一步细化。在以上的系列研究中看到教师们通过课题研究有以下变化，其一，主动学习、善于思考，敢于发表见解的意识加强。其二，在研究与讨论中老师的心态逐渐开放，思想上认识到自我反思、同伴分析、相互激发对每个教师的发展作用。例如，针对坐位体前屈这个幼儿发展弱项，各班教师在日常的工作中，注意观察积累，利用一切可以利用的时间和环节进行专项练习，中班每个班在间操后增加了锻炼柔韧性的球操，每天坚持，幼儿的柔韧性有所提高；小班组织游戏中注意运用大的遮布作为大风，让幼儿扮作为小草，玩大风和小草的游戏，锻炼幼儿的柔韧性等。

第三阶段：以实践研究为核心，深入开展课题研究，提高教师研究能力。

在教育管理方面，针对教师的特点和教师的发展需要，我们积极开展行政教育研究工作，有针对性地深入教学一线，进行研究指导。在研究过程中我们遇到的问题是，各年龄班遇到的问题和研究的方式不一样，如何让研究资源共享，在自然年度老师调换班级后能循序渐进开展研究工作。于是我们采用专题总结、阶段性观摩、定期与不定期研讨的形式引领大家及时反思，梳理经验，帮助教师理清在大课题下总体和局部的研究关系，实现承上启下，资源共享，为全园教育研究和教师的进一步研究奠定基础。

在教育研究方面，重点学习《纲要》及《指南》精神，并结合其精神实质进一步研究“幼儿园体能锻炼教育策略的适宜性”。各年龄班在确立研究重点的过程中，我们采用了集体研究与班级研究相结合的方式，根据各年龄班幼儿的发展水平确立园级课题（子课题）并完成了园级课题申报工作。在园级课题申报过程中，教师们以课题内容为单位形成研究小组，各自查找文献，细致地学习新颁布的《指南》中本年龄班体能方面的目标，同时，行政教研人员进行跟踪个别辅导，达到了推动教师主动学习、主动思考、主动实践的目的。

为了使本课题的研究更有实效性，我园成立了由行政人员和骨干教师组成的科研领导小组。针对课题的确立、研究的内容、研究重点及研究成果上的缺失进行调整。主要解决了以下问题：1. 明确研究重点，即针对幼儿园现有体能测试的六项体能活动进行研究。2. 选定具体研究内容：以情景游戏为主要策略内容，根据年龄特点细分为，小班：教师主导游戏策略；中班：任务驱动游戏策略；大班：合作竞争游戏策略。3. 教育目标和教学内容实施过程中必须提高幼儿参与体能游戏的兴趣，增强幼儿的体能，教师在选择教学内容时指向性和针对性增强。4. 教学内容必须具有代表性或典型性。这四项内容构架的出台，科研领导小组的全体成员经历了艰辛的努力，从质疑、思索、辩论，直至达成共识。在调整和研究中我们各自发表自己的见解，在坦诚的氛围中畅所欲言、相互激发，形成一个个讨论、甚至是辩论高潮。科研小组的教师们通过研究进一步理清思路，统一思想，达成了共识。

经过行政教研人员、教科研领导小组、教师的共同努力，《幼儿园体能锻炼策略的实践研究》取得了可喜的成果，幼儿的体能得到了提高，教师学会了研究，专业素养不断提高，教师研究后撰写的论文多次获得市区级奖励。幼儿园的教师队伍研究风气日渐浓厚，整体教学质量不断提高。

通州区新城东里幼儿园

目录

幼儿园趣味性体育活动案例及论文精选

第一章

开展幼儿园体能锻炼教育策略研究的探讨

一、研究的背景

（一）现实背景

1. 我国幼儿体能现状堪忧。

现今教育偏重于智力发展，知识成为了幼儿发展的重心，家长忽视了幼儿的体能锻炼，导致幼儿的体脂增多，身体的各项运动能力及动作发展不均衡，并直接导致幼儿不喜欢运动，肥胖儿、体弱儿逐年增加。

2006年8月19日，新时代青少年体质健康促进中心向社会发布了一条消息：自1985年起，中国青少年学生肺活量、耐力、速度、爆发力、力量等运动素质指标20年持续下降。

2. 开展幼儿体育锻炼，提高幼儿体能已经引起有关部门的重视。

2008年3月，北京市教委向全市各级各类幼儿园下发了“积极开展阳光体育活动”的通知，强调各幼儿园要深化幼儿园健康领域教育改革，提高幼儿园体育活动质量，开展丰富多彩的活动，引导幼儿走向操场、走进大自然、走到阳光下，促使幼儿积极参加体育锻炼，切实提高幼儿健康水平。

2008年6月，国家体育总局组织编写《国民体质测定标准手册》（幼儿部分），其中针对幼儿体能制定了6项体能运动的测试标准（10米往返跑、走平衡木、坐位体前屈、网球掷远、立定跳远和双脚连续跳），并下发各个幼儿园，每学期进行体能测试，把幼儿体能的测试成绩纳入幼儿园管理的一部分，以提高幼儿园对体能锻炼的重视。

3. 教师开展体能锻炼的方法单一，效果不佳。

北京市幼儿园现有的体能锻炼活动，如体育课、体操、体育游戏等都以教师组织的集体活动为主，尤其在体能测试的项目中（十米往返跑、立定跳远、网球掷远、双脚连续跳、坐位体前屈、平衡木），教师组织活动的形式在促进幼儿身体发展、培养幼儿对体育活动的兴趣及主动性方面存在着明显的缺陷与不足。主要问题有：锻炼形式上——方式单一、趣味性差；活动内容上——强调了动作、技能的学习，忽视动作技能与体能素质的联系，科学性不强。这些是造成幼儿体能锻炼缺乏实效的主要原因。

4. 我园幼儿体能测试成绩逐年下滑。

我园从2008年开始依据体能测试标准对幼儿进行体能测试，结果显示，幼儿的速度、耐力、平衡能力、灵敏度、协调力等多项体能素质达标率呈下滑趋势，个别项目如网球掷远、平衡木等优秀率都不达标，可见教师组织幼儿体能锻炼方法需要进一步改善和调整。

随着年龄的增长，幼儿掌握投掷技能的能力应不断提高，投掷水平也应随之而提高。但是，幼儿三年来的网球掷远成绩显示，幼儿的掷远能力并没有显著进步，三年的优秀率都没有达到20%，及格率也比较低。可见，幼儿并没有在教师的指导下提高网球掷远的运动能力。

2008—2011 年 08 届 2 班幼儿网球掷远体能测试成绩一览表

年度	应测人数	实测人数	测试率	优秀		良好		及格		不及格	
				人数	优秀率（%）	人数	良好率（%）	人数	及格率（%）	人数	不及格率（%）
08-09	35	35	100	5	14.29	6	31.43	11	62.86	13	37.14
09-10	35	35	100	6	17.14	6	34.29	12	68.57	11	30.56
10-11	35	35	100	6	17.14	7	37.14	13	74.29	9	25.71

（二）理论背景

目前国内加强体育锻炼、增强幼儿体能的研究比较多，包括体育、卫生、运动专家、学者的研究。但他们根据幼儿身体发育特点、运动规律等进行的增强幼儿体能的研究，大都注重体能锻炼的科学性，基本动作练习与身体素质发展之间的关系等，而忽视了幼儿运动的内驱动力——兴趣的研究。上海杨浦区教育学院茅红美老师的专著《上海幼儿体育活动改革与发展的思考》中也反复强调：幼儿体育锻炼的方法形式存在问题，大都重视了体能锻炼技能的练习，忽略了激发幼儿对锻炼的兴趣，影响了幼儿对体能锻炼的积极性，违背了《纲要》本身为幼儿终身发展打下坚实基础的精神。

而另外一些幼儿园进行了体育游戏的研究，这些研究大都重视了锻炼的趣味性，很好地把握了幼儿的年龄特点，但忽略了锻炼的科学性，常常把发展基本动作作为活动的目标，导致体育教学陷入了技能训练的误区，达不到真正提高幼儿身体运动能力的效果。

北京市延庆第二幼儿园进行了《运动中探索、运动中发展》的课题研究，他们的研究主要通过玩具的一物多玩来提高幼儿的体能，研究的重点在户外游戏这一个部分。北京市三教寺幼儿园也开展了《全课程体育活动的实践与研究》的课题研究，他们重点从领域渗透和提高幼儿兴趣的方面来进行课题的研究，但是针对六项体能的锻炼策略没有涉及；解放军总后勤部六一幼儿园进行了《幼儿园户外体育活动探索》的课题研究，他们主要从户外游戏案例进行研究；三里屯幼儿园和密云第四幼儿园都从健康领域的角度进行了研究，但只把体能训练作为课题研究的一部分。

在国外研究中，早在 1952 年鲁道夫・拉班所著的《运动与成长》一书中，就提出了：身体意识，即运动中身体的哪些部分参与了活动及包括哪些活动的类型；空间意识，即运动发生在什么地方，运动如何进行的，强调了幼儿运动的科学性。斯坦尼的研究则更加重视幼儿学习的兴趣，所以更加强调教师观察幼儿的需要，给予有针对性的指导。

借鉴前人研究的成果，结合我园实际，在开展体能锻炼活动中，研究一套有效的教育策略，使幼儿在感兴趣的基础上，科学地进行体能锻炼，增强幼儿的体能，是我园研究的目的。

二、概念的界定

体能（Physical Fitness）一词最早源于美国。从广义上讲，它是指人体适应外界环境的能力。在英文文献中，常被用于表达身体对某种事物的适应能力。例如，Fitness for competition andwin；Fitness for life activity。德国人将之称为工作能力，法国人称之为身体适性，日本人称之为体力，中国香港地区、台湾地区的学者将之翻译为“体适能”，并得到华语流行国家和地区体育学术界的认可。

1984年中国出版的《体育词典》认为，体能是人体各器官系统机能在体育活动中表现出来的能力。1992年出版的《教练员训练指南》认为，运动素质又称体能，它是指运动员机体在运动时所表现出来的能力。体能包括力量、速度、耐力、柔韧和灵敏。2000年出版的体育院校通用教材《运动训练学》认为，体能是指运动员机体的基本运动能力，是运动员竞技能力的重要构成部分。体能由身体形态、身体机能和运动素质组成。

结合实际，本研究中所阐述的体能更加倾向于1984年中国出版的《体育词典》中的解释：体能是人体各器官系统机能在体育活动中表现出来的能力。体能包括：身体的基本动作和身体素质两方面。基本动作包括走、跑、跳、投掷、平衡、钻、爬和攀登等。身体素质包括耐力、速度、平衡、力量、灵敏等。根据国家总局组织编写的《国民体质测定标准手册》（幼儿部分），将其中针对幼儿体能制定的6项体能运动（10米往返跑、走平衡木、坐位体前屈、网球掷远、立定跳远和双脚连续跳）作为幼儿体能锻炼的主要内容。

本研究对幼儿园体能锻炼的界定为：以《国民体质测定标准手册》中幼儿6项体能作为重点，通过走、跑、跳、投掷、平衡、钻、爬和攀登等基本动作练习，发展幼儿速度、耐力、平衡、力量、灵敏等身体素质。所谓教育策略，这里指通过激发幼儿参与体育锻炼的兴趣与内驱力而采取的有效的教育途径、步骤和方法，从而促进幼儿体能的增强。

三、目标与研究的意义

（一）研究目标

本课题试图探索以提高幼儿兴趣、调动幼儿锻炼的内驱力为基础的科学、有效的体能锻炼策略。

（二）研究的意义

1. 本课题的研究重在提高幼儿的体能。幼儿体能的提高，有利于幼儿身体生长发育；有利于幼儿社会适应能力的提高；有利于促进幼儿智力的发展；有利于发展幼儿勇敢、果断、灵敏、积极向上、团结友爱等优良品质。

2. 本课题的研究把提高幼儿的兴趣、调动幼儿锻炼的内驱力做为研究的基础，重点是为了使幼儿把体能锻炼做为一项福利，一项兴趣，慢慢地形成锻炼的习惯，使幼儿获得终身的发展。符合《幼儿园教育指导纲要》所倡导的“为幼儿的终身发展打下良好的基础”的精神。

（三）研究的原则

1. 科学性原则：本课题的研究在专业书籍的引领下进行研究，参考书籍为北京师范大学出版社出版的由刘馨教授编著的《学前儿童体育》和《运动中成长》，以及《幼儿心理学》和《幼儿卫生学》。并以科学的态度，采用科学的方法和手段，客观总结研究的结果。

2. 趣味化原则：根据《快乐与发展》课程中幼儿的年龄特点和活动方式，注重增强幼儿的兴趣，以幼儿乐于参与、积极游戏为前提开展实践研究。

3. 主体性原则：承认、重视并坚持主体在实践和认识活动中的地位和作用的原则。本研究以幼儿为主体，承认、尊重他们的发展规律，使他们在活动中获得主动发展。

4. 过程性原则：课题的研究，从问题的提出—策略的制定—策略的实施—反思和总结为一个循环，科学地“走一步，看一步”，在研究过程中使研究与实践相互交融。

四、研究内容与研究方法

（一）研究内容

1. “每周两集中，每天四常规”的幼儿园体能锻炼内容安排方案；
2. 不同年龄班幼儿体能锻炼的教育策略。

（二）研究方法

1. 行动研究法：采取制定计划—实施计划—观察检测—反思调整计划—再次实施计划的方法循环进行。

2. 经验总结法：针对教师成功的经验，采取总结归纳—提炼步骤、方法—进行推广，在课题组之间交流和展示—进行经验共享，从而保证体能训练的系统性和科学性。

（三）研究手段

1. 理论学习：系统地学习刘馨的《学前幼儿体育》和《幼儿心理学》《幼儿卫生学》，了解幼儿生理、心理发展的特点及幼儿体能包括的基本动作及身体素质之间的关系等。学习《快乐与发展》课程理论。

2. 案例式研讨和互动式研讨相结合的研讨形式：研究小中大班幼儿的体育游戏策略。

3. 经验分享活动：针对一物多玩和个别指导开展经验分享活动。

4. 自编操评比活动：每学期组织青年教师自编操评比活动，丰富幼儿操的内容和形式。

5. 专题总结活动：针对不同教师研究的重点，每学期进行专题总结交流活动。

6. 资料夹收集评选活动：教师根据自己的研究特色，建立自主研究资料夹，每学期末进行交流展评。

五、课题研究的成果与结论

（一）“每周两集中，每天四常规”的幼儿园体能锻炼内容安排方案

提高幼儿的体能，首先要有完善的管理制度，我园根据幼儿园活动的多样性，采取多

种活动形式相结合的方法，保证幼儿活动的时间，科学有效地指导幼儿进行体能锻炼，在制定方案中，依据幼儿体育活动的特点和各种活动形式锻炼的侧重点不同，制定了此活动方案。

1. 每周两集中：每周幼儿都会参加两次专门的、集中的体能锻炼。

一集中：每周一次专门的体育课活动：有针对性地进行体能锻炼活动。

二集中：每周一次的全园户外区域活动：采取分区闯关的形式将不同的动作进行综合性练习。

2. 每天四常规：每天幼儿都会参加四个常规的体能练习环节。

一常规：每天7：30～7：50的早炼活动，以集体律动为基本内容，提高幼儿来园参加锻炼的兴趣，同时重点锻炼幼儿身体协调和平衡等体能。

二常规：每天9：50～10：20的间操活动，以基本动作和队列练习为主的间操，有针对性地锻炼幼儿的耐力、柔韧性、力量等体能。

三常规：每天四个集体体能游戏时间，本班教师根据本班幼儿体能的情况进行的体能综合游戏锻炼环节。

四常规：每天两段分散游戏时间，教师为幼儿提供多种多样的玩具，有针对性地进行指导，促进幼儿体能的全面提高。

在“每周两集中，每天四常规”安排中的六个活动中，每个活动都有针对性地进行不同侧重点的锻炼，使得幼儿的体能全面提高。

（二）不同年龄班幼儿体能锻炼的教育策略

《幼儿园教育指导纲要》中指出，“游戏是幼儿学习的基本方法”。首都师范大学教授严冷在参与编写《3—6岁儿童学习发展指南》一书中，也强调“游戏是幼儿园教育区别于其他教育的根本所在，使幼儿在游戏中获得发展是幼儿教师专业化水平的典型表现”。所以，幼儿体能锻炼活动，要以游戏为基本的活动方式。但是不同年龄班幼儿年龄特点不同，所以虽然他们的游戏形式都属于情景游戏，但也应采取适合他们年龄特点的策略才更能调动幼儿游戏的积极性，激发幼儿参与游戏的兴趣，从而提高游戏的有效性。

1. 小班：教师主导游戏的教育策略

教师主导游戏教育策略，即教师在情景体能游戏中担任重要角色，幼儿按照教师角色的引领一步步开展游戏，深化游戏内容，完成游戏目标。

依据：《快乐与发展》课程中，小班幼儿的年龄特点：小班是从家庭转向社会的特殊时期，幼儿明显地需要感情的呵护，需要对成人的依赖，特别喜欢模仿，拟人化心理特征明显，所以小班幼儿需要和教师一同游戏，并以拟人化的活动形式理解和参与活动，满足孩子的心理需求。同时小班幼儿动作发展快，适合进行初步的动作练习。小班幼儿的活动特点：游戏化的一日生活，幼儿在游戏情境中模仿，获得动作能力的提高。

★ 导入活动

根据小班幼儿拟人化心理特征明显的特点，在进行情景创设和导入环节，本课题选取幼儿感兴趣的小动物的形象，如小兔子、小花猫、小青蛙……教师选择扮演妈妈角色，使幼儿对活动产生兴趣，乐于参与游戏活动。

(1) 故事导入游戏活动，以讲故事的形式引出游戏，使幼儿能够了解游戏的目的，遵守游戏的规则。

(2) 通过佩戴头饰等确定角色，导入游戏。幼儿在确定自己的角色后，能够根据角色的身份导入游戏。

(3) 和主题活动相结合，引入游戏，例如，进行汽车主题时，为幼儿投放方向盘，导入开汽车的游戏环节。

(4) 直接扮演角色，以儿歌的形式导入游戏。

★ 游戏过程

(1) 以教师为主导的游戏过程：小班幼儿因为处在从家庭到社会的过渡期，喜欢依赖成人，这个特征决定了，在小班幼儿的游戏中，教师要起到主导游戏过程的作用，带领幼儿进行游戏。例如，在游戏前教师要创设游戏的情景，并带领幼儿一起进行游戏，和幼儿一同寻找解决问题、完成游戏的方法。并在幼儿的参与下达成提高体能的目标。例如，教师采取小青蛙跳荷叶的游戏，创设小河和荷叶的情景，教师扮演青蛙妈妈，告诉小青蛙要学会跳荷叶的本领，并引导幼儿说一说、试一试，怎样跳得更远，带领幼儿体会跳远的方法。幼儿在老师的带领下进行游戏。

(2) 游戏过程中不涉及或少涉及比赛和竞赛的内容。小班幼儿还处于平行游戏阶段，他们大都没有竞赛意识，所以，在小班阶段，教师组织的游戏都以集体完成任务为目的，不增加竞赛的内容。保护幼儿参与体能游戏的兴趣，以促进进一步体能游戏的开展。

(3) 教师观察幼儿游戏，适时增加难度，总结经验。在游戏过程中，教师要观察幼儿游戏中目标达成的情况，并及时帮助幼儿梳理总结经验。例如，在“小兔子拔萝卜”的游戏中，教师观察幼儿能够完成双脚连续跳的内容，就增加了游戏的环节，“大灰狼来了”，提高幼儿跳跃的速度。教师只有学会观察幼儿的游戏，才能正确定位幼儿的游戏水平和体能活动的掌握情况，再进行更加深入和有针对性地指导。

★ 结束部分

教师帮助幼儿一起总结经验，为下次体能游戏打下基础，提升幼儿游戏的水平，并以情景化的方式进行放松活动。

2. 中班：任务驱动游戏教育策略

任务驱动策略，即教师通过创设任务情境，引导幼儿以完成任务为目的进行体能游戏，达到体能锻炼的目的。

依据《幼儿园教育指导纲要》和《快乐与发展》课程理念，中班幼儿的年龄特点是，幼儿的活动水平明显提高，游戏的自主性和主动性明显提高，他们活泼好动，对规则感兴趣，爱玩会玩。喜欢的活动形式是自主选择的区域性游戏。以闯关卡的区域活动为主的自主游戏，增加了闯关成功奖励，幼儿在任务意识的驱动下，完成体能游戏的积极性得到提高。教师在幼儿闯关的过程中，观察幼儿体能活动的方法，并帮助幼儿梳理每种体能活动的重难点，提高幼儿的体能。所以，以任务为驱动的前提下的自主游戏是最适合中班幼儿的游戏形式。

★ 导入活动

中班幼儿有了游戏的自主性，初步形成规则意识，在游戏的导入活动中，教师创设游戏情景，以完成任务的形式激发幼儿游戏的兴趣。

★ 过程

（1）教师可以创造两三个区域作为任务，分别介绍或让幼儿尝试预测游戏玩法及规则。

（2）幼儿自主选择先闯哪关、后闯哪关，闯关成功后可以获得相应奖励。教师观察幼儿的表现，对幼儿闯关的问题和好的经验进行记录，注意指导个别幼儿。

（3）教师在第一遍游戏结束后，根据问题及本次活动的重点进行总结梳理，包括方法、动作、技能等方面。

（4）幼儿运用前期经验再次尝试游戏。

★ 结束部分

教师根据幼儿闯关的成绩给予幼儿相应奖励及鼓励。以游戏形式进行身体放松。

3. 大班：合作竞赛游戏策略

合作竞赛游戏策略，即教师创设竞赛情境，幼儿分为两个或多个小组，进行比赛，在竞赛游戏中提高幼儿的体能，同时提高幼儿的竞赛意识和合作意识。

《快乐与发展》课程指出，大班幼儿的年龄特点是同伴间的互助合作学习增多了，喜欢有挑战性的活动。所以，以竞赛为活动形式的游戏最适合大班幼儿。

★ 导入活动

教师以竞赛性情境导入游戏，激发幼儿竞争的意识和团队合作的精神。

★ 基本过程

（1）教师针对活动的重难点，请幼儿尝试突破，在幼儿尝试中帮助幼儿梳理经验。例如，在立定跳远游戏前，教师设置障碍小河，激发幼儿挑战的兴趣："如果咱们班有10个小朋友能双脚跳过这条小河，咱们一会儿就玩一个好玩的游戏，有谁愿意试一试?"

（2）帮助幼儿一起梳理游戏重点，如立定跳远的重点、难点。

（3）通过竞赛性游戏进一步练习。

★ 结束部分

总结梳理游戏经验，进行放松活动。

（三）综合性户外区域活动教育策略

户外区域体育活动作为幼儿园体能锻炼的一种重要组织形式，具有活动内容丰富、活动时间灵活、幼儿自主性强等特点，有利于教师发挥主导作用和因人施教，也有利于发挥幼儿的主动性、积极性，更好地培养他们的独立性和创造性。我园区域的创设根据幼儿的特点，依据不同基本动作的练习创设，投放多种材料，以促进幼儿各种基本动作能力的提高。

1. 小班。由于幼儿年龄小，活动自主性不是很高，需要教师带领幼儿进行各区的游戏，所以小班的区域采取的策略是，按一定的顺序动态，在教师的带领下进行。

户外区域共分为八个区域，由八个小游戏组成，包括：登山比赛（攀爬）、小马过独木桥（平衡）、小猴摘果子（跳跃）、我是小投手（投掷）、小兔采蘑菇（连续跳）、小青蛙学本领（立定跳）、毛毛虫爬呀爬（手膝爬）、小乌龟旅行（爬）等。每班幼儿由两位主班教师各带领一队开展游戏，生活教师在游戏开展前帮助准备材料。游戏期间共播放四首歌曲，八组游戏同时开始，每首歌曲的中间部分每班两队幼儿交换游戏内容。开始顺序：小一班：登山比赛和独木桥，小二班：小猴摘桃和我是小投手，小三班：小兔采蘑菇和小青蛙学本领，小四班：小蜗牛爬呀爬和小乌龟旅行。要求：游戏中交换顺序，小一班玩完后玩小二班游戏，小二班玩完后玩小三班游戏，依次类推。

2. 中大班。幼儿有自主选择区域的能力了，教师根据动作的不同创设不同的区域，分别锻炼幼儿的走、跑、跳、投、爬、滚、钻、攀登等动作。每个活动区域中又设置不同难度、不同材料的游戏，供不同水平和要求的幼儿自主选择。

例如，练习投掷区域就设置了练习投远的游戏，包括投过森林、投准的游戏：打靶、打灰狼；综合游戏：对垒游戏等。跳的游戏区创设了立定跳远的游戏、双脚连续跳的游戏、跨跳的游戏、交替跳的游戏等。这些游戏也都以一个情节贯穿，使幼儿能够按照情节的发展尝试不同的游戏，锻炼不同的动作。例如中班，以小松鼠摘松果为情节，闯过层层关卡才能摘到松果。

（四）幼儿自编操体能锻炼策略

体操练习是有组织有结构的成套身体动作练习，是一种全身性的系统的身体锻炼活动。幼儿园的基本体操练习活动分为基本体操和基本队列队形练习。我园体操活动在原有国家推行的幼儿广播操的基础上，根据幼儿的年龄特点、兴趣爱好、锻炼弱项，组织老师创编部分间操和律动活动，丰富幼儿体操的内容。

自编操策略特点：教师依据幼儿的年龄特点和掌握动作的水平、结合体能测试的弱项有针对性地自编一部分体操、器械操和音乐律动，促进幼儿体能的提高。

1. 小班自编操体能锻炼策略：主要以模仿操和音乐游戏为主，增强幼儿对体操的兴趣，使幼儿在和老师一起游戏的情境中锻炼身体的各个部位。

例如“小班小青蛙操”，针对小班幼儿双脚连续跳的控制能力不强，进行模仿青蛙的动作随节奏连续跳，使幼儿在做操的环节中提高连续跳的身体控制能力。

2. 中大班自编操体能锻炼策略：中大班的自编操以节奏欢快、游戏性强的音乐为背景，进行基本动作的练习和有针对性的体能操的练习。

例如，投掷一直是我园体能测试的弱点，针对大班幼儿投掷弱项进行分析，确定手臂力量是造成大班幼儿投掷水平不高的主要原因，所以大班创编了哑铃操，以矿泉水瓶装一部分水作为哑铃，进行哑铃操的练习，随着幼儿手臂力量的增加，增加矿泉水瓶中的水，从而提高幼儿手臂力量，提高幼儿的投掷水平。

六、研究的成效与反思

（一）幼儿对体能的各项活动的兴趣提高了，体能活动从老师、家长带我运动到我主动参加运动

1. 在进行研究之后，各班教师都反映幼儿每天来园时间发生了变化。原来 8：00 还

有很多孩子没来园，但是调整了晨练环节，进行了幼儿喜欢的教师自编律动活动后，由于幼儿喜欢操的内容，所以大部分孩子都能在7：30—7：40来园，每天幼儿7：40前入园率为90％。

2. 家长对活动的认可度高，愿意让幼儿早来园参加运动。各班幼儿在班级中安排体育课和户外体能区域期间，出勤率明显高于其它时间，很多家长请假都躲过这两个集中的体能锻炼时间。家长经常询问教师孩子在体能方面的弱项，并主动在家中配合指导。

（二）幼儿的体能素质有了显著提高

1. 幼儿体能测试成绩自2010年开展课题以来比往年有明显的提高，如下表。

历年体能测试成绩对比

年度	应测人数	实测人数	测试率	优秀		良好		及格		不及格	
				人数	优秀率（％）	人数	良好率（％）	人数	及格率（％）	人数	不及格率（％）
2010—2011	103	98	95.15	25	25.51	50	76.53	23	100	0	0
2011—2012	103	99	96.12	42	42.42	48	90.91	9	100	0	0
2012—2013	103	96	93.20	49	51.04	39	91.67	7	100	0	0

分析：自2010年到2013年的统计可以看出，幼儿的测试优秀率比较平稳，良好率一直保持稳步上升的趋势，及格率自2010年一直保持100％，这表明幼儿的体能素质在逐年提高。

2. 幼儿的肥胖率在逐年下降，如下表。

2010年9月入园103名幼儿肥胖情况统计表

项目 年份	体检人数（人）	肥胖人数（人）	肥胖患病率（％）
2010	103	11	10.68
2011	103	9	8.74
2012	103	8	7.77

分析：自2010年以来，幼儿的肥胖率在呈下降趋势。

3. 幼儿病假率一直保持较低水平，如下表。

年度	2008	2009	2010	2011	2012
全年病假率（％）	8.02	10.17	7.14	5.59	3.04

从2010年起，我园没有传染病集中爆发的现象，幼儿出勤率一直保持着较高水平，春季和冬季为幼儿生病高发季，我园依然能够保持较高出勤率，也证明了幼儿体质在增强。

（三）幼儿各项体能活动技能增强

1. 以2011年入园的103名幼儿平衡能力的单项测查历年的成绩为例。

年度	2011	2012	2013
实测人数（人）	98	99	96
良好人数（人）	80	90	93
良好率（%）	81.63	91.84	96.88

分析：幼儿的平衡能力测试水平逐年增长，尤其是在2012年，幼儿的平衡能力水平有了较大的提高，13年保持稳定的增长。

2. 以2011年入园103名幼儿网球掷远单项成绩为例。

年度	2011	2012	2013
实测人数（人）	98	99	96
良好人数（人）	30	46	70
良好率（%）	30.61	46.46	72.92

（四）提升了教师的专业素养

1. 教师在研究中对幼儿的体能锻炼进行了系统的学习，并能够掌握基本动作与身体素质之间的关系，创编并整理了适合不同年龄段幼儿的体能游戏课例，撰写了多篇体能方面的论文，在市区级论文评比中获奖。

2. 教师在3年的研究中创编了多套幼儿操，包括小班幼儿操10余套，中大班韵律操、器械操10余套，提高了教师创编幼儿操的能力。

（五）反思

在此研究中发现，除了幼儿园科学有效地开展体能锻炼之外，家长对幼儿体能锻炼的重视和配合，也是幼儿体能提高的重要因素。所以，如何规范家长的配合方法，切实提高幼儿体能是我们遇到的难题，也是我们今后需要研究的重点。

参 考 文 献

[1] 刘馨．学前儿童体育．北京师范大学出版社．2011
[2] 万钫．学前卫生学．北京师范大学出版社．1994
[3] 孙纪贤（编著）．幼儿园体育教学法．北京师范大学出版社．1988
[4] [日] 松井三雄著，杨宗义等译．体育心理学．人民体育出版社．1985
[5] 国家体育总局（编）．国民体质测定标准手册（幼儿部分）．人民体育出版社，2008
[6] 刘馨、霍力岩（编著）．运动中成长．华夏出版社．1994
[7] 幼儿园教材（体育）（教师用书）．人民教育出版社．1982
[8] 中国学前教育研究会编．继往开来共创辉煌（上）．北京师范大学出版社．1995
[9] 万钫主编．中国学前教育百科全书（健康体育卷）．沈阳出版社．1994
[10] 许卓娅．学前儿童体育．南京师范大学出版社．2003

[11] 刘馨．幼儿体育教育．科学普及出版社．1993
[12] 王岚．全课程体育活动的实践与探索．北京出版集团公司北京少年儿童出版社．2012
[13] 韩梅．幼儿园户外区域体育活动的探索与实践．北京出版集团公司北京少年儿童出版社．2013

作者：王玉菊　李新波

第二章

自编幼儿操

幼儿操是幼儿体育活动的一种基本组织形式。我园根据幼儿活动的特点，将幼儿操分为晨间律动和间操两个环节，这两个环节主要以发展幼儿的基本动作、提高幼儿身体的协调性为重点。在此基础上，教师根据幼儿的年龄特点、掌握动作的水平，并结合体能测试的弱项，有针对性地自编相应的体操、器械操和音乐律动，促进幼儿体能的提高。

小班主要以模仿操为主，配以简单的韵律操、器械操，增强幼儿对做操的兴趣，使幼儿在游戏情境中锻炼身体的各个部位。例如小青蛙模仿操，针对小班幼儿双脚连续跳的控制能力不强的特点，让幼儿模仿青蛙的动作，随节奏连续跳，使幼儿提高连续跳的身体控制能力。

中大班的自编操以徒手操为主，并分上下学期交替进行韵律操和器械操，有针对性地进行动作及体能弱项的练习。例如，投掷一直是我园体能测试的弱点，通过对大班幼儿投掷弱项进行分析，确定手臂力量是制约投掷水平的主要原因。为了增强大班幼儿的手臂力量，大班组的老师创编了哑铃操，以矿泉水瓶装一部分水作为哑铃，进行哑铃操练习。随着幼儿手臂力量的增强，增加矿泉水瓶中的水，逐步提升幼儿手臂力量，提高幼儿投掷水平。

一、小班

（一）礼仪操（姜珊、郑艳荣、王佳琳、张新跃）

第一节：8拍×2

第一八拍：

1-2　压脚跟一次，同时头左侧屈。

3-4　压脚跟一次，同时头右侧屈。

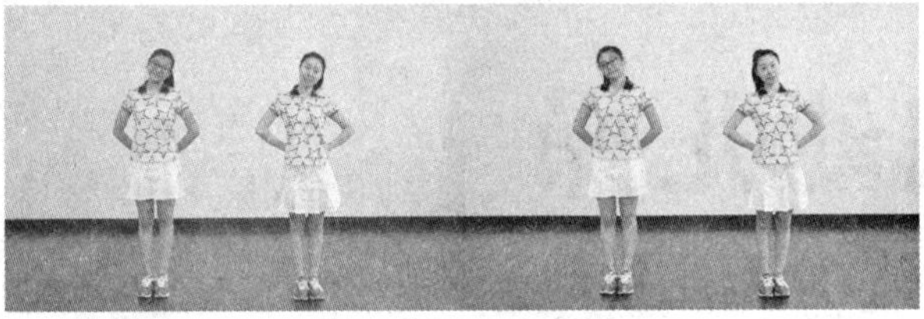

第二八拍：同第一八拍。

第二节：8拍×4

第一八拍：

1-4　原地踏步。

5-8　左转/右转90度踏步，面对面。

第二八拍：

1－8　原地压脚跟，同时左臂肩侧屈，一拍一动向左向右打开（五指分开，掌心向前），原地提踵。

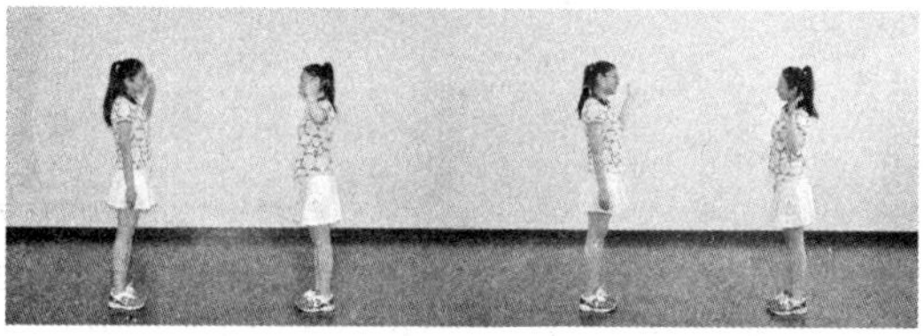

第三八拍：

1－2　左转45度踏步。

3－8　同1－2。

第四八拍：

1－8　原地压脚跟，同时右臂肩侧屈，一拍一动向左向右打开（五指分开，掌心向前）。

第三节：8拍×5

第一八拍：

1－2　两腿稍屈膝下蹲，两手背于体后，同时头向左侧屈。

3－4　还原。

5－8　同1－4，但方向相反。

第二八拍：
1-2　两臂摆至体侧压腕，同时上体前屈。
3-4　两腿稍屈膝下蹲，向左向右转体，同时两臂交叉晃动。
5-8　同1-4，但方向相反。

第三八拍：
1-2　踏步向前走，同时两臂肩侧屈，转动手腕（五指分开）。
3-4　双手胸前击掌三次。
5-8　同1-4。

第四八拍：
1-2　两臂摆至体侧压腕，同时上体前屈。
3-4　两腿稍屈膝下蹲，向左向右转体，同时两臂交叉晃动。
5-8　同1-4，但方向相反。

第五八拍：同第四八拍。

第四节：8拍×2

第一八拍：
1-4　踏步向前走，双手拉住，双肘立前屈。
5-8　踏步向后走，双臂打开。

第二八拍：
1－2　两手背于体后向左/右 90 度转。
3－8　同 1－2。

第五节：8 拍×5

第一八拍：
1－2　两腿稍屈膝下蹲，两手背于体后，同时头向左侧屈。
3－4　还原。
5－8　同 1－4，但方向相反。

第二八拍：
1－2　两臂摆至体侧压腕，同时上体前屈。
3－4　两腿稍屈膝下蹲，向左向右转体，同时两臂交叉晃动。
5－8　同 1－4，但方向相反。

第三八拍：
1－2　踏步向前走，同时两臂肩侧屈，转动手腕（五指分开）。
3－4　双手胸前击掌三次。
5－8　同 1－4。

第四八拍：
1－2　两臂摆至体侧压腕，同时上体前屈。
3－4　两腿稍屈膝下蹲，向左向右转体，同时两臂交叉晃动。
5－8　同1－4，但方向相反。

第五八拍：同第四八拍。

第六节：8拍×4

第一八拍：
1－4　踏步向前走，双手拉住，双肘立前屈。
5－8　踏步向后走，双臂打开。

第二八拍：
1－2　两手背于体后向左/右90度转。
3－8　同1－2。

第三八拍：
1－4　踏步向前走，双手拉住，双肘立前屈。
5－8　踏步向后走，双臂打开。
第四八拍：

1-8　两臂胸前平屈，腿跳起成左右分开腿落地，同时两臂侧上举。

(二) 器械操：地球欢迎你（周亚静、李丹阳、吴迪、王雨涵）

第一节：8拍×5

第一八拍：
1-8　原地踏步。

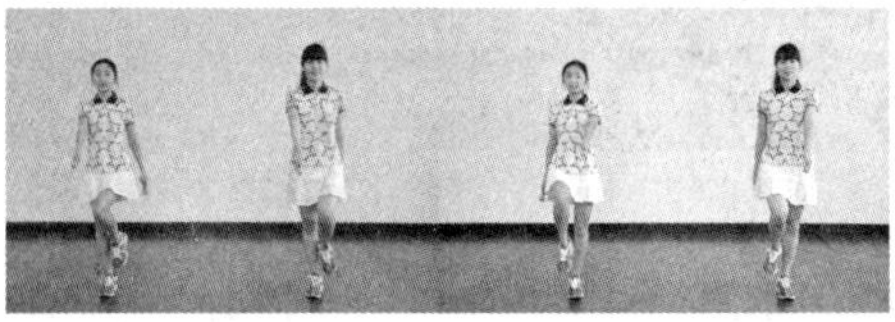

第二八拍：同第一八拍。
第三八拍：
1-4　双脚原地踏步。
5-8　踏步，同时胸前屈肘，手握沙锤敲击四次。

第四八拍：
1-2　手握沙锤屈肘交叉于胸前，双腿屈膝半蹲，左转头，同时双手指尖触肩。
3-4　还原。
5-8　同1-4，但方向相反。

第五八拍：
1-4　原地摆臂踏四步，双手胸前平举。
5-8　双手胸前平举，手持沙锤震腕两次，同时屈膝两次。

间奏活动：8 拍×1

1-2　双手背后，双腿屈膝，头左侧转。双腿屈膝下蹲，上体左侧转体 45 度。
3-4　还原成直立。
5-8　同 1-4，但方向相反。

第二节：8 拍×4

第一八拍：
1-2　双肘外展侧屈，沙锤触肩两次。
3-4　双手背于体后，左脚左侧出一步。
5-6　上体左侧屈。
7-8　还原。

第二八拍：同第一八拍，但方向相反。
第三八拍—第四八拍：同第一八拍—第二八拍。

第三节：8 拍×4

第一八拍：
1-4　双手握沙锤上体前屈，沙锤击打大腿四次。
5-8　左脚侧出一步，脚跟着地，同时两臂左屈肘，点击四次。

第二八拍：同第一八拍，但方向相反。
第三八拍—第四八拍：同第一八拍—第二八拍。

第四节：8 拍×4

第一八拍：
1－4　双手握住沙锤至于腹前敲击腹部四次。
5－8　双手握沙锤于胯前，左、右腿前踢腿一次。

第二八拍—第四八拍：同第一八拍。

间奏活动：8 拍×1

1－2　双手背于体后，双腿屈膝，同时头左侧转。
3－4　还原。
5－8　同 1－4，但方向相反。

第五节：8 拍×4

第一八拍：
1－2　两臂侧平举，左脚向左侧出一步双脚成开立。
3－4　上体前屈，双手握沙锤点脚面。
5－7　上体前屈，同时双手两腿间双击三次。
8　还原。

第二八拍：同第一八拍，但方向相反。
第三八拍—第四八拍：同第一八拍—第二八拍。

第六节：8 拍×4

第一八拍：
1-2 双手斜下举 45 度（手心向外），同时双脚向前跳一步。
3-4 双手斜下举 45 度（手心向内），同时向后跳一步。
5-8 双臂屈肘至于腹前，双手握住沙锤上下摆动四次。

第二八拍—第四八拍：同第一八拍。

第七节：8 拍×2

第一八拍：
1-8 双臂屈肘于眼前，转动手腕向中心移动，同时踏步向前。
第二八拍：
1-8 两臂转动手腕，同时向两侧打开，踏步后退。

（三）模仿操（冯爽、张靖凡、李千惠、贾舒宇）

第一节：8 拍×2

第一八拍：
1-2 双手背于体后，头左侧屈。
3-4 同 1-2，但方向相反。
5-8 同 1-4。

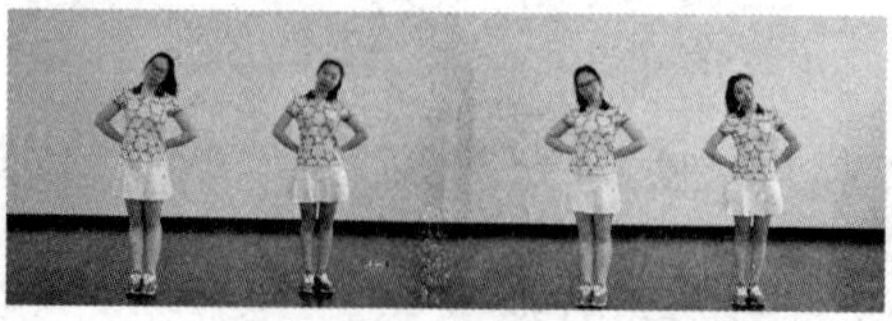

第二八拍：同第一八拍。

第二节：8 拍×2

第一八拍：

1-4　两腿稍屈膝下蹲，同时两臂向外拉，五指分开，振扩胸一次（模仿小猫）。

5-8　同 1-4。

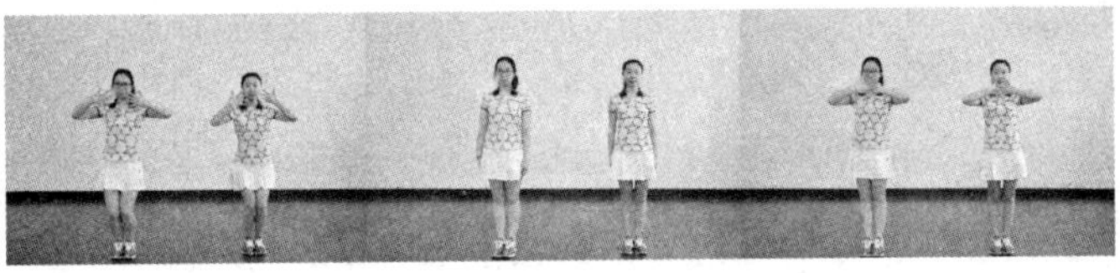

第二八拍：同第一八拍。

第三节：8 拍×1

1-2　左腿侧伸，脚跟着地，右腿保持直立，上体转体 90 度，两臂肩侧屈（五指并拢）。

3-4　同 1-2，但方向相反。

5-6　两腿稍屈膝，同时两臂肩侧屈，手贴于头部，五指并拢（模仿小狗）。

7-8　同 5-6。

第四节：8 拍×1

1-2　左腿侧伸，脚跟着地，右腿保持直立，上体转体 90 度，两臂肩侧屈（五指并拢）。

3-4　同 1-2，但方向相反。

5-6　两腿稍屈膝下蹲，同时两臂向外拉，五指分开，振扩胸一次（模仿小猫）。

7-8　同 5-6。

第五节：8 拍×1

1-2　左腿侧伸，脚跟着地，右腿保持直立，上体向左转体 90 度，两臂肩侧屈（五指并拢）。

3-4　同1-2，但方向相反。

5-6　左腿前伸，右腿保持直立，左臂经体侧摆至上平举，掌心向下，右臂向后摆贴于体侧，掌心向上。身体左倾45度（模仿恐龙）。

7-8　同5-6，但方向相反。

第六节：8拍×1

1-2　左腿侧伸，脚跟着地，右腿保持直立，上体转体90度，两臂肩侧屈（五指并拢）。

3-4　同1-2，但方向相反。

5-6　左腿向左伸，右腿保持直立，上体转体90度，左臂背于体后，右臂经体侧屈肘，五指并拢，掌心向里（模仿公鸡）。

7-8　同5-6，但方向相反。

第七节：8拍×2

第一八拍：

1-2　两手背于体后，同时头后仰。

3-4　两手背于体后，同时头前屈。

5-6　两手背于体后，同时头左侧屈。

7-8　两手背于体后，同时头右侧屈。

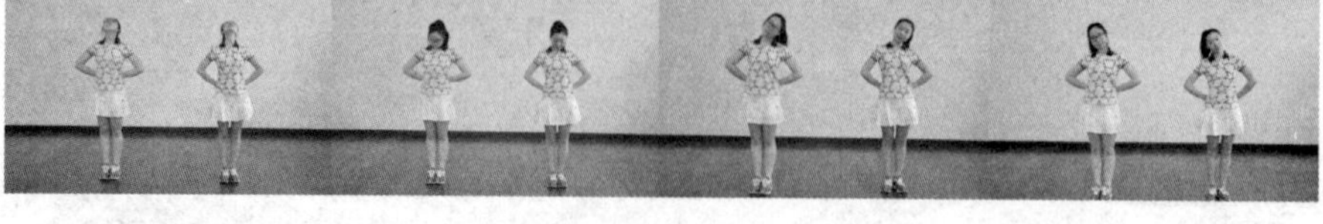

第二八拍：同第一八拍。

第八节：8拍×1

1-2　两手由背后摆至前平举，掌心向外，左右摆动。
3-4　同1-2。
5-8　两手由胸前经头顶交叉，两臂经体侧还原成直立。

第九节：8拍×1

1-2　左腿侧伸，脚跟着地，右腿保持直立，上体转体90度，两臂肩侧屈（五指并拢）。
3-4　同1-2，但方向相反。
5　两手前平举，掌心相对，模仿打枪的样子，身体左转30度，屈肘一次。
6　同上，身体还原，屈肘一次。
7　同上，身体右转30度，屈肘一次。
8　还原。

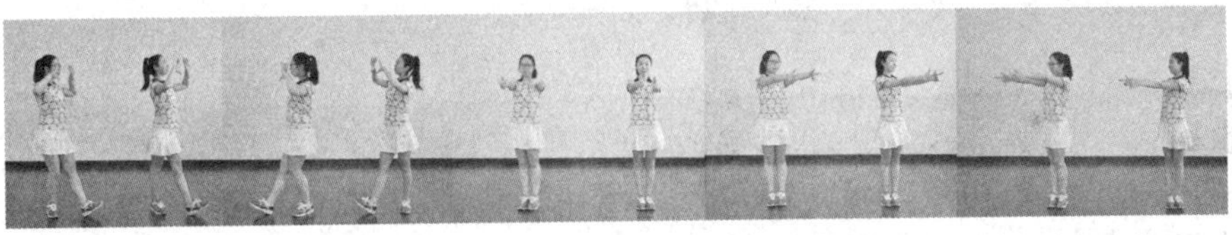

第十节：8拍×1

1-2　左腿侧伸，脚跟着地，右腿保持直立，上体转体90度，两臂肩侧屈（五指并拢）。
3-4　同1-2，但方向相反。
5-8　身体保持直立，两手模仿弹琴的样子，经身体左侧摆至右侧。

第十一节：8拍×1

1-2　左腿侧伸，脚跟着地，右腿保持直立，上体转体90度，两臂肩侧屈（五指并拢）。

3-4　同1-2，但方向相反。

5　左脚侧出一步压脚跟一次，同时两臂腹前交叉。

6　压脚跟一次，同时两臂摆至头上交叉，振手腕一次。

7　压脚跟一次，同时两臂摆至侧平举，振手腕一次，两腿稍屈膝。

8　左脚收回，还原成直立。

第十二节：8拍×1

1-2　左腿侧伸，脚跟着地，右腿保持直立，上体转体90度，两臂肩侧屈（五指并拢）。

3-4　同1-2，但方向相反。

5-6　身体直立，重心左移，同时右腿侧摆（模仿钟摆）。

7-8　身体直立，重心右移，同时左腿侧摆。

第十三节：8拍×4

第一八拍：

1-8　身体左转90度，左脚开始原地踏步，同时两臂前后自然摆动（半握拳）。

第二八拍——第四八拍：同第一八拍。

第十四节：8拍×2

第一八拍：

1-2　左腿侧出一步，两臂摆至侧上举，掌心向上。

3-4　全蹲，两臂经体侧摆至侧下举，掌心向下。

5-6　同上，向左摆头一次。
7-8　同上，向右摆头一次。

第二八拍：
1-8　全蹲，两臂经体侧摆至侧下举，掌心向下，目视前方，左右摆头。

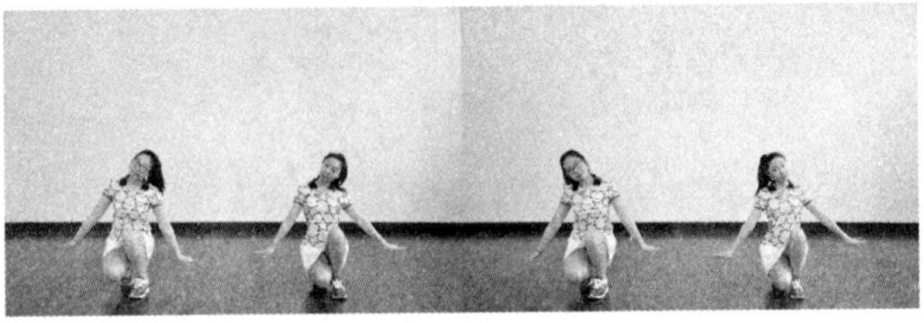

二、中班

(一) 体操（张盼、袁梦洲、韩雪、宋杨）

准备活动：

第一八拍——第二八拍：原地站立不动。
第三八拍：
1-2　双手背于体后，同时头左侧屈。
3-4　双手背于体后，同时头右侧屈。
5-8　同 1-4。

第四八拍：同第三八拍。
第五八拍：
1-8　以 1 号位置为基准密集队形，原地踏步一个八拍。

第六八拍：
1－4　向左转身原地踏步。
5－8　同1－4。

第七八拍—第八八拍：同第六八拍。
第九八拍：
1－8　踏步还原。

第十八拍：
1－8　以2号为基准密集队形原地踏步一个八拍。

第十一八拍：同第六八拍—第九八拍。

第一节：伸展运动

第一八拍：
1－2　出左脚，同时两臂侧下举，五指分开振手腕、压脚跟两次，提踵两次。

3-4　两臂侧平举五指分开，振手腕、压脚跟两次，提踵两次。
5-6　两臂侧上举。
7-8　还原直立。
第二八拍：同第一八拍，但动作相反。
第三八拍：
1-2　原地踏两步，同时双手叉腰。
3-4　原地踏两步，同时两臂肩侧屈（指尖触肩）。
5-6　左脚向前一步，重心前移同时两臂侧上举。
7-8　还原。

第四八拍：同第三八拍，但方向相反。

第二节：肩部运动

第一八拍：
1　双手背于体后，屈膝，同时头前屈。
2　双手背于体后，身体还原直立。
3　双手背于体后，屈膝，同时头后仰。
4　还原直立。
5-6　出左脚，同时两臂侧平举，五指分开振手腕、压脚跟两次。
7-8　还原直立。

第二八拍：
1-2　出左脚，同时双臂斜下举，压掌，左提肩一次。
3-4　双臂斜下举，压掌，右提肩一次。
5-8　上体左转 90 度，提双肩两次。

第三八拍—第四八拍：同第一八拍—第二八拍，但方向相反。

第三节：扩胸运动

第一八拍：
1-2　屈膝同时双臂胸前平屈外展一次，后振一次。
3-4　屈膝，双臂经胸前侧平举外展一次，后振一次，双手立掌。
5-8　同1-4。

第二八拍：
1-2　屈膝同时双臂胸前平屈外展一次。后振。
3-4　右腿屈膝，左腿侧伸，脚跟点地，同时右手叉腰，左手经胸前侧平举外展一次。
5-8　同1-4，但方向相反。

第三八拍：
1-2　左脚向左后45度出一步，同时双臂侧平举五指分开手心向前。
3-4　双臂屈于胸前五指分开。
5-8　双臂屈于胸前五指分开，扩胸两次。

第四八拍：同第三八拍，但方向相反。

第四节：游戏活动（一）

第一八拍：
1-7　两人面对面向中心走，先出左脚。
8　两人面对面，同时手拉手。

第二八拍：

1-2　两人手拉手经胸前展开，同时屈膝下蹲，头左屈，头左转。

3-4　两人手拉手屈于胸前，身体还原直立。

5-8　同1-4，但方向相反。

第三八拍：

1-7　前排向后转，两人面对面向中心走。

8　两人面对面，同时手拉手。

第四八拍：同第二八拍。

第五节：游戏活动（二）

第一八拍：

1-8　踏步回原位。

第二八拍：

1　左脚后撤一步，同时两臂屈肘于胸前（并掌、掌心相对）。

2　并右腿，脚尖点地、屈膝，同时双臂屈肘于胸前击掌。

3-4　同1-2，但方向相反。

5-6　双手叉腰，同时左侧提臀一次。

7-8　同5-6，但方向相反。

第三八拍—第四八拍：同第二八拍。

第六节：体侧活动

第一八拍：

1-2 双臂肩侧屈（指尖触肩），同时左脚侧出一步，肩上屈。

3-4 双手不动，同时稍屈膝下蹲。

5-6 双手不动，同时上体左侧屈。

7-8 还原。

第二八拍：同第一八拍，但方向相反。

第三八拍：

1-2 左臂胸前屈，左手触右肩两次同时左脚侧出一步。

3-4 右臂胸前屈，右手触右肩两次。

5-6 双臂经下摆至斜平举同时上体左侧屈。

7-8 还原。

第四八拍：同第三八拍，但方向相反。

第七节：体转活动

第一八拍：

1 左脚侧出一步，右脚脚尖点地，左臂屈肘于胸前，右臂向前直出拳一次，同时上体向左45度转体。

2 双腿还原正直，双肘还原屈于胸前。

3-4 同1-2，但方向相反。

5-8 同1-4。

第二八拍：
1-2 双肘屈于胸前，左脚侧出一步，右脚脚尖点地，同时上体向左45度转体。
3-4 同1-2，但方向相反。
5-8 同1-4。

第三八拍—第四八拍：同第一八拍—第二八拍。

第八节：全身活动

第一八拍：
1-2 左脚侧出一步，同时两臂侧上举（掌心向前，五指分开）。
3-4 收右脚，同时屈膝，两臂体前屈置。
5-6 上体前屈，同时两臂体前下垂（五指分开，掌心向内）。
7-8 还原。

第二八拍：同第一八拍，但方向相反。
第三八拍：
1-2 左脚侧出一步成侧弓步，脚尖侧点地，同时双手背于体后，上体前倾。
3-4 双腿还原直立，同时双手背于体后。
5-6 同1-2，但方向相反。
7-8 同3-4，但方向相反。

第四八拍：同第三八拍。

第九节：游戏活动（三）

第一八拍：
1-4 左臂腹前平屈，头左转，两人踏步转身45度，两臂交叉拉手。

5-6　左脚侧出一步，脚跟点地同时上体左侧屈。
7-8　双腿还原直立。

第二八拍—第四八拍：同第一八拍。

第十节：跳跃活动

第一八拍：
1-4　四人后踢腿跑跳，逆时针方向交换位置，同时双臂侧屈于体侧自然摆动。
5　并腿跳起，成空中分腿，同时双手叉腰。
6　分腿跳起，成空中并腿落地，还原直立。
7-8　同5-6。

第二八拍—第四八拍：同第一八拍。

第十一节：整理活动（一）

第一八拍：
1-2　左脚侧出一步，稍屈膝下蹲，同时双手翻腕叉腰。
3-4　还原直立。
5-6　同1-2，但方向相反。
7-8　同3-4。

第二八拍：
1-2　左脚侧出一步成侧弓步，左臂侧上举。
3-4　还原。
5-6　同1-2，但方向相反。
7-8　还原。

第三八拍—第四八拍：同第一八拍—第二八拍。

第十二节：整理活动（二）

第一八拍：
1-4 原地踏步。
5-7 两臂腹前交叉至侧平举。
8 还原。

第二八拍：同第一八拍，但方向相反。
第三八拍—第四八拍：同第一八拍—第二八拍。

第十三节：礼仪活动

第一八拍：
1-4 原地踏步。
5-6 左手叉腰，右臂体侧屈，右手自然摆动两次。
7-8 还原。

第二八拍：同第一八拍，但左转 45 度。
第三八拍—第六八拍：同第二八拍。
第七八拍—第八八拍：原地踏步。
第九八拍：
1-4 踏步成密集队形。
5-7 两手胸前击掌三次。
8 还原。

（二）器械操：球操（杨丽、章巧雅、蔡亚楠、赵蕊）

准备活动：

第一八拍—第二八拍：原地踏步，双手抱球在胸前。
第三八拍—第四八拍：踏步分开，成正方形队形，双手抱球在胸前。

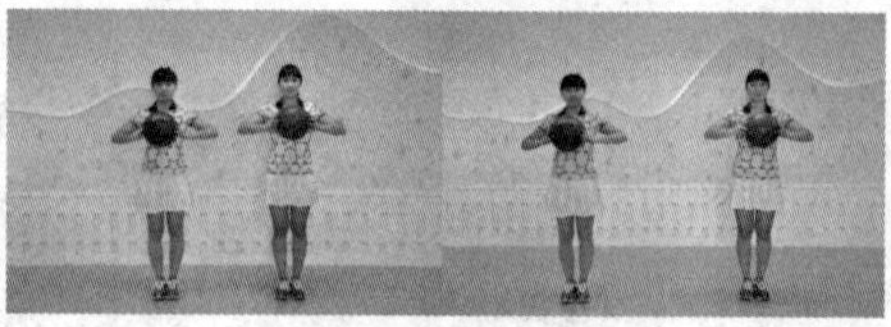

第一节：伸展运动

第一八拍：原地踏步，双手前平举抱球。
第二八拍：原地踏步，双手上举抱球。
第三八拍—第四八拍：同第一八拍—第二八拍。

第二节：头部运动

第一八拍：
1　左脚侧出一步，同时低头，双手向下直臂抱球。
2　双手胸前抱球。
3　双手胸前抱球，头向上仰。

第二八拍：同第一八拍，但出脚的方向相反。
第三八拍—第四八拍：同第一八拍—第二八拍。

第三节：肩部运动

第一八拍：
1-2　左脚侧出一步，同时双手抱球置于左侧髋部。
3-4　左手抱球置于髋部，右手经前向右摆至侧下举。
5　右肩上提。
6　右肩下沉。
7-8　同5-6。

第二八拍：同第一八拍，但手、头和脚的方向相反。

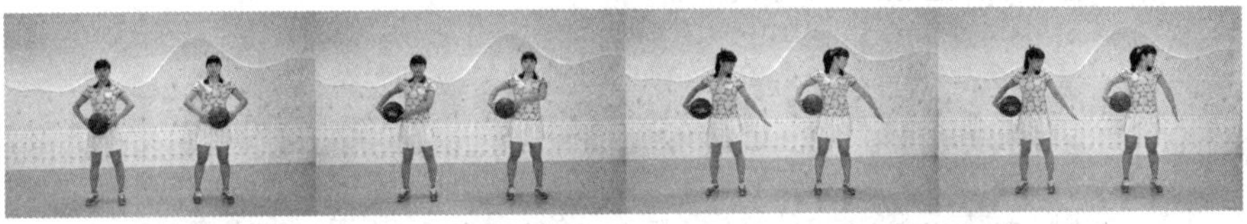

第三八拍—第四八拍：同第一八拍—第二八拍。

第四节：游戏活动（一）

第一八拍：
1-3　右脚侧出一步，右手单臂拍球三次。
4　双脚保持不动，双手曲臂胸前抱球。
5-8　双手曲臂胸前抱球，原地踏步。

第二八拍：
1-3　左脚侧出一步，左手单臂拍球三次。
4　双脚保持不动，双手曲臂胸前抱球。
5-8　双手曲臂胸前抱球，原地踏步。
第三八拍—第四八拍：同第一八拍—第二八拍。

第五节：游戏活动（二）

第一八拍：右侧的人向左侧转身 90 度，抱球踏步向前走。
第二八拍：再次转身 90 度，踏步向前走。
第三八拍：再次转身 90 度，踏步向前走。
第四八拍：再次转身 90 度，踏步向前走，回到原来位置。

第六节：游戏活动（三）

第一八拍：
1－2　双手向左斜上 45 度直臂抱球，同时左脚向斜上 45 度，迈出一步。
3－4　双手向左斜上 45 度直臂抱球，同时右脚并到左脚，双脚并齐。
5－8　双手曲臂胸前抱球，同时屈膝下蹲。

第二八拍：
1－4　双手曲臂胸前抱球，同时双脚提臀两次。
5－7　右手拍球三次，同时双脚并齐。
8　双脚并齐，右手单手腰部夹球。

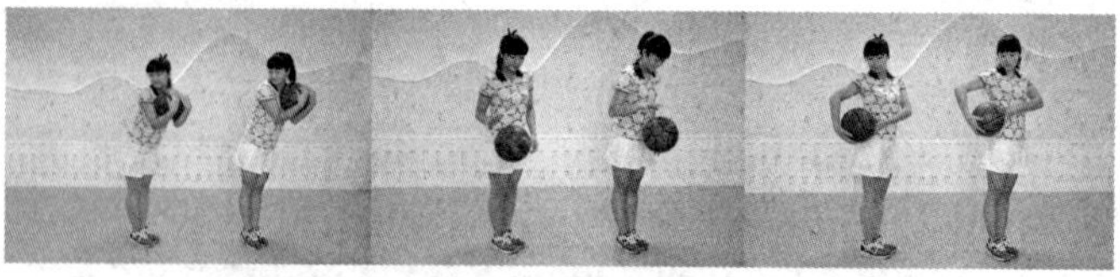

第三八拍：
1－8　左脚向左后方转体 180 度，身体成准备动作。

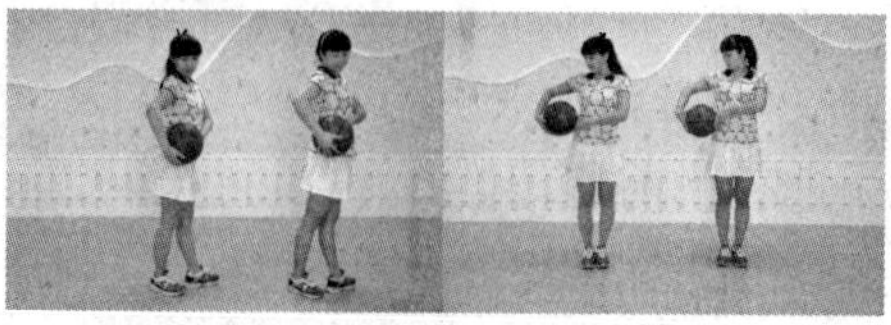

第四八拍—第六八拍：同第一八拍—第三八拍。

第七节：体转运动

第一八拍：
1－3　左脚侧出一步，低头，双手拍球三次。
4　双脚不动，同时双手抱球屈于胸前。
5－6　双手抱球经腹前摆至左髋，同时屈膝一次。
7－8　还原。

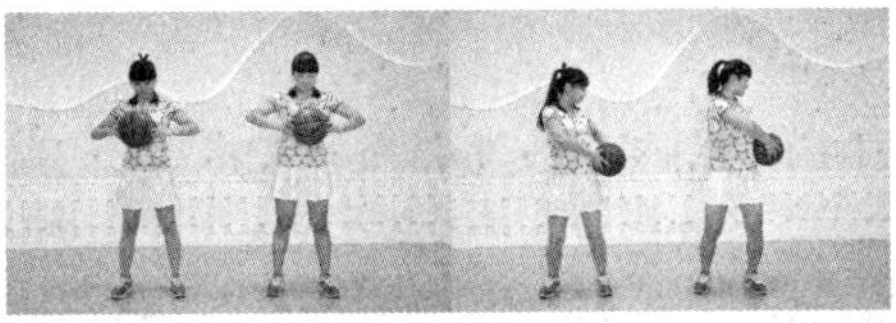

第二八拍：同第一八拍，但方向相反。
第三八拍—第四八拍：同第一八拍—第二八拍。

第八节：整理运动（一）

1－8　双手曲臂胸前抱球，原地踏四步。

第九节：腹背运动

第一八拍：
1－2　上体前屈，同时两手抱球，出左脚，右脚不动，身体向左转 90 度。
3－4　双手抱球左右摆动一次。
5－8　上体直立，同时两臂抱球在胸前。

第二八拍：同第一八拍，但方向相反。
第三八拍—第四八拍：同第一八拍—第二八拍。

第十节：游戏活动（四）

第一八拍：
1-8　双手抱球经体前向头顶推出，同时转身90度，向中心点踏步四次。

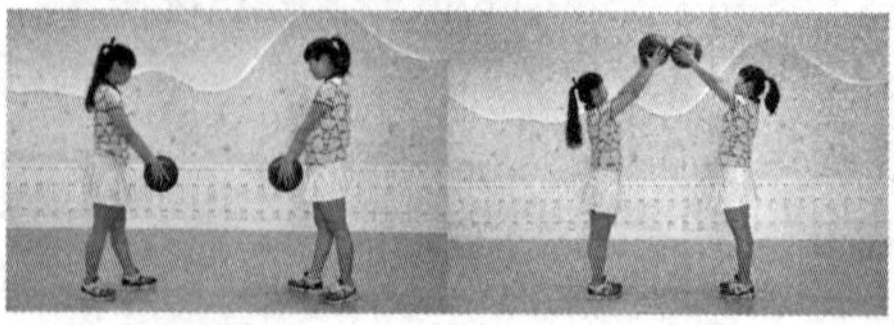

第二八拍：
1-8　双手抱球经头顶向下置于腹前，同时转身90度，还原成立正姿势。

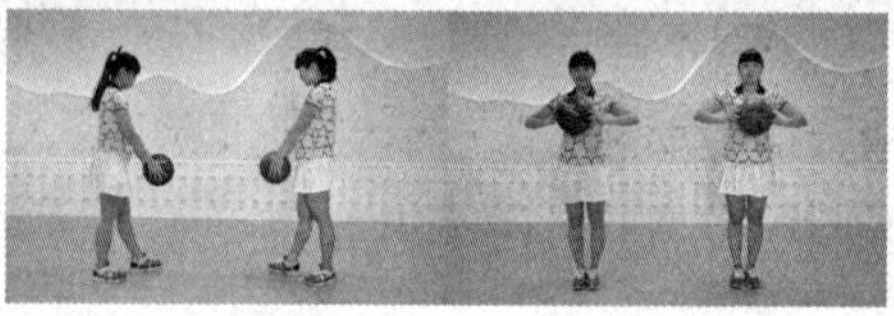

第十一节：整理运动（二）

第一八拍：
1-4　双手曲臂胸前抱球，原地踏步。
5-6　双手曲臂胸前抱球，同时右脚屈膝下蹲，左脚向前稍抬起。
7-8　还原成准备动作。
第二八拍：同第一八拍，但方向相反。
第三八拍—第四八拍：同第一八拍—第二八拍。

第十二节：跳跃运动

第一八拍：
1-4　后踢腿跑跳，双手抱球在胸前。
5-8　双脚开时，双手直臂向前抱球，双脚合时，双手抱球在胸前。
第二八拍：
1-4　后踢腿跑跳，双手抱球在胸前。
5-8　双脚分开站立不动，双手直臂向上举球。
第三八拍—第四八拍：同第一八拍—第二八拍。

第十三节：整理运动（三）

第一八拍：
1-4　双手直臂正前方抱球，同时双脚原地踏步。
5-6　双脚原地踏步，同时手向左 90 度转动球。
7-8　同 1-4。
第二八拍：同第一八拍，但方向相反。
第三八拍—第四八拍：同第一八拍—第二八拍。

第十四节：整理运动（四）

第一八拍—第二八拍：双手胸前屈臂抱球，原地踏步，然后还原成立正姿势。

（三）徒手操（刘斯琪、赵静兰、袁爽、王雨晨）

第一节：上肢运动

第一八拍：
1-2　两臂侧平举，同时左脚向左分开，与肩同宽。
3-4　双臂顺时针移动 90 度，右臂上举，左臂自然下垂，同时两脚还原成直立。
5-6　双臂逆时针移动 90 度，同时左脚向左分开，与肩同宽。
7-8　身体还原直立。

第二八拍：
1-2　两臂侧平举，右脚向右分开，与肩同宽。

3－4　双臂逆时针移动 90 度，双脚还原。
5－6　双臂顺时针移动 90 度。
7－8　身体还原直立。

第三八拍：
1－2　两臂侧平举，左脚向左分开，与肩同宽。
3－4　左臂曲臂，左手肩侧屈，右臂自然下垂，同时屈膝下蹲。
5－6　两臂侧平举，腿部还原成直立。
7－8　身体还原成直立。

第四八拍：同第三八拍，但方向相反。

第二节：伸展运动

第一八拍：
1－4　双手胸前曲臂绕圈，同时踏步。
5－8　左脚向前成弓步，双臂斜上举 45 度，还原。

第二八拍：同第一八拍，但方向相反。
第三八拍：
1－4　拍双手交叉拍肩，同时踏步。

5-8　双脚立脚尖，同时两臂斜上举45度。

第四八拍：同第三八拍。

第三节：头部运动

第一八拍：
1-2　左肩抬起，同时头碰左肩，双手叉腰。
3-4　右肩抬起，同时头碰右肩，双手叉腰。
5-6　低头，双手叉腰。
7-8　头向后仰，双手叉腰。

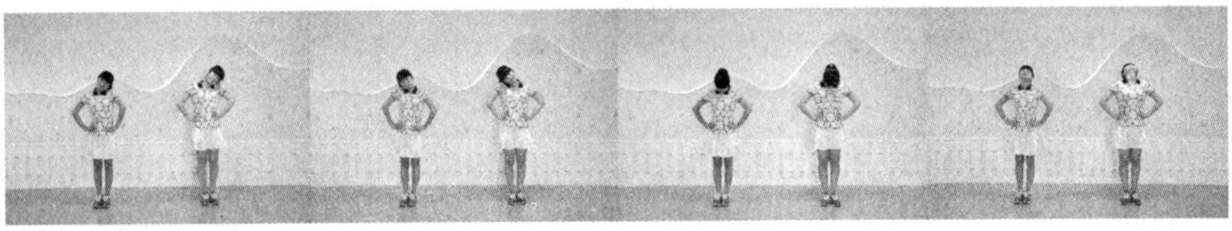

第二八拍：
1-4　双手拍三下。
5-8　双手背后，耸肩两下，左脚向右开立，成左弓步。

第三八拍：同第四八拍，但方向相反。

第四节：体转运动

第一八拍：
1-4　双手握拳，左手在上，胸前敲击两次。
5-8　身体左转成左弓步，双手背后。

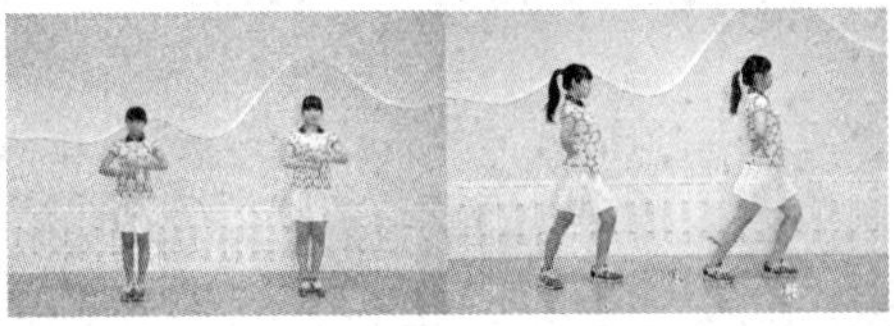

第二八拍：同第一八拍，但方向相反。

第五节：扩胸运动

第一八拍：
1-2　双手胸前交叉，左脚向左分开，与肩同宽。
3-4　双手交叉，双臂前伸，两脚还原。
5-8　五指分开，扩胸两次，双腿同时屈膝。

第二八拍：同第一八拍，但方向相反。
第三八拍：
1-2　双手胸前交叉，左脚向左分开，与肩同宽。
3-4　双手交叉，双臂前伸，两脚还原。
5-6　两臂侧平举，同时屈膝，然后两臂前平举。
7-8　还原成直立。

第四八拍：同第三八拍，但方向相反。

第六节：踢腿运动

第一八拍：
1-4　双手叉腰，左脚向前踢 45 度，右脚向前踢 45 度。

5－8　左脚向内侧踢两次，右脚向内侧踢两次，双手叉腰。

第二八拍：同第一八拍，但方向相反。

第七节：体侧运动

第一八拍：
1－2　五指分开，两臂交叉，在体前转动两次。
3－4　五指分开，两臂侧平举，在体侧转动两次。
5－6　身体左转，两手在胸前转动两次。
7－8　身体右转，两手在胸前转动两次。

第二八拍：同第一八拍，但方向相反。

第八节：下蹲运动

第一八拍：
1－4　两臂侧下举 45 度，同时下蹲。
5－8　左腿成左弓步，双手叉腰；右腿成右弓步，双手叉腰。

第二八拍：同第一八拍，但方向相反。

第九节：跳跃运动

第一八拍：
1-2　双手侧平举，同时跳跃成两脚分开状，双手胸前击掌。
3-4　同1-2。
5-8　双手叉腰，同时跳跃，向右转90度，头向前。

第二八拍：同第一八拍，但方向相反。

第十节：整理运动

第一八拍：
1-4　原地踏步。
5-8　向左踏步，同时左手慢慢伸至侧平举，掌心向下。

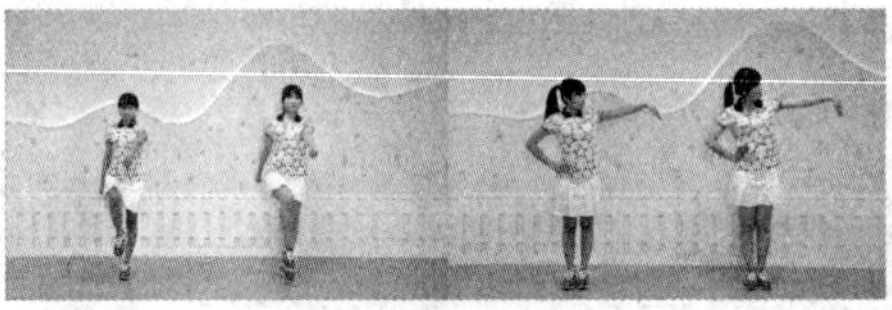

第二八拍：同第一八拍，但方向相反。

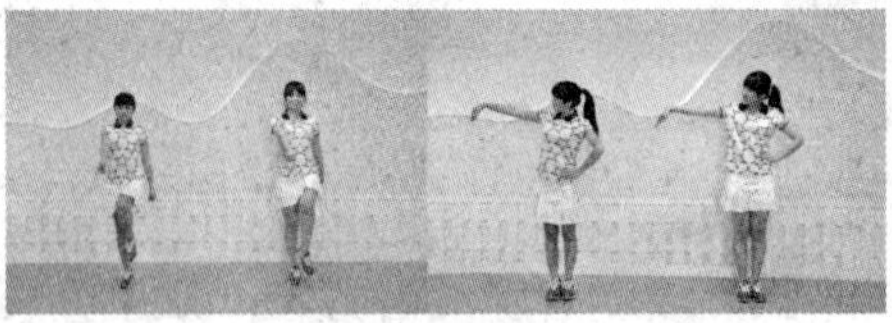

三、大班

（一）器械操：圈操（张冬梅、贾晓娟、刘爽、李国莲）

准备活动：8拍×2

第一八拍：

1-8　双手持圈于体前，头左右摆动，同时提踵。

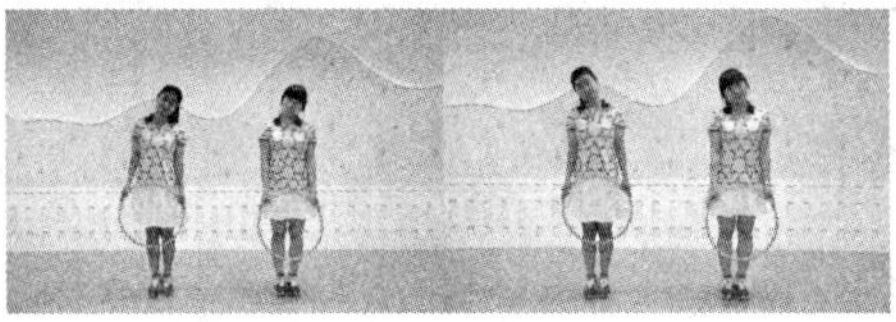

第二八拍：同第一八拍。

第一节：上肢运动（8拍×4）

第一八拍：
1-2　原地踏步，双手持圈前平举。
3-4　原地踏步，双手持圈上举。
5-6　同1-2。
7-8　向左侧转体90度，同时手放下。

第二八拍—第四八拍：同第一八拍，做四面转体。

第二节：全身运动（8拍×4）

第一八拍：
1-2　原地屈腿，同时双手持圈，左右手交叉，左手臂在上。
3-4　同1-2，但方向相反。
5-6　向前出左脚成弓步，同时手持圈上举。
7-8　还原。

第二八拍：同第一八拍，但方向相反。
第三八拍：
1-2　原地屈腿，同时双手持圈，左右手交叉，左手臂在上。
3-4　同1-2，但方向相反。
5-6　出左脚成侧弓步，同手左手持圈斜上举，右手斜下举。
7-8　还原。

第四八拍：同第三八拍，但方向相反。

第三节：头部运动（8拍×4）

第一八拍：
1-2　屈膝半蹲，双手持圈于体前放置地面，同时低头。
3-4　还原。
5-6　双手持圈于体前，同时仰头。
7-8　还原。

第二八拍：
1-4　双手持圈侧平举于左侧，同时出左脚，向左转头。
5-6　原地站立，头左右摆动两次。
7-8　头摆动一次，还原。

第三八拍—第四八拍：同第一八拍—第二八拍，但方向相反。

第四节：肩部运动（8拍×4）

第一八拍：
1-2　双手持圈于体前，原地站立，同时左肩上提一次。
3-4　双手持圈于体前，原地站立，同时右肩上提一次。
5-6　双手持圈于体前，出左脚向前一步，右脚跟随。
7-8　双肩同时上提一次。

第二八拍：
1-2　双手持圈于体前，原地站立，同时右肩上提一次。
3-4　双手持圈于体前，原地站立，同时左肩上提一次。
5-6　双手持圈于体前，右脚向后一步，左脚跟随。
7-8　双肩同时上提一次。

第三八拍—第四八拍：同第一八拍—第二八拍。

第五节：扩胸运动（8拍×4）

第一八拍：
1-2　双手持圈于胸前，同时屈膝半蹲。
3-4　还原。
5-6　出左脚，脚跟着地，左手做扩胸动作。
7-8　还原。

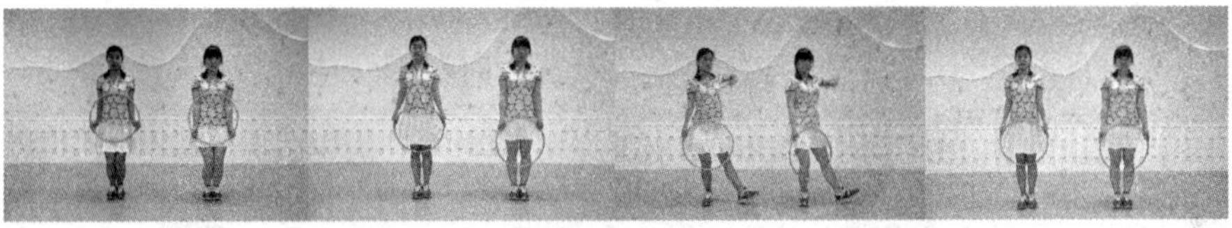

第二八拍：同第一八拍，但方向相反。
第三八拍—第四八拍：同第一八拍—第二八拍。

第六节：体侧运动（8拍×4）

第一八拍：
1-2　左脚向左出一步，脚跟着地，双手持圈平放于左侧，双臂伸平，同时向左倒头。
3-4　还原。
5-6　右脚向右出一步，脚跟着地，双手持圈平放于右侧，双臂伸平，同时向右倒头。
7-8　还原。

第二八拍：
1－8　双手持圈，双臂抬至体前 45 度，脚尖点地，向左原地转一圈。

第三八拍—第四八拍：同第一八拍—第二八拍，但方向相反。

第七节：体转运动（8 拍×4）

第一八拍：
1－4　双手持圈于胸前摆动，同时走成左右两人面对面。
5－8　两人相互拉圈于两端，同时原地踏步。

第二八拍：
1－2　两人双手拉圈，出左手向右转体，出右手向左侧转体。
3－4　还原成面对面。
5－6　同 1－2，向相反方向转体。
7－8　还原成面对面。

第三八拍：
1－4　双手持圈于胸前摆动，同时走成前后两人面对面。
5－8　双人相互拉圈于两端，同时原地踏步。

第四八拍：

1-2　两人双手拉圈，出左手向右侧转体，出右手向左侧转体。
3-4　还原成面对面。
5-6　同 1-2，向相反方向转体。
7-8　还原成面对面。

第八节：队形变化（8 拍×4）

第一八拍：
1-4　双手持圈于胸前，摆动走成一路纵队。
5-8　双手持圈于胸前，原地踏步。

第二八拍—第三八拍：前后四人分别左手、右手、左手、右手持圈，做一侧平举，上举，另一侧平举，还原动作，同时眼睛看着圈。

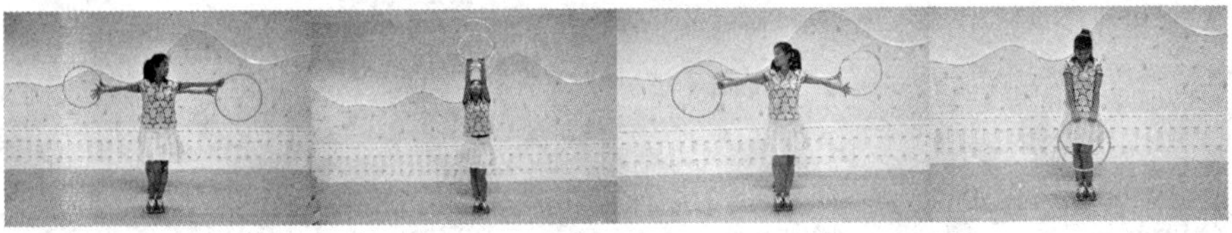

第四八拍：
1-8　双手持圈于胸前摆动，走回原位置，原地踏步。

第九节：踢腿运动（8 拍×4）

第一八拍：
1-2　双手持圈平举于体前，左腿抬至 90 度，圈放在腿上。
3-4　方向相反，抬右腿。

5-6　双手持圈套在脖子上，同时向前踢左腿，绷脚尖。
7-8　同5-6，但方向相反。

第二八拍—第三八拍：同第一八拍。
第四八拍：
1-8　双手持圈从上至下套过身体，放置地面。

第十节：腿部运动（8拍×4）

第一八拍：
1-2　双手叉腰，在圈内屈膝半蹲，同时向左转头。
3-4　同1-2，但方向相反。
5-6　双手叉腰，同时出左脚于圈左侧，右脚跟随。
7-8　回到圈内。

第二八拍：同第一八拍，但方向相反。
第三八拍：
1-2　双手叉腰，在圈内屈膝半蹲，向左转头。
3-4　同1-2，但方向相反。
5-6　双手握拳，屈肘于胸前，同时出左脚于圈左侧，右脚跟随，双臂放下。
7-8　双手握拳，双臂侧平举，同时收右脚于圈内，左脚跟随，双臂放下。

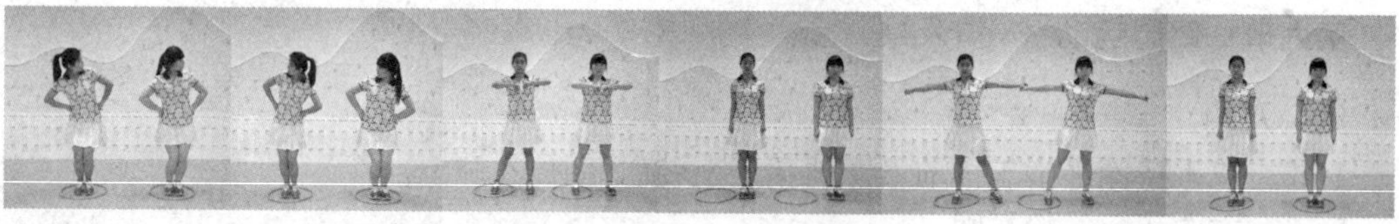

第四八拍：同第三八拍，但方向相反。

第十一节：跳跃运动（8 拍×4）

第一八拍：
1-4 双手叉腰，原地圈内跳四下。
5-6 双脚跳于圈外左侧。
7-8 双脚跳回圈内。

第二八拍：同第一八拍，但方向相反。
第三八拍：
1-8 双手握拳，屈肘于腰间，于左侧后踢步绕圈半周。

第四八拍：
1-6 双手握拳，屈肘于腰间，于右侧后踢步绕圈半周。
7-8 下蹲将圈拿起。

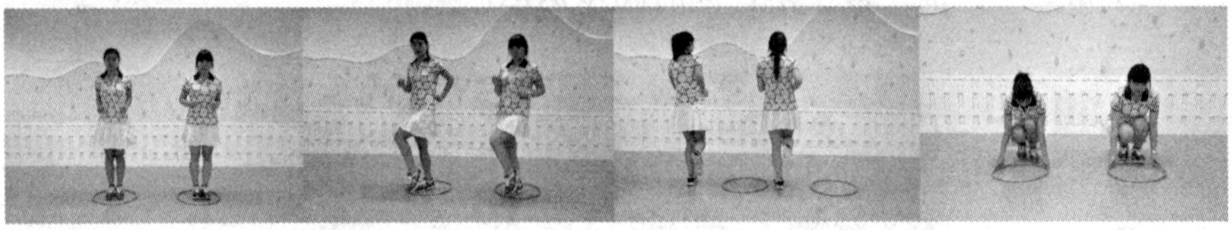

整理运动：8 拍×8

第一八拍：
1-8 双手持圈从体前慢慢上举于头上，四人向中间聚拢，且保持上举动作，原地踏步。

第二八拍：

1－8　双手持圈于体前慢慢下落，四人散开回原位，原地踏步。

第三八拍—第四八拍：同第一八拍—第二八拍。

第五八拍：

1－4　原地踏步，双手持圈于体前。

5－8　单手持圈斜上举，成交叉队形，交换位置。

第六八拍：同第五八拍，但方向相反，回到原点。

第七八拍：

1－4　双手持圈于体前慢慢上举于头上，同时踏步向前走。

5－8　双手持圈于体前慢慢下落，同时踏步退回原点。

第八八拍：同第七八拍。

结束动作：

1－8　跳至双脚开立与肩同宽，双手持圈举于头上。

(二)器械操:哑铃操(金睿、白志瑶、师美玲、陈建英)

第一节:伸展运动(8拍×4)

第一八拍:
1-8 左腿稍屈膝下蹲,头向左摆动,同时两手腹前击小哑铃。

第二八拍:同第一八拍,但方向相反。

第三八拍:
1-8 双臂经体侧平举并击哑铃四次,同时向前踏步。

第四八拍:
1-8 双臂慢慢回到两侧,踏步回到原位,腹前击哑铃四次。

第二节:头部运动(8拍×4)

第一八拍:
1-2 两腿稍屈膝下蹲,同时两手背于体后,头前屈。
2-4 双腿还原成直立,两手背于体后,头后仰。
5 左脚向左侧出一步,左臂屈肘,同时向左上摆头。
6 左臂向上伸直。
7 同5。
8 左脚收回,还原成直立。

第二八拍：同第一八拍，但方向相反。
第三八拍—第四八拍：同第一八拍—第二八拍。

第三节：肩部运动（8拍×4）

第一八拍：
1-4 左肩向上提肩一次，并向左摆头。
5-7 两肩胸前平举，击小哑铃三次。
8 还原成直立。

第二八拍：同第一八拍，但方向相反。
第三八拍：
1-2 左脚向左前方出一步，同时左肩向上提一次，向左前方摆头。
3-4 左脚回到原位，还原成直立。
5-7 两腿稍屈膝，同时两臂胸前平举，击哑铃三次。
8 还原成直立。

第四八拍：同第三八拍，但方向相反。

第四节：队形变换（8拍×1）

1-8 双臂前立屈至伸平，踏步向前/向后。

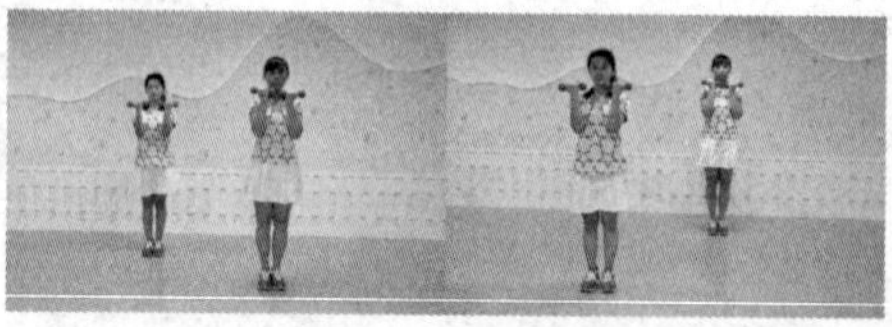

第五节：胸部运动（8 拍×4）

预备姿势：直立（两手各持哑铃于体侧）
第一八拍：
1-4　两臂胸前平举，同时体前击哑铃四次。
5-8　两臂胸前平屈扩胸两次，还原成直立。

第二八拍：同第一八拍动作。
第三八拍：
1-2　左脚向前一步成弓步，两臂胸前平举，同时体前击哑铃四次。
3-4　双手旋转 180 度，同时体前击哑铃两次。
5-6　两臂胸前平屈，扩胸一次。
7-8　两臂胸前平举，还原成直立。

第四八拍：同第三八拍，但方向相反。

第六节：体侧运动（8 拍×4）

预备姿势：两臂胸前立屈（两手各持哑铃于体侧）。
第一八拍：
1-4　两臂胸前立屈，向左移动两步。
5-6　上体左转 90 度，同时两臂前伸至平举，击哑铃一次。
7-8　两臂侧平举，左脚收回，还原成直立。

第二八拍：同第一八拍，但方向相反。
第三八拍—第四八拍：同第一八拍—第二八拍。

第七节：变换队形（8拍×3）

第一八拍：
1－4　踏步走三角队形。
5－7　双腿屈膝，竖着击哑铃三次。
8　还原成直立。

第二八拍—第三八拍：同第一八拍。

第八节：全身运动（8拍×4）

第一八拍：
1－2　左臂向左侧平举，右臂胸前平举，左脚侧出一步。
3－4　右臂向右侧平举，左臂胸前平举，右脚侧出一步。
5－6　头部下屈，两腿全蹲，两臂持哑铃击两次。
7－8　两臂侧平举，同时还原成直立。

第二八拍—第四八拍：同第一八拍。

第九节：变换队形（8拍×4）

第一八拍：
1－8　踏步走直线队形，两手各持哑铃于体侧。

第二八拍：
1－8　原地踏步，左手持哑铃体侧立屈，左脚侧出一步，脚跟点地。右手持哑铃体侧立屈，右脚侧出一步，脚跟点地。

第三八拍：同第二八拍。
第四八拍：踏步回到原位。

第十节：踢腿运动（8 拍×4）

第一八拍：
1-4　左脚开始原地踏两步，同时胸前击哑铃两次。
5-8　两手持哑铃于腰间，左、右脚分别向前踢一次。

第二八拍：同第一八拍。
第三八拍：
1　左腿抬起至 90 度，同时腿下敲击哑铃一次。
2　还原成直立。
3-4　同 1-2。
5-8　两手持哑铃于腰间，左、右脚分别向前踢一次。

第四八拍：同第三八拍。

第十一节：跳跃运动（8 拍×4）

第一八拍：
1-8　原地后踢腿跳八次，同时腹前击哑铃八次。

第二八拍：
1-8　身体向后转，同时两臂侧下举。

第三八拍—第四八拍：同第一八拍—第二八拍。

第十二节：整理运动（8 拍×4）

第一八拍：
1-8 原地踏步，同时双臂经体侧至平举，再回到两侧。

第二八拍：
1-8 原地踏步，同时双臂两侧平举，再回到两侧。

第三八拍—第四八拍：同第一八拍—第二八拍。

第十三节：结束（8 拍×1）

1-4 原地踏步。
5-6 原地跳跃两下，同时胸前敲击哑铃。
7-8 两臂斜上方张开，两腿开立站定。

（三）徒手操：机器人操（王杨、崔颖、范欣然）

准备动作：8 拍×2

第一八拍—第二八拍：原地站立，双臂放于体侧。

第一节：8 拍×2

第一八拍：

1-2　左臂背后至腰间。

3-4　右臂动作同左臂。

5　头向左转 45 度。

6　头再向左转 45 度。

7　头向右转 45 度。

8　头再向右转 45 度，即头部还原。

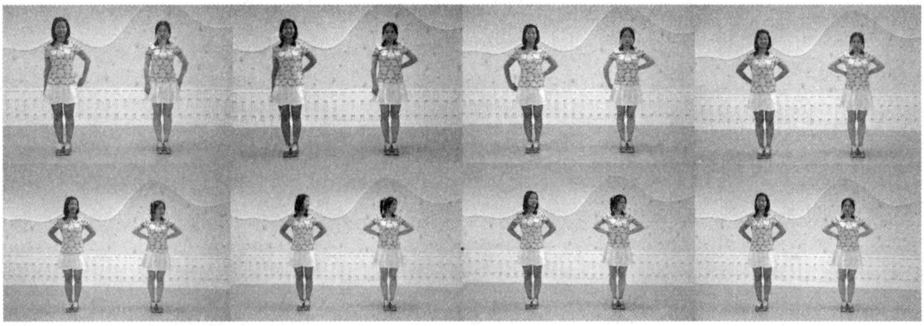

第二八拍：

1　头向右转 45 度。

2　头再向右转 45 度。

3　头向左转 45 度。

4　头再向左转 45 度，即头部还原。

5-6　双臂背后，屈膝下蹲。

7-8　还原成直立，双臂背后。

第二节：8 拍×5

第一八拍：

1　双臂背后，左腿抬至身前 45 度位置。

2　双臂背后，左腿抬到 90 度位置。

3　双臂背后，左腿还原到 45 度位置。

4　双臂背后，左腿向前落地。

5-8　双臂背后，抬右腿同 1-4。

第二八拍—第五八拍：分别向四个方向转体，动作同第一八拍。

第三节：8 拍×2

第一八拍：
1-2　左脚向左后方撤退一步，身体面向左前方 45 度。
3-4　双臂曲臂至体侧，大臂与上体成 30 度。
5　双臂抬起至腹部位置。
6　双臂抬起至胸前位置。
7　双臂还原至腹部位置。
8　双臂还原至体侧 30 度位置。

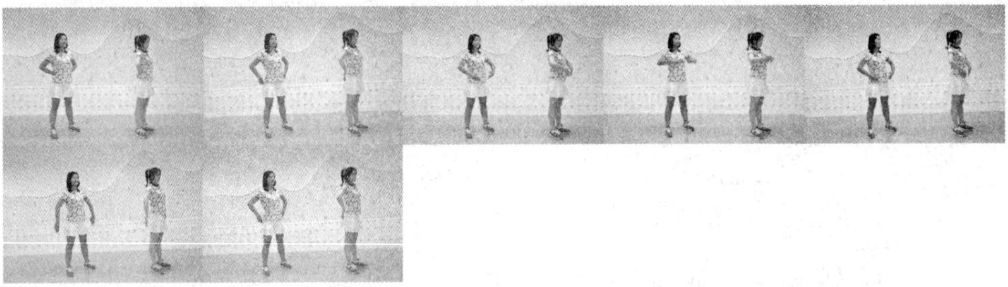

第二八拍：
1　身体侧转，双脚自然开立，双臂弯曲在小腹位置。
2　身体侧转，双脚自然开立，双臂弯曲在肚脐位置。
3　身体侧转，双脚自然开立，双臂弯曲在胸下位置。
4　身体侧转，双脚自然开立，双臂弯曲在胸部位置。
5　身体侧转，双脚自然开立，双臂弯曲在胸下位置。
6　身体侧转，双脚自然开立，双臂弯曲在肚脐位置。
7　身体侧转，双脚自然开立，双臂弯曲在小腹位置。
8　身体侧转，双脚自然开立，双臂还原于身体两侧。

第四节：8 拍×2

第一八拍：
1 - 2　双腿开立，右腿屈膝，身体下沉。
3 - 4　双腿自然开立，右腿还原。
5 - 8　双腿开立，左腿同 1 - 4。

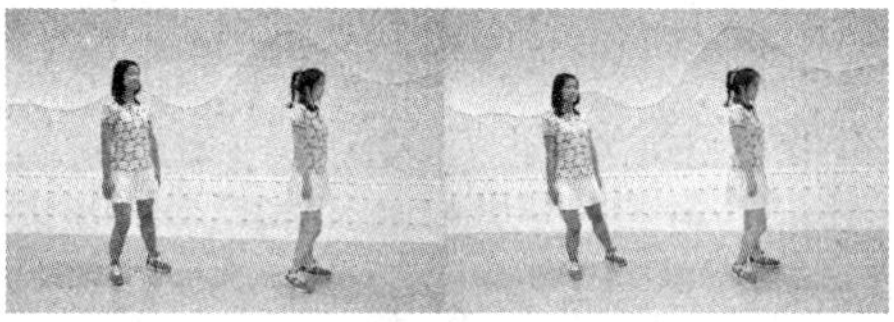

第二八拍：
1 - 2　双腿自然开立，右腿分两拍屈膝下蹲。
3 - 4　双腿自然开立，右腿屈膝，右肩向前送。
5 - 6　双腿自然开立，保持屈膝并向上提肩。
7　双腿自然开立，保持屈膝并向下沉肩。
8　还原成双腿自然开立，双肩保持自然。

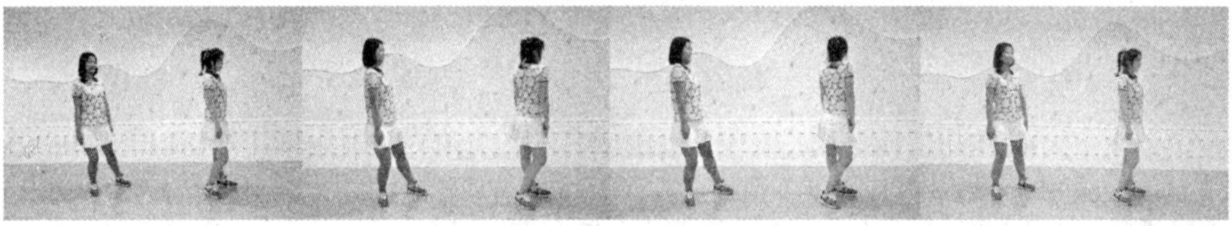

第五节：8 拍×2

第一八拍：
1　两腿开立，右腿屈膝，左腿直立，同时身体向右倾，右手斜下举 30 度。
2　右腿屈膝，左腿直立，同时身体向右倾，右手斜下举 45 度。
3　右腿屈膝，左腿直立，同时身体向右倾，右手斜下举 75 度。
4　右腿屈膝，左腿直立，同时身体向右倾，右手侧平举。
5　双腿直立，右手手心向上，手腕回扣成钩状。
6　双腿直立，屈肘够肩。
7　双腿直立，大臂平行，小臂斜下 45 度。
8　双腿直立，大臂斜下举，手心向后。

第二八拍：动作同第一八拍，但方向相反。

第六节：8 拍×2

第一八拍：
1　右腿屈膝，左腿直立，同时身体向右倾，右手 30 度斜下举。
2　右腿屈膝，左腿直立，同时身体向右倾，右手 45 度斜下举。
3　右腿屈膝，左腿直立，同时身体向右倾，右手 75 度斜下举。
4　右腿屈膝，左腿直立，同时身体向右倾，右手侧平举。
5　双腿直立，肘关节弯曲，手心向下 75 度。
6　双腿直立，肘关节弯曲，手心向下 45 度。
7　双腿直立，肘关节弯曲，手心向下 30 度。
8　双腿直立，肘关节弯曲，手臂还原。

第二八拍：同第一八拍，但方向相反。

第七节：8 拍×2

第一八拍：
1　身体侧转，双脚自然分开，双臂弯曲至小腹位置。
2　身体侧转，双脚自然分开，双臂弯曲至肚脐位置。
3　身体侧转，双脚自然分开，双臂弯曲在胸下位置。
4　身体侧转，双脚自然分开，双臂弯曲在胸部位置。
5　身体侧转，双脚自然分开，双臂弯曲在胸下位置。
6　身体侧转，双脚自然分开，弯曲在肚脐位置。
7　身体侧转，双脚自然分开，双臂弯曲在小腹位置。
8　身体侧转，双脚自然分开，双臂还原于身体两侧。

第二八拍：同第一八拍。
重复第三节—第七节：动作相同，但方向转向右前方 45 度位置。

第八节：8 拍×3

第一八拍：

1　双臂跑步状，向左转身 45 度，同时右腿抬到 45 度位置。

2　双臂跑步状，右腿抬到 90 度位置。

3　双臂跑步状，右腿还原到 45 度位置。

4　双臂跑步状，向左转身，右腿向前落地。

5－8　同 1－4。

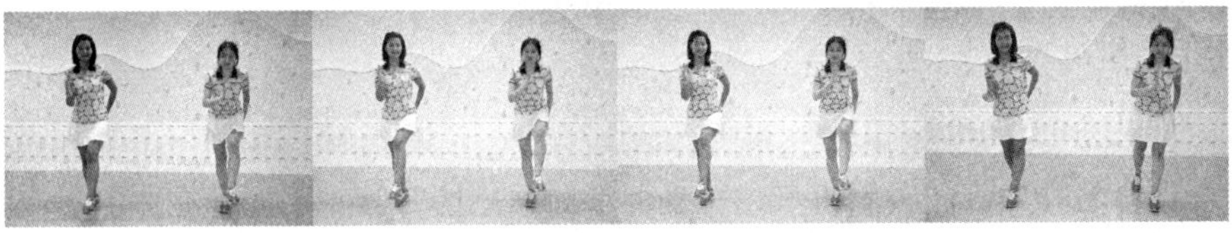

第二、三八拍分别向右转向三个方向，动作同第一八拍。

第九节：8 拍×4

第一八拍：

1－4　双脚自然开立，右手经体前五指分开，左手手心在腰后部五指分开，一拍一动向左移动，手臂打开。

5－8　动作相同，方向相反。

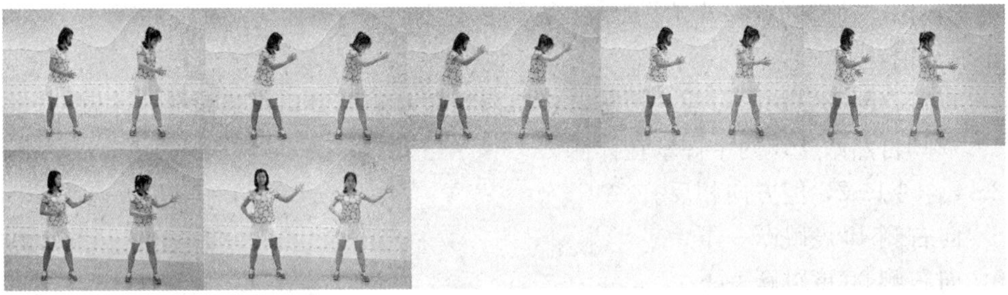

第二八拍：同第一八拍。

第三八拍：

1　双脚自然开立，右手手臂举过肩膀，左手手臂自然向下，低头。

2－4　双脚自然开立，右手手臂举过肩膀，左手手臂自然向下，低头，向后一拍一动振臂，身体向后倾，双腿屈膝。

5－8　双腿屈膝，右手手臂举过肩膀，左手手臂自然向下，抬头，身体一拍一动向前倾，直至左手手臂举过肩膀，右手手臂自然向下，双腿分开直立。

第四八拍：动作同第三八拍。

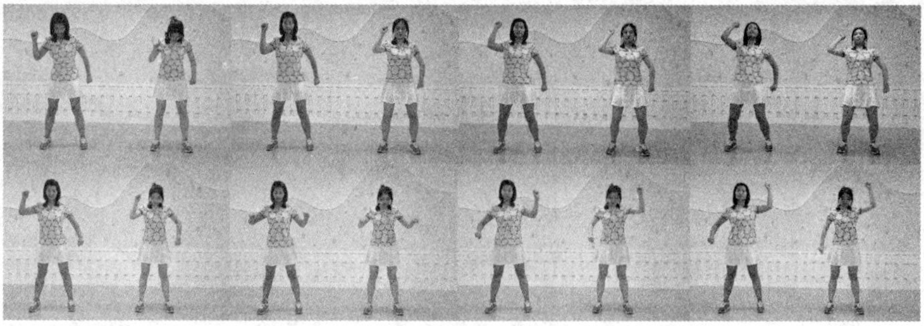

第十节：8 拍×4

第一八拍：

1　双脚自然开立，向右侧迈步，右手握拳向左侧摆臂，左手握拳在体侧。

2　双脚自然站立，两手握拳在体侧。

3－4　动作同 1－2，方向相反。

5－8　原地向上跳跃四次。

第二八拍：动作同第一八拍。

第三八拍：

1　双脚自然开立，向右前方迈步，右手握拳向左侧摆臂，左手握拳在体侧。

2　双脚自然站立，两手握拳在体侧。

3－4　同 1－2，但方向相反。

5　向右侧 45 度跳跃一下。

6　向右侧 90 度跳跃一下。

7　向右侧 135 度跳跃一下。

8　向右侧 180 度跳跃一下。

第四八拍：动作同第三八拍，还原正前方位置。

第十一节：8 拍×2

第一八拍：

1-4　双手叉腰，右脚由下向上，一拍一动，成 90 度。

5-8　双手叉腰，右脚由上向下，一拍一动，原地站好。

第二八拍：同第一八拍，但方向相反。

第十二节：8 拍×1

1-2　双腿自然分开，右手屈肘向上过左肩，手指变数字“1”状，右脚脚尖点地。

3-4　双腿自然分开，左手屈肘向上过右肩，手指变数字“2”状，左脚脚尖点地。

5-7　双腿自然分开并屈膝，双臂弯曲成 90 度，左右摆动。

8　双脚立正站好，左手在上，右手在胸前，做机器人动作。

第三章

体育教学活动

体育教学活动是一种有目的、有计划、有组织的体育活动，它以身体动作的练习为主要内容，以提高幼儿身体素质为主要目的。《幼儿园教育指导纲要》指出，“游戏是幼儿学习的基本方法”，首都师范大学教授严冷在《3－6岁儿童学习发展指南》一书中也强调“游戏是幼儿园教育区别于其他教育的根本所在，使幼儿在游戏中获得发展是幼儿教师专业化水平的典型表现”，所以幼儿的体育教育活动，要以游戏为基本的活动方式。此外，不同年龄班幼儿年龄特点不同，虽然他们的游戏形式都属于情境游戏，但也必须采取适合他们年龄特点的游戏策略才能调动幼儿游戏的积极性，激发幼儿参与活动的兴趣，从而提高体育活动的有效性。

一、小班：教师主导游戏策略

（一）定义

教师主导游戏策略：教师在情境体能游戏中担任重要角色，幼儿按照教师角色的引领一步步开展游戏，深化游戏内容，完成游戏目标。

（二）理论依据

《快乐与发展》课程中指出小班幼儿的年龄特点是，小班幼儿大都处在从家庭转向社会的特殊时期，明显需要感情呵护，对成人很依赖，特别喜欢模仿，拟人化心理特征明显。所以，小班幼儿需要和教师一同游戏，并以拟人化的活动形式理解和参与活动，以满足孩子的心理需求。同时小班幼儿动作发展快，适合进行初步的动作练习。此外小班幼儿的活动特点是，喜欢游戏化的一日生活，幼儿在游戏情境中模仿，使动作协调能力得到提高。

（三）实施方式

引入部分：教师注重情景创设的生活化、趣味化、拟物化。小班幼儿的游戏情境最好选择他们感兴趣的小动物形象。

第一步：教师创设游戏情境。

第二步：教师赋予自己和幼儿游戏角色，并讲解游戏玩法。

第三步：带领幼儿一起参与游戏活动。活动大都是完成任务，没有竞争，幼儿在游戏中获得成功体验。

第四步：教师和幼儿一同分享经验，提升幼儿游戏水平。

二、中班：任务驱动游戏策略

（一）定义

任务驱动策略，即教师通过创设任务情境，使完成任务成为幼儿游戏的驱动力，幼儿在完成任务的同时，达到锻炼的效果。

（二）理论依据

《快乐与发展》课程中指出中班幼儿的年龄特点是，幼儿的活动水平、游戏的自主性和主动性明显提高，他们活泼好动，对规则感兴趣，爱玩会玩。此外，其活动特点也决定了，中班幼儿适合自主选择的区域性游戏。所以，以任务为驱动的前提下的自主游戏是最适合中班幼儿的游戏形式。

（三）实施方式

第一步：教师为幼儿介绍游戏情境（情境创设为并列的几个游戏，采用闯关的形式完成任务）。

第二步：幼儿自选闯关顺序进行闯关，教师观察幼儿游戏情况。

第三步：帮助幼儿梳理总结经验。

第四步：再次游戏，注意运用经验。

第五步：闯关成功获得奖励。

第六步：放松游戏。

三、大班：合作竞赛游戏策略

（一）定义

合作竞赛游戏策略，即教师创设竞赛情境，幼儿分为两个或多个小组，进行比赛，在竞赛游戏中提高幼儿的体能，同时提高幼儿的竞赛意识和合作意识。

（二）理论依据

《快乐与发展》课程中指出大班幼儿的年龄特点是，同伴间的互助合作学习增多了，喜欢有挑战性的活动，所以以竞赛为活动形式的游戏最适合大班幼儿。

（三）实施方式

第一步：教师创设游戏情境。

第二步：教师介绍游戏玩法，讨论游戏规则。

第三步：幼儿分组进行竞赛游戏。

第四步：教师请动作规范的幼儿进行示范，并帮助幼儿梳理相关经验。

第五步：幼儿再次游戏，注意运用相关经验。

第六步：放松活动。

四、各年龄班优秀案例分享

(一) 小班

案 例 一

活动名称：聪明的小兔

·活动目标

1. 学习双脚同时向前行进跳的基本动作，增强腿部肌肉力量。

2. 喜欢参加体育运动，感受运动游戏的快乐。

·活动准备

1. 活动前的场地布置：请幼儿将压好膜的小草插在场地一端（按地砖中间的缝隙插）。

2. 实物萝卜（白萝卜、胡萝卜）；塑料筐8个（分别放在场地的两端）。

3.《兔子舞》音乐。

·活动过程

1. 开始部分

以儿歌的形式和幼儿一起做热身活动："小小兔子，跳一跳；前跳跳、后跳跳；抬抬头，向上跳；屈屈腿，使劲跳；转转圈，拍手跳。"

2. 基本部分

（1）以游戏的口吻引发幼儿的兴趣。教师扮演兔妈妈，带领兔宝宝们（幼儿）在草地旁边做游戏，兔妈妈说："兔宝宝们，咱们一会儿到萝卜地里拔些萝卜，好不好？"

（2）利用情境进行游戏。

兔妈妈说："前边有一片草地，我们不能踩到小草，那我们怎样过去呢？"请幼儿自己想办法，并试一试。

第一次游戏：兔妈妈和宝宝们拔一个萝卜快速跑回来，并说一说自己拔的是什么萝卜？

分享：请兔宝宝们说一说，用什么方法可以避免踩到小草的。教师及时帮助幼儿提升经验。

第二次游戏："看看谁拔的萝卜多"，幼儿可以一次拔多个萝卜。

3. 结束部分

兔妈妈引导幼儿说一说，自己拔了几个萝卜？都是什么萝卜等。

4. 活动延伸

幼儿和教师一起将拔来的萝卜送到食堂，请叔叔阿姨们做成各种食物。

·活动反思

在户外游戏中，萝卜能有多种玩法：收萝卜、种萝卜和卖萝卜……小班幼儿再现这种生活情景，收萝卜、种萝卜、送去厨房做萝卜美食，这种一物多玩、多用的方法用在体育游戏中，用这种真实的物品将多种玩法与游戏相结合，使得幼儿表现非常自然、轻松、快乐，而且乐于交流、敢于说话、做事专注、合作有序。

（教师：张岩）

案 例 二

活动名称：小兔跳山坡

·活动目标

1. 感知立定跳远的动作要领，喜欢参加跳跃活动。

2. 敢于尝试跳远活动。

·活动准备

泡沫垫若干，音乐磁带，录音机，兔妈妈头饰一个，地上画好的大圆圈。

·活动过程

1. 开始部分

（1）热身游戏开汽车。幼儿手握泡沫垫当做方向盘，随音乐模仿小司机开汽车，跟着“兔妈妈”进入场地。

（2）根据音乐节奏快慢、强弱不同，幼儿与教师一起做热身活动：慢慢开（走）、快快开（跑）、上山坡（后仰身体）、下山坡（前屈身体）、转弯（向两侧弯腰）。

2. 基本部分

（1）跳过小山坡（一块泡沫垫）。

①幼儿沿着圆圈将泡沫垫放在地上，自由探索跳过垫子。

②老师示范、讲解动作要领。提示幼儿两只小脚分开一点，腿弯一弯，双手握成小拳头，双臂用力前后摆一摆，然后小脚用力蹬地向前跳，最后脚轻轻落下，脚尖着地，膝盖稍微弯一点。

③幼儿练习，教师进行指导，提醒幼儿动作要正确。

（2）跳过大山坡（两块泡沫垫）。

①教师示范将两块垫子拼在一起，变成大山坡。

②请幼儿找一个好朋友，将两个人的泡沫垫拼接起来，拼好后勇敢地试一试，看谁能跳过大山坡。

③幼儿尝试练习，教师观察指导，及时给予鼓励、肯定，同时提示幼儿动作要正确。

3. 结束部分

（1）甩甩手臂，动动腿。

（2）坐在自己的垫子上，拍拍腿、拍拍肩膀。

（3）帮好朋友捶捶背、揉揉肩膀。

（4）拿起垫子，开汽车离开场地，回到活动室。

（教师：贾晓娟）

案 例 三

活动名称：小青蛙捉害虫

·活动目标

1. 感知跳盒子（高矮）的乐趣，遇到困难时敢于大胆进行挑战。

2. 发展与同伴的合作能力，体验活动带来的成功和快乐。

·活动准备

1. 搜集鞋盒子若干个（把盖子封上）、牙膏盒若干个。

2. 大塑料圈若干个。

3. 青蛙头贴（每人一个）。

4. 自制虫子若干。

·活动过程

1. 开始部分

（1）教师带幼儿来到操场，跟着《小青蛙》的音乐做活动准备。

（2）小青蛙发现了许多大小不同的盒子，青蛙妈妈考验它们能不能跳过小盒子玩（小青蛙探索盒子的多种玩法）。

（3）幼儿练习跳盒子（幼儿自由跳，教师观察，并示范方法），也可双人练习跳盒子：用两个盒子搭一搭、跳一跳（盒子可以横着搭、竖着搭）。

（4）教师请幼儿分享：你们是怎样搭的？跳得过吗？可以请个别幼儿试一下。

2. 基本部分

（1）玩法一：幼儿用牙膏盒子搭一座小桥（牙膏盒），教师和幼儿一起说儿歌：“小青蛙呱呱呱，跳到地里捉害虫，一只青蛙捉一只，许多青蛙捉许多”。当小青蛙跳过小桥，跳过荷叶，捉到害虫从场地的两边跑回来后，请幼儿说一说：你捉的虫子是什么颜色的？你捉了几只？我们大家一共捉了几只（感知理解 1 和许多）。

（2）玩法二：增加难度，用鞋盒再搭一座高桥（一层高的鞋盒），小青蛙跳过高矮不同的小桥去捉虫子（捉回 2 条小虫子）。

（3）玩法三：青蛙妈妈带领小青蛙拼一座两层高的盒子桥，小青蛙尝试着跳过荷叶，游过小河，跳过盒子桥，到田地里去捉害虫。

（4）提问：你跳什么盒子？怎么跳的？感觉怎么样？（对比大小不同、高矮不同的盒子跳的力度的不同）。

重点指导：幼儿双脚用力向上跳过障碍的方法。

生活指导：教师注意幼儿的活动量，及时提示幼儿擦汗或增减衣服。

·结束部分

舒展活动：放松身体，拍拍小腿。启发幼儿盒子还可以怎样玩。

·活动延伸

小青蛙跳的本领越强，捉到的害虫就越多，请小朋友们想一想还可以跳过什么地方？如跳过“小石头”，跳过“小荷花”等，请幼儿想一想用什么东西可以当石头和小荷花，给幼儿留小任务，和老师一起为下次游戏做准备。

（教师：周亚静）

案 例 四

活动名称：小狗熊学本领

· 活动目标

1. 喜欢参与体育活动。
2. 发展跑、跳、爬、平衡等综合能力。

· 活动准备

拱形门、荷叶、塑料平衡木。

· 活动过程

1. 开始部分

（1）教师带领幼儿随着音乐进入场地，做准备活动。

（2）创设情境：今天老师来当熊妈妈，带小熊一起学本领，请小朋友想一想，小熊都有什么本领？

2. 基本部分

妈妈带小熊学本领。

（1）学习钻过低矮的山洞，练习从拱形门中爬过。

（2）学会跳过小河和小山坡。用荷叶、塑料平衡木摆出小河和小山坡，鼓励幼儿跳过小河和山坡。

（3）黑夜到了，大风刮得小熊转圈圈，幼儿闭眼慢慢转，提醒幼儿注意安全，不要转太快。

（4）小熊取蜜饼，比比谁的本领高。分 4 队，4 个小朋友比赛：爬过山洞，跳过小河、山坡，闭眼转两圈，取到蜜饼后回来，看谁最快最好。

3. 结束部分

请取回蜜饼的小熊想一想，你取蜜饼的路上用了哪些新学的本领，那小熊还想学什么本领，请部分幼儿说一说，并示范动作。

（教师：王佳琳）

案 例 五

活动名称：小兔采蘑菇

· 活动目标

1. 喜欢和老师、小朋友一起游戏，体验一起游戏的快乐。
2. 练习双脚连续向前跳，能初步遵守游戏的规则，建立集体意识。

· 活动准备

山洞（拱形门）、小河、蘑菇、兔子和大灰狼挂饰、音乐。

·活动过程

1. 开始部分

(1) 幼儿戴上小兔子头饰，扮小兔宝宝，教师扮兔妈妈。

(2) 教师："孩子们，今天的天气真好，我们跟着老爷爷活动活动身体吧!"

(3) 全体幼儿分散站立，在教师的带领下，随音乐做全身准备活动。

2. 基本部分

(1) 探索跳的方法。

首先幼儿自由探索跳的方法，请几个幼儿示范小兔子是怎么跳的。然后，兔妈妈领着小兔子随音乐练习双脚跳。

(2) 游戏：小白兔与大灰狼。

游戏开始时，教师和幼儿分别扮作"妈妈"与"小兔"，先做些简单的准备活动。兔妈妈带着兔宝宝去采蘑菇，要求小兔子双脚并齐向前跳。当大灰狼出来说："是谁的脚步声太大，打扰了我休息"，小兔赶紧回到妈妈的身边。然后去另一边草地采蘑菇。

(3) 送蘑菇。

老师：我们采了这么多蘑菇，去给外婆送蘑菇，去外婆家的路上要过小河，钻山洞，你们一定要小心点。能力强的幼儿可双脚向前跳着过，能力较差的幼儿可跨过小河，但不能踩到小河。

(4) 组织幼儿进行游戏。

幼儿分散站好，能力强的幼儿在前，能力较差的幼儿在后，老师在前面领着，边说儿歌边双脚向前跳。儿歌：过小河，钻山洞，小兔子，小兔子，去给外婆送蘑菇，蹦蹦跳跳真欢喜。老师：过小河啦，孩子们可双脚并齐跳过去，可别掉下去了。钻山洞喽，弯下腰，低下头，小心别碰头。到了外婆家，把蘑菇送给外婆，再原路返回。

3. 结束部分

"孩子们，今天你们表现得真棒，累不累呀，咱们来放松一下吧!"幼儿随音乐自由活动。

·活动反思

游戏是幼儿园的主要活动之一，孩子对它有特殊的偏爱，在幼儿园游戏也有着它特殊的地位。年龄越小的孩子对游戏越有浓厚的兴趣，那教师如何激发幼儿参与游戏的兴趣是游戏活动的核心与关键。我铭记一句话：不是孩子不参与你的活动，而是你的活动没有吸引孩子的兴趣。因此，在游戏活动中，我利用幼儿喜爱的动物，扮演角色，结合肢体语言导入，在热身的同时激发幼儿参与活动的兴趣。在各个环节中，我给孩子提供充分展示自我的空间与锻炼的机会。

利用外婆过生日这一契机，我带领幼儿实地采蘑菇。在此环节中设计"1和许多"的科学理念，让每个兔宝宝在许多的蘑菇中只采一个蘑菇。在采蘑菇过程中又设计了脚步声太大，吵醒了山上的大灰狼，引导幼儿双脚轻轻跳，同时也完成了本节课的重点。

通过活动，幼儿体验游戏带来的快乐，感受与同伴、妈妈、外婆的互动；感受游戏对幼儿本身带来的各种有益的生活技能、生活经验的体验与感悟。幼儿通过扮演角色—采蘑菇—给外婆送蘑菇，从热身—游戏—活动量的调整—自然放松，每一个环节都从不同的角度让幼儿把生活经验与肢体和游戏相互融合在一起，真正实现游戏的价值。

本次活动也存在着不足之处。

1. 在钻山洞的时候，由于山洞放得不够牢固，导致山洞倒了，分散了孩子的注意力。此外，如果我将山洞换成大大小小不同的山洞，孩子们在钻山洞时选择的机会更多一些，层次也会更明显。

2. 活动中自己的语言提示过多，阻碍了幼儿的探索欲望。语言应再简单明了一些。

总之，活动让我有了太多的感悟。我深刻体会到兴趣和游戏对幼儿的重要性，在今后的游戏活动中，我会更多地预设活动中的小细节，把每个环节考虑得更清晰、合理。

（教师：郑艳荣）

案　例　六

活动名称：豆豆保卫战

· 活动目标

1. 练习手膝爬以及双脚连续跳的技能。
2. 能尝试报纸球的多种玩法。

· 活动准备

1. 竹筐、塑料圈若干、软垫、欢快的音乐及音响、蚂蚁和狐狸头饰。
2. 教师与幼儿一同将报纸团成若干“小豆豆”。

· 活动过程

1. 开始部分

（1）教师扮演蚂蚁妈妈，带领蚂蚁宝宝们出来玩。

（2）蚂蚁妈妈带领宝宝们跟着音乐做准备活动。

2. 基本部分

（1）小蚂蚁和豆宝宝做游戏：自由玩报纸球，尝试报纸球的多种玩法。

（2）蚂蚁宝宝与同伴分享报纸球的玩法。

（3）蚂蚁宝宝们把豆豆放到粮食筐里，和妈妈一起休息，醒来发现豆豆都不见了。

（4）妈妈带宝宝们到处找豆豆，发现原来是狐狸偷走了豆豆，蚂蚁妈妈与宝宝们一起讨论把豆子运回家的方法。

（5）趁着狐狸不在家，蚂蚁宝宝们一个个尝试双脚跳过石头路，爬过草坪到达狐狸家，再把豆子运回家。

（6）蚂蚁宝宝再次尝试把豆子运回家。

3. 结束部分

（1）启发蚂蚁宝宝们动脑筋想一想：豆豆除了可以用手运回来，还可以用身体的什么部位把豆豆运回家？幼儿自由尝试。

（2）所有豆子运回家后，妈妈带领宝宝们一起炒豆子吃。

（教师：姜珊）

案 例 七

活动名称：托马斯之旅

·活动目标

1. 尝试在障碍物下动作较灵活地正面钻。

2. 能双脚用力蹬地进行原地纵跳触物。

3. 体验体育游戏的快乐。

·活动准备

1. 拱形门8张（布置成山洞状），动画片里的多多岛图片1张，自制门票31张（根据本班幼儿人数制定，每人1张）。

2. 欢快的音乐，如：《去郊游》。

3. 场地布置如图。

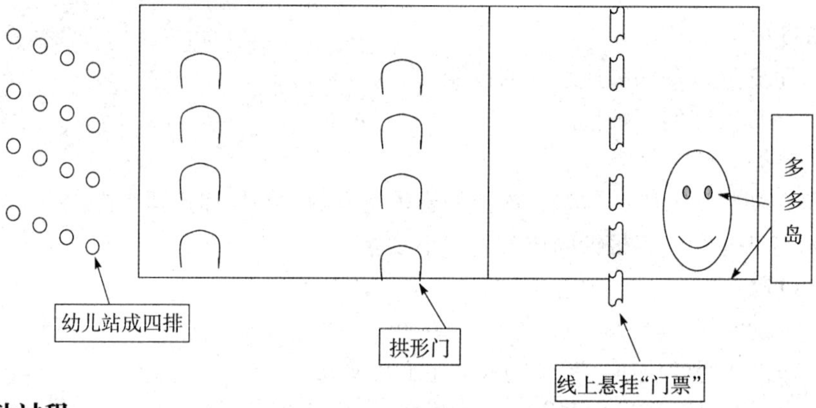

·活动过程

1. 开始部分：托马斯加油站

伴随欢快音乐《去郊游》，教师带领幼儿乘坐托马斯火车准备旅行。创设给托马斯火车加油的情境，随音乐做头部扭动（幼儿当成火车头）、肩部绕环（幼儿模仿火车鸣笛的动作）、腰部扭动（幼儿模仿火车过隧道的动作）、腿部双脚跳（幼儿模仿火车过小桥）、活动手腕和脚腕（幼儿模仿火车轮转动）等动作。每个动作做四个八拍。

2. 基本部分：托马斯之旅

（1）自由旅行时间：幼儿经过自由尝试、体验，引导幼儿发现正面钻的动作最快、最便捷。

教师：小托马斯们，我们今天的行程是到多多岛去探险。可是，这里有许多的山洞，要通过山洞才能到达，小托马斯们要想办法过去，并且找到最便捷、最快的过山洞方法好吗？

教师：小托马斯的方法很多，有的爬、有的钻，有的走，可是谁的方法又快又安全呢？请你们再去试试。

重点引导幼儿发现正面钻是最快、最便捷的方法。

（2）托马斯之旅。

①教师介绍游戏玩法：小托马斯们要分成四队（每队五到六人）。每队都要钻过一个山洞，每个山洞都有魔法，通过的时候山洞不能发出声响（拱形门上挂有铃铛），才能到达多多岛。通过山洞后，要取门票，但门票都挂在高高的树上，小托马斯们要向上纵跳摘下门票，才能进入多多岛。

②幼儿游戏：每队第一名托马斯听教师的口令出发，当前面的托马斯开始钻第一个山洞时，后面的托马斯就可以出发了。钻过第二个山洞后，向上纵跳摘门票，然后到达终点。

③教师提示幼儿动作要领：小托马斯们在过山洞时，要注意弯腰、屈腿、低头，不要碰撞到山洞（拱形门）上挂的小铃铛。小托马斯正面钻过障碍物，做到低头、弯腰紧缩身体。小托马斯在纵跳摘门票的过程中，跑到悬挂门票的地方，站在门票下面，弯曲膝盖的同时双脚用力蹬地，双腿用力蹬直，右手上举触摸物体，腾空时不低头。落地时脚尖轻轻先着地，保持身体平衡，不摔倒。

④幼儿完整进行游戏两次。

3. 结束部分：旅行结束

（1）教师小结游戏情况：今天你们找到了过山洞的好方法，又快又安全地钻过山洞并摘到门票，我们一起去多多岛玩得真开心。你们可真棒！

（2）听音乐《去郊游》，幼儿自由开着小火车回教室，活动自然结束。

4. 活动延伸

教师根据幼儿的活动能力增设障碍，如独木桥、小河等。

（教师：章巧雅）

案　例　八

活动名称：小青蛙捉虫

·活动目标

1. 愿意参加体育游戏，体验参与游戏的快乐。
2. 学习双脚并拢向前行进跳，锻炼腿部力量。
3. 锻炼手部肌肉的灵活性。

·活动准备

1. 录音机、活动磁带。
2. 布置池塘。
3. 小青蛙的头饰每人一个、虫子若干。

·活动过程

1. 开始部分

教师：今天天气真好，妈妈带着青蛙宝宝们一起到外面运动运动吧。小青蛙，呱呱呱，弯弯腰，跳一跳，真可爱。

教师带领幼儿边念儿歌边做准备动作两遍。

2. 基本部分

（1）学习双脚并拢向前行进跳。

教师：做完运动真舒服。孩子们，妈妈想问问你们，你们长这么大了，有些什么本领啊？（跳）那我们来跳一跳吧！

（2）请个别幼儿示范跳，并观察是怎么跳的。小脚是怎么样的，膝盖是怎么样的？

（3）教师示范跳：我也来学学看——小脚并并拢，膝盖弯一弯，轻轻向前跳。

请幼儿再次尝试跳，并能一边念儿歌一边跳，以了解跳的技能。

（4）游戏：小青蛙捉虫。

教师：我的青蛙宝宝们都很能干，妈妈带你们去池塘边捉虫子吧。那怎么去呢？（跳着去）去的时候一定要注意安全哟，一定要跟着妈妈不要走丢了。看谁捉的虫子多。

（5）播放音乐：小青蛙去池塘边捉虫。

教师：青蛙宝宝们真能干，都捉到了大虫子。那我们回家吧。

3. 结束部分

边念儿歌边做放松活动。

（教师：吴迪）

案 例 九

活动名称：聪明的小鸡

·活动目标

1. 锻炼听信号做动作的能力。

2. 能在愉快的游戏中感知上下、前后、里外等空间方位。

3. 在游戏中体验成功的快乐。

·活动准备

每人一块手帕；大灰狼和鸡妈妈头饰各一个，小鸡胸卡若干；大树和小草；铃鼓一面；音乐；拱形门。

·活动过程

1. 开始部分：引发兴趣

教师："今天鸡妈妈要带小鸡宝宝们去草地上玩，我们来和小手帕一起跳个舞吧。"妈妈带小鸡随音乐做准备活动。

2. 基本部分：我的小手帕不见了

（1）游戏口吻引出：我的小鸡宝宝都是最聪明能干的，现在妈妈要来和你们做一个游戏，看看谁的耳朵灵。看看妈妈拿的是什么？（铃鼓）妈妈一会拍铃鼓，你们来听鼓声跑步。鼓声快，就快快跑；鼓声慢，就慢慢跑；等妈妈的鼓声一停，你们就快快把自己的小手帕藏在身体的任何地方，最好让妈妈找不到。

（2）幼儿游戏，教师根据游戏情况请个别幼儿说说自己的小手帕藏在了哪里（藏在袖子里，藏在衣服里，藏在背后，藏在屁股下面等，运用小手帕让幼儿认识方位，在游戏中获取知识），用什么方法能让小手帕藏得好呢？（把小手帕团紧或折小，运用提问的方式让幼儿大胆思考。

（3）幼儿第二次游戏，教师鼓励幼儿积极创造，想出与众不同的藏法。

（4）游戏：小鸡和大灰狼。

大森林里住着许多的小动物。一天，鸡妈妈带着小鸡去大森林里找食物，先钻过山洞，又过了一条小河，最后到了大森林，但是遇到了凶猛的大灰狼，所以一会妈妈带你们出去时要小心大灰狼。如果听到"狼来了"的声音，就要赶快跑回家，然后马上躲到小手帕下面（教师示范），要不就会被大灰狼抓住。（运用故事情境引出游戏，使幼儿更加能理解游戏内容）

配班老师扮演大灰狼蹲在一角，幼儿跟鸡妈妈学小鸡走路和找食物等动作。当听到"狼来了"的声音时，小鸡马上跑回家用方巾把自己盖住，或蹲或站。这时狼来了，它边看边说：真想找只小鸡吃掉！咦，怎么这么多五颜六色的花啊！看来今天又要饿肚子了！

3. 结束部分

大灰狼走了，小鸡宝宝出来吧！我们玩了这么长时间也累了，先把小手绢放回宋老师的小筐中，跟着贾老师放松放松身体吧！（随音乐做动作）

（教师：贾舒宇）

案 例 十

活动名称：小蚂蚁去郊游

· 活动目标

1. 能手脚着地的爬行，发展动作的灵活性和协调性，增强手臂及腿部肌肉力量。

2. 体验游戏的快乐，初步培养克服困难的精神。

· 活动准备

圆圈，箭头指示标志，垫子，拱形门，自制（红、黄、蓝）纸球，红、黄、蓝三种颜色的筐。

· 活动过程

1. 开始部分

（1）教师："天气真好呀，宝宝们，妈妈带你们出去玩会儿吧。"听音乐热身准备。

（2）教师："大象司机到了，我们快点坐上车，去郊游喽。"跟着老师快速或慢速在空场地爬行，爬到要"郊游"的地方。

2. 基本部分：去郊游

（1）教师："好了，宝宝们，我们要郊游的地方已经到了，请宝宝快到妈妈身边来。"一起蹲下来。

（2）教师："宝宝们，我们现在遇到困难了，前边有一条河，我们要从小河上边的桥上通过，可是这些桥有的特别高，有的还有障碍物。哪个勇敢的宝宝想来试试这座高桥？"（请一名幼儿试试，总结经验：小手先撑在小桥上，小腿紧跟着抬起，手脚并齐往前爬。教师及时给予鼓励）哪个聪明的宝宝想来试试过这座有障碍物的桥？（请一名幼儿来试试，并总结经验：小手先过，撑在地上，小脚小腿在跨过去，但是不要碰到圈）

（3）教师："现在请我的宝宝们自己选择一座小桥，然后顺着箭头的方向钻过山洞，爬回到妈妈身边来。"

（4）教师："钻出山洞的宝宝到我身边来，我来问问，都谁是我勇敢的宝宝呀？你是怎么过那座高高的小桥的？"（再次总结经验：小手先撑在小桥上，小腿紧跟着抬起，手脚并齐往前爬）

（5）采果子。

教师："眼看冬天就要到了，天气越来越凉，我们出不去家门了，可是我们家里还没过冬的食物，妈妈刚才在山上看见了许多野果子，你们想不想帮妈妈一起摘些果子回家呀？"

教师讲解摘果子："妈妈先来摘一个果子，你们看一看。顺着小路，爬上小桥，再爬一段小路，摘一个红颜色的果子，顺着小路，钻过山洞，把我摘到的红颜色的果子，放在我红色的筐里。你们明白了吗？如果你摘的是黄颜色就放在黄颜色的筐里，那如果你摘的是蓝颜色的就放在蓝颜色的筐里。"

（6）哪个宝宝还没有尝试走过高高的小桥和有障碍物的小桥的可以尝试一下，请宝宝把山上的果子都摘回来，宝宝们出发吧。（幼儿自选路线）

（7）看一看果子。待所有果子摘回来后，师幼共同检查看是否有果子放错家。

3. 结束部分：放松活动

（1）教师："好了，一天的郊游结束了，宝宝们是不是很累呀？我们坐下来休息一下，拍拍手臂，拍拍腿，揉一揉膝盖。"

（2）教师："好饿呀，我们回家吧！"（幼儿快速爬回老师身边）

（教师：李国莲）

案 例 十 一

活动名称：做客

·活动目标

1. 练习手膝着地爬、正面钻及平衡动作，发展身体的协调性和灵活性。

2. 学习礼貌做客。

·活动准备

大垫子，平衡木，拱形门，配班老师分别在不同的小动物家，肉骨头，小鱼，萝卜磨具。

·活动过程

1. 开始部分

热身运动：跟随韵律操音乐，带领幼儿做准备活动。

2. 基本部分

（1）今天妈妈要带小鸡们去看我们的好朋友，让我们去看看都有哪些小动物？（小狗、小猫、小兔子）他们都喜欢吃哪些食物呢，请你们每人选一种送给我们的好朋友。

（2）我们要爬过一座山，钻过几座山洞，走过一条小桥才能到达我们好朋友的家。

（3）我的孩子们你们准备好了吗？准备好了，我们就出发了。

爬山时要注意手脚着地爬。钻山洞时要屈膝下蹲，低头弯腰，紧缩身体。过小桥时小胳膊侧平举伸平，以保持平稳的身体姿势。

(4) 礼貌敲门，将礼物送给相应的小动物。

(5) 小动物换家，再次游戏。根据本班幼儿情况重点指导动作练习。

3. 结束部分

活动结束，伴随音乐进行放松整理。

（教师：宋艳利）

案例十二

活动名称：小羊真聪明

·活动目标：

1. 学会听信号，手膝着地爬，增强四肢肌肉力量。

2. 在游戏中，锻炼跳、爬、钻的动作协调性和灵活性。

·活动准备

铃鼓一个，玩具骨头若干、呼啦圈、平衡木、拱形门。

·活动重点

根据信号的变化变换速度。

·活动难点：

倒退爬的时候注意不要碰到其他小朋友。

·活动过程

1. 开始部分：跟随韵律操音乐，带领幼儿进行准备活动。

2. 基本部分：

(1) 技能练习。

教师：今天我们做一个小羊的游戏，我是羊妈妈你们是羊宝宝。现在所有的小羊注意了，我们家附近有许多好朋友，让我们去看看好吗？（一次爬过去再回家。配班教师扮演邻居：小鸡、小猫）

(2) 听信号变换方向爬，先去小猫家，然后回到自己家，再去小鸡家。

(3) 游戏"小羊找青草"。

教师：我们肚子都饿了，要去找青草吃了，要走过独木桥，穿过山洞才能找到青草，看谁最聪明。（按照指定路线去找青草）

3. 结束部分：伴随音乐进行放松整理。

天黑了，小羊忙了一天了，让我们休息一下吧。

（教师：李国苹）

案例十三

活动名称：蚂蚁爬爬爬

·活动目标

1. 喜欢参加体育活动，感受集体游戏的快乐。

2. 练习手膝着地自然协调地爬，尝试倒退爬。

3. 能够动作灵活地与同伴一起游戏，并遵守游戏规则。

·活动准备

1. 小蚂蚁头饰，大熊头饰，各种动物沙包，体操垫，《健康歌》和《狮王进行曲》音乐。

2. 幼儿已储备了有关蚂蚁生活习性的相关经验。

·活动过程

1. 开始部分

（1）幼儿戴上小蚂蚁头饰，扮演蚂蚁宝宝，教师扮演蚂蚁妈妈。教师："孩子们，今天的天气真好，妈妈带着你们去外面活动活动身体吧！"

（2）全体幼儿分散站立，随音乐做全身准备活动。幼儿随蚂蚁妈妈做热身运动：头、肩、腰、腿、膝、脚。

2. 基本部分

（1）练习各种不同方式的爬。

自由爬（蚂蚁妈妈边念儿歌边带领蚂蚁宝宝自由爬行，提醒幼儿不要相互碰撞）。

有序爬（鼓励蚂蚁宝宝一个接着一个有序地爬过体操垫连接而成的小桥）。

寻声爬（蚂蚁宝宝拉下头饰蒙住双眼，倾听指令，手膝着地爬着去找蚂蚁妈妈）。

（2）游戏：巧避大熊。

①尝试倒退爬。游戏开始，《狮王进行曲》的音乐响起，保育员老师扮演大熊站在幼儿面前，蚂蚁妈妈带着宝宝练习向后倒退爬。当声音没有了，大熊马上躲到树桩后面，蚂蚁妈妈带领幼儿向前爬。

②巩固倒退爬。游戏可反复进行两到三次。

（3）游戏：蚂蚁背礼物。

"宝宝们，新年就要到了，让我们寻找新年礼物准备过新年吧！"蚂蚁妈妈带领蚂蚁宝宝将红、黄、绿三色的礼物（动物沙包）按颜色标记运回相应的篓子。

3. 结束部分

小蚂蚁跟着妈妈随音乐做放松活动（鼓励幼儿先自己拍拍手臂、膝盖，再互相拍拍手臂、膝盖）。

（教师：郑艳荣）

案例十四

活动名称：小猫玩球

·活动目标

1. 喜欢玩球，体验滚球游戏的快乐。

2. 学习向特定的方向滚球，增强手臂力量及手对球的控制能力。

3. 在游戏情节中尝试向特定方向滚球，提高手眼协调能力。

·活动重点

学习手眼协调的滚球。

·活动难点

指导幼儿学习向特定的方向滚球，逐渐感受力量的大小与球滚动的关系。

·指导要点

指导幼儿尝试向特定的方向滚球。提示幼儿身体蹲下，皮球放在脚前，双手扶球的两侧，将球推出去。

·活动准备

1. 小猫挂牌、录音机及音乐。

2. 皮球、草地、自制可乐瓶保龄球、带绳的圈和报纸制作的小鱼若干。

·活动过程

1. 开始部分

（1）幼儿扮猫宝宝，跟着猫妈妈在音乐伴奏下做各种玩耍的动作。教师："猫宝宝，妈妈要带宝宝们到草地上学本领，来跟着妈妈学本领吧。"

（2）游戏：猫宝宝做球操。组织幼儿做球操，通过玩球，让幼儿感知握球的方法，激发幼儿玩球的欲望，帮助幼儿活动开身体各个部位。

2. 基本部分

（1）游戏：和球宝宝玩游戏。

①教师出示大皮球，教师通过球的花样玩法吸引幼儿注意，了解球的多样玩法。

②请幼儿自由玩球，探索球的玩法。教师观察幼儿有无出现滚球动作。教师参与幼儿的游戏，以猫妈妈身份和幼儿一同游戏，鼓励幼儿的参与，激发幼儿的兴趣。

（2）游戏：小猫滚球。

①幼儿自由探索滚球的玩法，教师有目的地观察幼儿。教师："我们把皮球滚出去，让我们来试一试吧！"

②师生共同分享、交流经验，总结动作要领：身体蹲下，皮球放在脚前，双手扶着球的两边，用力推出去。

③用刚才总结的动作要领，尝试滚球。

（3）游戏：皮球赛跑。

小猫们在起点线上跟着猫妈妈一起玩游戏，请猫宝宝用力滚球，看看猫宝宝能否将自己的球滚过草地。（以草地为标志线）

（4）保龄球游戏。

猫妈妈带着小猫来到球儿游乐园，一起玩游戏。

①滚撞保龄球：自制保龄球放在一边，幼儿站在指定线后将皮球用力滚撞保龄球。

②小球钻山洞：幼儿站在指定线后将皮球用力滚出去，钻入拱门即获得胜利。

（5）律动：我和皮球一起跳舞。

3. 结束部分 自然结束。

（教师：李国芊）

（二）中班

案 例 一

活动名称：小小搬运工

·活动目标

1. 积极参加体育活动。
2. 尝试身体负物，上、下肢协调地跑。
3. 体验与同伴合作游戏的快乐。

·活动准备

1. 各种奶箱、纸盒若干。
2. 小货车五辆。

·活动过程

1. 开始部分

（1）以情景导入，引发兴趣。

春节到了，物美连锁超市急需一批货物，咱班小朋友要帮助他们把这些货物快速送到配送货车上，你们想不想帮忙？——利用欢快的律动音乐引导幼儿做准备活动。

2. 基本部分

（1）教师引导幼儿观察各种物品包装箱的特点，想一想怎样搬最方便。

教师布置任务：每组第一名搬运工手持物品快速跑到配送货车处，将物品放到车上。第二名搬运工和第一名搬运工的方法一样，直到该组的所有搬运工全都运完物品后，将配送货物车送到各个地方。

（2）游戏开始：在搬运物品的过程中，如果幼儿手中的物品掉在地上，便停止游戏。

（3）每组的最后一名幼儿要将该组的配送车送到指定地点，先送到的组为获胜组。

（4）第二次游戏：可以根据幼儿意愿重新编排各组成员，然后进入游戏。

3. 结束部分

鼓励幼儿说一说用了哪些好方法，将物品快速运到物流车上的，可以请个别幼儿进行示范。

教师播放舒缓的音乐，同伴间互相进行放松活动。

（教师：张岩）

案 例 二

活动名称：功夫小子（平衡）

·活动目标

1. 喜欢参加体育活动，在平衡类游戏中能够勇敢尝试，积极想办法解决问题。

2. 通过平衡闯关游戏，体验保持身体平衡的方法。

·活动准备

轮胎、木板、爬梯、梅花桩、小高跷、平衡车、拱桥、平衡塑料板和绳索桥。

活动过程

1. 开始部分

（1）教师带领幼儿做律动《功夫小子》。

（2）由《功夫小子》引出，功夫小子学功夫，招式：金鸡独立（平衡），龙卷风。

教师：功夫小子们，想不想学习更厉害的招式！那我们来学一招：金鸡独立。

教师：功夫小子们学得真快，我们再来一招龙卷风，比一比风停谁站得最稳。

（3）教师：你们看我胸前的徽章，谁是最厉害的功夫小子谁就可以得到这枚胸章，你们要顺利闯关才能得到功夫徽章。

2. 基本部分

教师：功夫小子们，我们到了练功场，先来看看我们的难关。

提问：走小梯子桥怎么才能又稳又快？小脚踩在梅花桩什么位置能又稳又快？走绳索桥需要注意什么？

（1）闯关夺徽章（15 分钟）。

游戏中有四条不同颜色路，每条路分三个环节，每条路难度层次不一。通过一条后可穿过树林到达终点，取得相应颜色的徽章。

环节一：危险独木桥（走木板桥和拱桥）。

游戏规则：幼儿能够顺利通过由塑料板搭建的小桥和由拱形板搭建的拱桥。

教师指导要点：指导幼儿身体站直，头端正，走直线；指导幼儿双臂伸平保持平衡；鼓励幼儿大胆尝试走坡度大的塑料板。

教师用语：第一关危险独木桥，我们小朋友要加油。

环节二：巧过小河。

游戏规则：幼儿能够平稳通过间隔过河石或梅花桩过河或通过绳索桥过河。

教师指导要点：鼓励幼儿勇敢迈步；教师控制好过河石间的距离；引导幼儿踩在过河石的中间最平稳；绳索桥要身体协调，双手能够借助把手保持平衡。

教师用语：过梅花桩要踩在什么位置最合适，走绳索桥怎么才能又快又稳，你尝试一下。

环节三：跳雷区（单腿平衡训练）。

游戏规则：幼儿按照地上的路线单脚跳到达出口，游戏中不能够换脚。

教师指导要点：鼓励幼儿单脚连续跳；对能力强的幼儿增加难度，在中间加小牛奶盒。

教师用语：第三关跳房子，你要用一条腿，不许换腿，试一试能不能按照路线跳过雷区。然后快速穿过森林取得一枚小徽章，你就可以开始第二次游戏，试一试不一样的小路，取得不一样的徽章。

环节四：幼儿快速穿过森林，取得徽章。

注意：教师注意在活动中个别指导和集中指导相结合。游戏结束后教师带领幼儿提升经验。

教师用语：功夫小子们，梅花桩怎么过最快？（踩在中间红点，最稳最快）绳索桥怎么走最快？（手脚并用，保持平衡，身体不乱晃，身体晃得越厉害绳索桥越不稳）。

（2）分散活动。

①高跷竞走（移动间隔物体走高跷）。

游戏规则：幼儿能够踩高跷绕过障碍到达终点。

教师指导要点：引导幼儿手脚协调用力；引导幼儿控制步伐，走平稳的地方。

②小车赛跑。

游戏规则：幼儿能够蹬平衡车到达指定位置，再回到终点。

教师指导要点：引导幼儿手脚协调用力；身体微微前倾。

教师同时将小车和高跷给予幼儿，幼儿自主选择。教师在游戏中对幼儿个别指导，发现幼儿游戏存在普遍问题时进行集中指导。

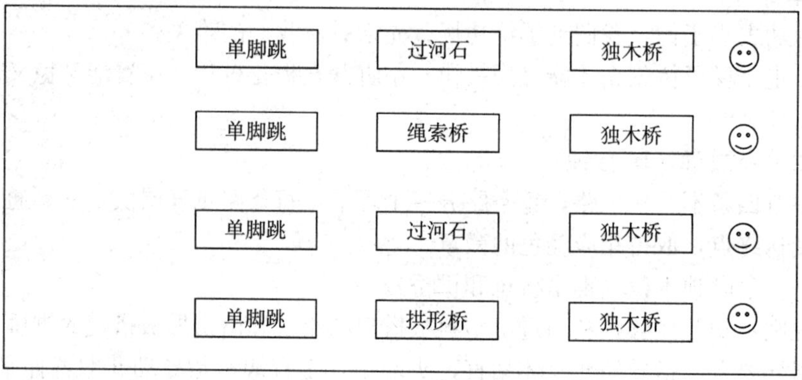

3. 结束部分

（1）带领幼儿总结活动，提升经验，提出在日常生活中也可以和爸爸妈妈一起玩。

（2）放松运动：《有你的地方就是天堂》。

（教师：史新杰）

案　例　三

活动名称：勤劳的小白兔（双脚连续跳）

·活动目标

1. 体验运动的快乐，愿意参加集体活动。

2. 感受双脚连续跳的动作要领，能够基本掌握双脚并齐跳。

· 活动准备

1. 音乐《小兔子跳跳跳》。

2. 萝卜玩具、沙包和方包若干。

3. 手榴弹若干，玩具墙。

· 活动过程

1. 开始部分

教师带领幼儿入场。

预备运动：《小兔子跳跳跳》，教师带领幼儿做动作，重点活动腿部肌肉和关节。

2. 基本部分

由音乐引导进入情景，问小朋友们音乐里听到的是什么小动物，它爱吃什么！

（1）小白兔种萝卜。

①教师引导幼儿讨论小兔子跳跃的方法。

教师：小白兔是怎么跳跃的？小朋友们来安静地学一学！

幼儿在操场四散学习小白兔跳跃，教师观察幼儿跳跃的方法。

②集合小兔子，教师：兔子宝宝，兔爸爸呀带领大家去种萝卜，我们快去拿萝卜种子（地上的沙包）。我们的萝卜地在小山的对面，兔爸爸给你们找好了路，我们要跳过小山涧到达萝卜地。

分成五组进行游戏。教师观察幼儿双脚连续跳的方法。

（2）小白兔去浇水。

小白兔种完萝卜了，教师集合幼儿，请 1～2 名幼儿说说自己的做法，展示一下自己的动作。

教师组织幼儿进行接下来的游戏：小白兔天气太热萝卜渴死了，我们要去给小萝卜浇水。组织幼儿继续分五组进行双脚连续跳的练习。难度提高，增加方包数量。

游戏规则：①幼儿拿小喷壶跳过山涧，到达萝卜地；②摸一下自己要浇水的萝卜后跑回；③鱼贯出发，多准备水壶。

组织方法：①可以让一组幼儿先做示范或者老师先做示范，然后请幼儿游戏，强调拍手的动作；②教师个别指导。

（3）小白兔收萝卜。

小白兔浇水结束后，配班老师将萝卜玩具放置好替代沙包。

集合幼儿，教师启发讲解双脚连续行进跳的动作要领：双脚并拢，连续跳不间断，不踩包，跳跃距离适中，眼睛能够预测跳跃距离。

教师：小白兔们，我们种的萝卜在我们的细心照顾下已经成熟了，我们要去拔萝卜了。小白兔们用兔爸爸教你们的方法快速拔萝卜吧。

游戏要求：①幼儿按照顺序游戏；②列队站好，小白兔守纪律；③教师个别指导。

3. 结束部分

游戏结束，幼儿将收获的萝卜送到兔爸爸的大筐中。放松运动：《亲亲小兔子》。

4. 延伸活动

投掷复习：小白兔们，大灰狼知道我们收了萝卜，要来抓我们。我们要打败大灰狼，兔爸爸给你们准备了手榴弹，我们要把手榴弹投到大灰狼的狼窝里。

组织小白兔站两排，男孩子一排，女孩子一排，复习投掷，教师带领复习动作要领，投掷1～2次后结束游戏。

游戏要求：①小白兔们听口令扔手榴弹；②队伍站整齐；③投掷到大灰狼的狼窝里。

（教师：史新杰）

案 例 四

活动名称：小飞船上蓝天

·活动目标

1. 练习单手肩上挥臂掷远，发展全身的协调能力。

2. 体验体育游戏的乐趣。

·活动准备

1. 沙包、压膜的蘑菇、奖牌、小公主图片。

2. 在投掷线后距离3米、5米、7米处各画一条线。

·活动过程

1. 开始部分

准备活动：针对投掷活动主要活动上半身。

2. 基本部分

（1）空手练习：教师重点指导幼儿投掷的姿势。实物练习：自主选择沙包进行练习。

（2）游戏：小飞船上蓝天。

引入游戏情境，介绍游戏玩法：头顶沙包走到指定地点，进行投掷，如果飞船飞过蘑菇，那么幼儿就取走一个蘑菇作为奖励。

（3）幼儿自由分成五组进行游戏。

游戏规则：头顶沙包不能掉下，掉下后重新回到起点，游戏结束后统计幼儿得到蘑菇的有几个，奖牌的有几人，小公主的有几人。

3. 结束部分

放松活动：同伴间相互捏一捏手臂后背。

·活动反思

1. 投放的材料。

（1）材料的投放丰富，有沙包、压膜的蘑菇、奖牌、小公主图片等。

（2）在沙包的提供上，教师没有仔细挑选，有的沙包大，装的是棉花，在头顶上立不住，给幼儿的活动增加了难度，挫伤了幼儿活动的积极性。

2. 幼儿在活动中的表现。

幼儿对这种情境游戏非常感兴趣，老师提供了各种奖品，激发了幼儿的斗志。因此在活动中很多幼儿投得都比较远，比体能前测的时候成绩好很多。

3. 各领域之间的渗透。

在活动中，幼儿得到奖品后，老师组织幼儿进行点数：获得奖牌的有几个幼儿；得蘑菇的有几人等，在体育活动中自然地渗透了科学领域的内容。

（教师：赵东霞）

案 例 五

活动名称：小鸡捉害虫（往返跑）

·活动目标

1. 在游戏中，听口令向指定方向或目标快速奔跑，发展跑的能力和动作的协调性。（主要练习冲刺跑。）

2. 乐于参加体育活动，体验集体生活的快乐。

3. 领域拓展：认识颜色，能够按颜色分类。

·活动准备

1. 皱纹纸制作的小虫子若干。

2. 大筐五个。

3. 青菜、萝卜、蘑菇卡片各一个。

·活动过程

1. 开始部分

队列练习，原地踏步，左右分队走。律动：《小鸡进行曲》。

2. 基本部分

（1）情景导入。

教师：小鸡们跳得非常好！今天小鸡哥哥就带小鸡们一起去散步！

教师带领幼儿一起散步，突然听到有哭声。

教师：小鸡们听听是谁在哭呀！是青菜姐姐在哭是不是？我们问一问她为什么这么伤心。

配班老师（戴青菜头饰）：小虫子太多了，都把我咬痛了！小鸡快来帮帮我！

（2）游戏：小鸡捉害虫。

教师：小鸡们！我们快来帮助青菜姐姐解决困难。

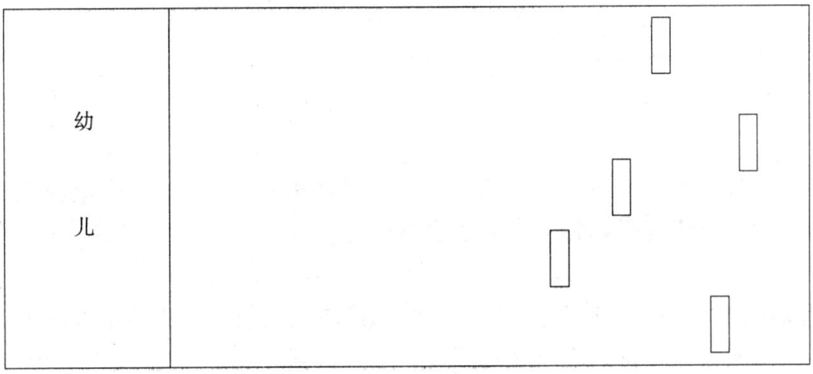

注意：

①场地布置青菜害虫时，尽量不要在一条跑道上。

②幼儿抓虫子回来后多准备几个筐装虫子，防止拥挤。

③活动前先请1～2个幼儿做示范。

④尝试分男孩子女孩子游戏，幼儿过多可能会乱。

第一次游戏结束，让小鸡们说一说怎么捉害虫比较快，如跑到青菜地，捉一只虫子转身快速跑回来。

（3）第二次游戏。

在青菜地放上不同的植物，青菜、萝卜、蘑菇，再放上三种不同颜色的小虫子，红色、绿色、黄色。在起点处放置三种颜色的小筐。

幼儿进行游戏：捉害虫，将害虫按照不同颜色分别放在对应颜色的小筐中。游戏规则同上。

3. 结束部分

放松游戏：比比谁最像（模仿类游戏）。听音乐做放松运动，放松手臂、腿部，做深呼吸。

（教师：史新杰）

案 例 六

活动名称：小兔子寻宝（双脚连续跳）

·活动目标

1. 喜欢参加体育运动，在活动中能不怕困难、积极想办法。

2. 体验双脚连续跳、脚尖点地跳，并能躲避沙包攻击。

·活动准备

1. 圈、沙包。

2. 幼儿已经有双脚连续跳的经验。

·活动过程

1. 开始部分

（1）请幼儿自己活动两分钟。（教师告诉幼儿玩什么，让幼儿自己有针对性地活动）

（2）热身活动：重点活动腿部关节肌肉。

2. 基本部分

游戏一：小兔子学本领。

小兔子们发现了一张兔子祖先留下的藏宝图，但是要学会本领才能去寻宝，才能躲避大灰狼的攻击。

教师将幼儿分5组，练习双脚连续跳，每组摆放8个圈，比一比哪组快。教师适时带领幼儿总结经验：双脚并拢，脚尖点地连续地跳。

游戏二：小兔子去寻宝。

教师将呼啦圈摆放成如图迷宫。选4个幼儿扮演大灰狼，大灰狼手拿沙包，攻击小兔子。小兔子要躲避沙包，跳到终点拿到宝藏；才能回家。

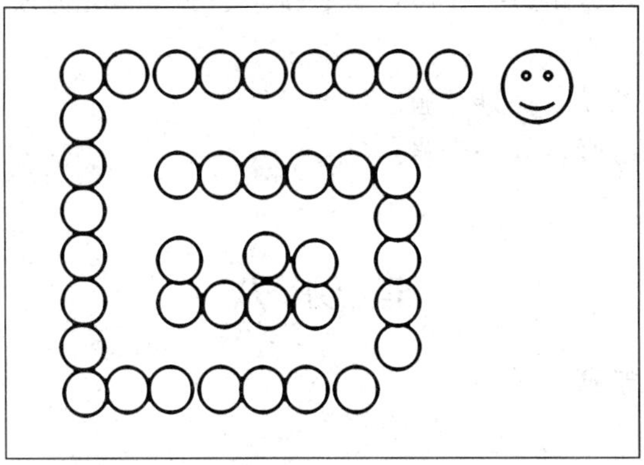

教师在活动中注意观察幼儿的表现，观察幼儿如何躲避沙包攻击，观察大灰狼如何攻击小兔子。教师带领总结经验，总结小兔子怎么躲能够安全到家，大灰狼怎么攻击能够抓更多的小兔子。游戏中注意角色的交换。

3. 结束部分

（1）带领幼儿总结活动，提升经验。

（2）放松运动：做舒缓的放松活动，缓慢伸手臂、弯腰、深呼吸等。

（教师：史新杰）

案　例　七

活动名称：小小特种兵

·活动目标

1. 喜欢参加集体体育活动，能勇敢快乐地游戏。

2. 感知从 40 厘米高处跳下、匍匐前进、双脚连续跳的动作要领。

·活动准备

桌子、小椅子、垫子、麻绳、铃铛、小呼啦圈等。

·活动过程

1. 开始部分

（1）教师带领幼儿做伸臂、蹲起、扩胸练习等。

（2）教师带领幼儿做律动操。

2. 基本部分

游戏：穿越封锁线。

幼儿先翻过小山（桌子），然后爬过封锁线，铃铛不能响，再双脚连续跳过呼啦圈穿过雷区，挥舞小旗子后第二个幼儿出发，第一个幼儿跑回来。

教师讲解玩法，观察幼儿在游戏中的表现，看幼儿在哪个环节比较有困难。第一次游戏后，请幼儿示范动作，幼儿发现动作的要点，教师再集中讲解。例如，匍匐前进要趴在垫子上，依次利用前手臂和膝盖前进。双脚连续跳要双脚并齐、脚尖点地跳。

第二次游戏，教师指导个别幼儿，引导幼儿用刚才发现的新方法尝试游戏。

第三次游戏，幼儿可分组进行比赛，看看哪组小朋友最先完成任务。

3. 结束部分

（1）带领幼儿总结活动，提升经验。

（2）放松运动：深呼吸，放松全身。

（教师：史新杰）

案 例 八

活动名称：小小建筑师

·活动目标

1. 练习十米往返跑，锻炼身体的灵敏性。

2. 喜欢玩体育游戏，能愉快地参与游戏。

·活动准备

1. 场地布置：长 10 米、宽 1.22 米的直线跑道若干条；起点和终点各放置若干个小筐，起点的筐中放置若干积木。

2. 材料：木质积木若干，小筐 12 个。

·活动过程

1. 开始部分

幼儿随音乐入场，进行韵律操热身活动。

2. 基本部分

（1）创设情境，激发兴趣："今天我们变身小小建筑师，帮助弟弟妹妹们搭建几栋房子吧。"

（2）教师讲解游戏规则：全班幼儿平均分成 6 组，每组排头从队首处拿一块积木，迅速跑到小工地（终点处），将手中的积木放到小筐中，迅速跑回并拍下一名幼儿的手，被拍到手的幼儿重复以上动作。最先跑回的组颁发最佳速度奖，小房子建得最高的组颁发最佳建筑奖。

（3）幼儿进行游戏，反复几次。注意提示幼儿遵守游戏规则：被拍到手的幼儿才能跑；注意引导幼儿随时注意队伍的整齐。

3. 结束部分

同伴间做放松动作。

（教师：蔡亚楠）

案 例 九

活动名称：猫妈妈过生日

·活动目标

1. 尝试迈过平衡木上的障碍物，并能保持身体的平衡。

2. 体验合作游戏的快乐。

·活动准备

1. 平衡木（标准的）、软方块（一个平衡木上放 5 块）、跳绳 8 根、音乐《生日快乐》。

2. 场地平稳、安全、无杂物。

3. 场地布置，如下图。

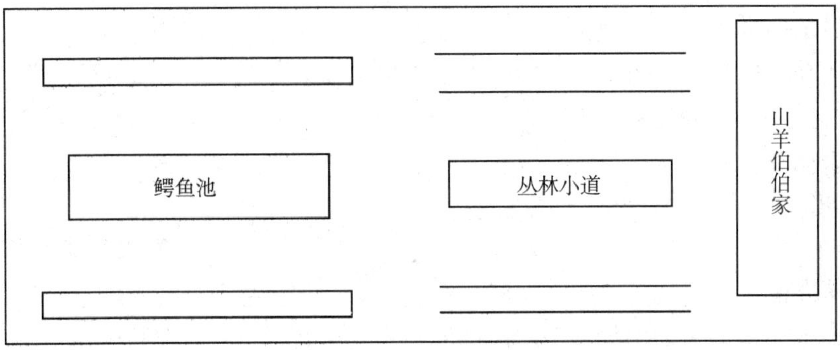

·活动过程

1. 开始部分

（1）小猫学本领

听音乐，进行准备活动，重点活动下肢，练习平衡相关的动作。

——小手抓一抓，胳膊绕一绕，膝盖抖一抖，脚腕转一转。我转一个圈，我再转一个圈，我转转转。

2. 基本部分：猫妈妈过生日

（1）小猫过障碍

小猫要去给猫妈妈过生日，小猫要走过小桥，穿过丛林小道，小桥上有很多大泥块（软方块），小猫要平稳地迈过这些大泥块才能去给猫妈妈过生日。

小猫过桥时要小心，不能掉下小桥，上桥时，先上一只脚，另一只脚用力蹬地站上平衡木，保持身体的平衡。过桥时，一步一步地向前走，脚尖向外，能更好地保持平衡。迈过小桥上的大泥块时，先迈一只脚，再迈一只脚，要注意别掉下桥，桥下是鳄鱼池，鳄鱼已经饿了好几天了，所以小猫过桥的时候要十分小心。下桥时，也是一只脚先着地，另一只脚再下来。平稳地过桥后，小猫要迅速地走过窄窄的丛林小道，就可以把礼物送给猫妈妈了。

（2）游戏开始，待所有小猫都顺利到猫妈妈家时，请配班教师播放《生日快乐歌》，大家一起为猫妈妈庆祝生日。

（3）游戏可反复进行可逐渐加快走平衡木的速度。

3. 结束部分：小猫回家了

听音乐做放松活动，自然结束。

（教师：章巧雅）

案 例 十

活动名称：超级玛丽

·活动目标

1. 通过钻、爬、跨、踮脚直臂向上取物等游戏，发展身体各部位肌肉的耐力、灵活性及柔韧性。

2. 遵守不同关卡的游戏规则，进行闯关游戏。

3. 在活动中体验游戏的乐趣，锻炼合作互助的能力。

·活动准备

1. 物质准备

（1）金币、蘑菇、小怪物、气球若干。

（2）各种关卡阻碍物，如圆形钻桶、小河、装有铃铛、高 80 厘米的通道等。

2. 精神准备

（1）对游戏超级玛丽的认识与了解。

（2）对不同的障碍物的初步认识与了解。

3. 经验准备 已掌握侧钻、蹲走、跨越宽度不等的障碍及躲避障碍放低身体的爬的方法。

·活动过程

1. 开始部分

听音乐做热身活动，主要活动手、脚、手臂、腿、腰等部位，热身至幼儿微微出汗为合适。

2. 基本部分

（1）介绍关卡并试玩。

教师：勇敢的超级玛丽们，看来想要攒足金币救出公主可不是那么容易的事情啊！你们看，每一关都有一个小怪物阻挡我们，必须做到小怪物提的的要求，我们才可以得到金币，我们来听一听，怎样我们才可以顺利过关得到金币救出美丽的公主！

第一关：钻桶找蘑菇

小怪物：钻桶的超级玛丽们，请你们注意了，想要过我这一关必须想办法将自己攒成最小的球球，钻过通道，这样才能出去找到长大蘑菇，使你们变大去闯下一关。

游戏中教师观察谁变得最小，观察幼儿通过时的不同方法，及时梳理总结好的方法与出现的问题。

第二关：跨河取金币

小怪物：我这一关有很多你们需要的金币。可是，想要得到可不是那么容易。我这里有一条河，河前面有一间小房子，河的对岸也有一间小房子，想要过这条河，你们的一只脚要在河这岸的房子里不能出去，然后想办法将你的另一只脚放到对面的房子里，才可以取得金币。

教师观察幼儿的过河方法，结束后及时总结好的方法和出现的问题。

第三关：取食物喂怪物

小怪物：我这一关你们可要听好了，我今天还没有吃东西，现在很饿，如果你们不想被我吃掉的话，就必须到上面取来食物喂给我，或者从旁边的通道过去，并且不能碰到上面的铃铛，这样才可以通过我这一关取得金币。取食物时不能跳，要想到别的办法够到食物，然后要将食物放到我的嘴巴里，送到我嘴里时你的小腿不能弯，否则会被我吃掉哦！

教师观察指导幼儿取物喂食的正确方法。

第四关：小脚钻洞取蘑菇

小怪物：想要赢我，必须要吃到无敌蘑菇。要将小脚钻进山洞中，再将两山洞间的蘑菇拿到，这样才能过关拿到金币，金币数达到 4 个的幼儿才可以去救美丽的公主。

教师指导幼儿正确的游戏方法。

（2）幼儿听音乐自由选择关卡开始游戏。

3. 结束部分

勇敢的超级玛丽们赢得了那么多的金币，并且救出了美丽的公主，经过了这么多的磨练，超级玛丽也累了，现在就请勇敢能干的超级玛丽们带着你们救出的美丽的公主，一起回到我们的城堡里喝点水休息一下吧！

（教师：张盼）

案例十一

活动名称：运果子

·活动目标

1. 练习助跑跨跳的动作，发展身体协调性和灵活性。
2. 能够不怕困难，勇于参加体育活动。

·活动准备

自制跨跳器 8 个，沙包若干，画好的两条小河和塑料盒子。

·活动过程

1. 开始部分：创设运果子情境

教师："今天袋鼠妈妈带着小袋鼠去小河的另一边运果子，大家想想我们怎么过河？"教师带着幼儿做准备活动，重点活动下肢。

2. 基本部分

游戏一：跳小河

（1）把幼儿分成四组，请幼儿选择跳过小河的方法，如单腿跳，立定跳，跨跳等。幼儿自由游戏，比一比哪组幼儿的方法好用，既能稳稳地跳过小河又能最先跑到河对岸。

（2）试玩后，请幼儿说一说哪种方法最好用，得出结论：助跑跨跳，并请幼儿尝试。

游戏二：运果子

（1）请幼儿在画好的小河里每组摆放两个跨跳器，手拿两个果子跨跳过两条小河，把果子运到河对岸的筐子里，再跑回来。

（2）比一比哪组小袋鼠能稳稳地跳过小河，最先返回。

（3）和幼儿一起总结助跑跨跳的方法：两手手拿沙包，屈肘于体的两侧，快速跑到小河前，一只脚用力蹬地，另一条腿跨跳过小河，单脚落地，保持平衡。

（4）在跨跳器下面垫上塑料盒子，增加跨跳高度，重新游戏。

3. 结束部分

（1）请助跑跨跳好的幼儿做示范，奖励勇敢尝试的幼儿。

（2）鼓励幼儿制作一些装有不同材料的跨跳器。

（教师：安瑶）

案例十二

活动名称：黑猫警长

·活动目标

1. 初步学习从上往下跳的技能，发展幼儿腿部肌肉能力。

2. 进一步发展走、跑、平衡的技能，提高动作的灵敏性、协调性。

3. 喜欢参加体育活动，培养机智、勇敢、服从指挥的良好品质。

·活动准备

1. 物质准备：黑猫警长头饰、警探的小徽章、平衡木、木台、音乐、信。

2. 经验准备：了解书信。

·活动过程

1. 开始部分：导入情境，激发幼儿兴趣，做准备活动。

教师：小朋友们知道黑猫警长吗？谁能来介绍一下？今天我们就来玩一个黑猫警长的游戏。

教师扮演黑猫警长、幼儿扮演警探，巡逻进场做准备活动。放音乐，做动作："出发"自然走、"下雨了"快走，"雨下大了"跑、"过水沟"跳、"雨停了"自然走。

2. 基本部分：学习新本领：由高往低跳。

教师：警探们真棒，现在我们要学习一个新本领——跳矮墙。

（1）教师示范并讲解。双臂自然摆动，自然屈膝，轻轻往前跳。

（2）请小警探们两人一组练习，教师进行指导。

（3）综合练习："捉拿一只耳"。

教师："今天早上白鸽警员给了我一封鸡妈妈的来信，上面说：'黑猫警长您好，我的宝宝们被一只耳捉走了，请您一定帮我捉住一只耳'"。教师出示路线请小朋友们分析。

教师引导幼儿跳矮墙时要轻声、走独木桥时要稳、过草地时身子要尽量低，防止被一

只耳发现。

教师请幼儿示范并指导。然后开始集体游戏。

3. 结束部分： 幼儿自由放松，老师做总结。

（教师：袁梦洲）

案例十三

活动名称：西瓜虫

·活动目标

1. 练习四散跑、瞬间下蹲、爬的动作，发展身体的协调性和柔韧性。

2. 体验与同伴一起游戏的快乐。

·活动准备

1. 西瓜虫图片、头饰若干。

2. 爬行垫 8 块、拱形门 4 个。

3. 韵律操音乐磁带及录音机。

·活动过程

1. 开始部分

幼儿随音乐进场，做热身运动。

2. 基本部分

（1）西瓜虫藏身体。

①教师出示西瓜虫图片，引导幼儿讨论得知：西瓜虫遇到危险就会把身体蜷缩起来，变成一个小球。

②教师讲述游戏规则：

A. 教师扮演捉虫的人，小朋友戴好头饰扮演西瓜虫。

B. 游戏开始时，教师说儿歌："西瓜虫真可爱，见到坏人缩起来，我们互相去营救，大家团结人人爱"。儿歌说完，捉虫人开始追捉西瓜虫，被捉到的虫子要马上蹲下，把身体蜷缩起来，并把头和脚也藏起来。

C. 没被捉到的虫子可以轻触蹲下的虫子，表示解救，被解救的虫子可以继续跑。

③师幼一起游戏，教师在捉到虫子时，可以提示其蹲下，帮助幼儿巩固游戏规则。

④游戏进行 3 分钟左右可以停下来休息一下，然后换幼儿当捉虫人，游戏可反复进行。

（2）西瓜虫回家。

当听到虫妈妈喊："宝宝们，回家吧"，马上爬过爬行垫、钻过拱形门，回到妈妈的身边。

3. 结束部分

随音乐做放松运动（重点：放松大腿和小腿肌肉）。

（教师：蔡亚楠）

（三）大班

案　例　一

活动名称：夺红旗（助跑跨跳、攀岩）

·活动目标

1. 愿意挑战自我，战胜困难，体验竞争的喜悦。
2. 体验连续助跑跨跳。
3. 尝试进行简单的攀岩活动。

·活动准备

1. 幼儿已经具有助跑跨跳的初步经验。
2. 跨跳器，攀岩墙，红色小旗子。

·活动过程

1. 开始部分

（1）请幼儿自由活动两分钟。

（2）教师带领幼儿做伸臂练习、蹲起练习和原地跑步练习。

（3）热身操《学功夫》，重点活动腿部。

2. 基本部分

游戏一：小小飞人

谈话引入飞人刘翔，开始助跑跨跳练习。将幼儿分6组，每组放置一个跨跳器，幼儿进行尝试。尝试后教师带领幼儿总结助跑跨跳的动作经验：要有一段助跑距离，在到达跨跳器前时，后腿蹬地起跳，前腿成弓箭步，前腿先着地。

增加跨跳器的数量，每组两个，幼儿尝试连续跨跳，教师观察幼儿行为。教师带领幼儿总结经验：前腿着地后蹬地，后腿继续向前跨过跨跳器。

游戏二：夺红旗

我们小朋友成为飞人后一起来做一个游戏：穿过山谷，然后登上小山（攀岩墙）拿到红旗，再快速跑回。

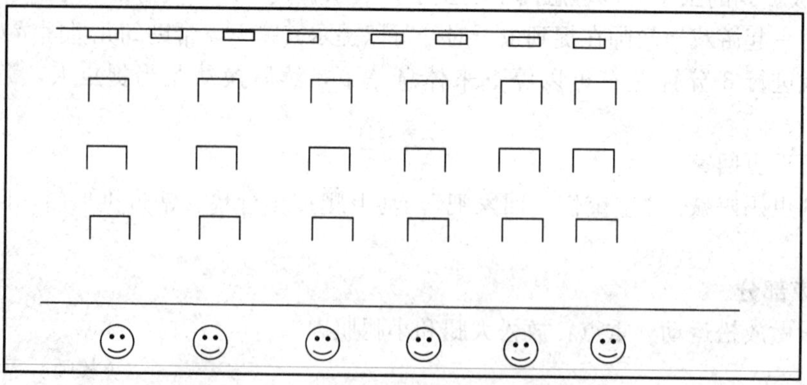

3. 结束部分

（1）带领幼儿总结活动，提升经验。

（2）放松运动：随着舒缓的音乐深呼吸，做舒缓的动作放松。

（教师：史新杰）

案 例 二

活动名称：人枪虎新玩法（立定跳，投掷综合）

·活动目标

1. 乐于参加体育运动，喜欢集体活动。

2. 体验团队合作，培养竞争意识。

3. 在游戏中感受肩上单臂投掷的动作要领。

·活动准备

1. 幼儿有投掷经验。

2. 垫子、拱门、猫头饰、录音机、音乐和沙包。

·活动过程

1. 开始部分

（1）队列练习：主要练习切队分队走与场地适应。

（2）热身运动：小兔子跳跳跳。

2. 基本部分

（1）活动引入

教师：我们都玩过人枪虎的游戏，我们先来玩一次。然后我们来玩一种新的人枪虎游戏。要求：

①双方在前线有两个小朋友可以猜拳，赢的队伍小勇士向前立定跳跃，不限远近。

②后方的小勇士跳过封锁线到达前线就可以拿放在轮胎上的手榴弹攻击对方，被攻击方小朋友转身逃跑。幼儿进行一次游戏后，教师请获胜方表现好的幼儿示范立定跳的动作，教师强调摆臂的协调。还可请投掷远的示范投掷动作，幼儿回忆投掷动作。

（2）第二次游戏

教师个别指导幼儿立定跳。鼓励幼儿掌握游戏规则，游戏后教师总结游戏中的不足和优点。

（3）复习游戏：手榴弹不够了（往返跑）

经过第二次游戏后，手榴弹在后方，小勇士都在前线。下面我们要搬运手榴弹。还是以猜拳的形式决定胜负，胜方去拿手榴弹，然后跑回前线，投掷。

3. 结束部分

（1）放松环节：幼儿深呼吸调整呼吸，听轻柔的音乐做缓慢轻柔的动作，放松腿部，在地垫上捶捶腿。

（2）收拾玩具。

（教师：史新杰）

案 例 三

活动名称：愤怒的小鸟

·活动目标

1. 享受体育游戏所特有的魅力，感受运动与合作的快乐。

2. 练习肩上挥臂投掷，发展幼儿动作的协调性和灵敏性。

3. 增强竞争意识，体验成功的快乐。

·活动准备

幼儿自制小纸球若干、对垒墙、自制小猪若干、纸棍若干、小筐若干、投篮架、“小鸟家”4个。

·活动过程

1. 开始部分

教师与孩子一起做热身运动。

2. 基本部分

(1) 教师：小朋友们喜欢玩愤怒的小鸟的游戏吗？今天老师带你们一起玩，我们来比赛打坏小猪，好不好？

(2) 请幼儿自主进行分组（请幼儿想一想，可以怎样把全班分成相等的两组），并给自己的组取一个好听的名字。

(3) 请幼儿自己取攻打小猪的武器。幼儿每人一个袋子，可斜挎在身上，袋子里装有5个纸球。

(4) 投准动作的练习：幼儿自由探索投准的方法，教师带领幼儿进行总结。

(5) 打小猪比赛开始。教师带领幼儿到比赛场地，介绍比赛规则。要对准小猪用力投，大声说出我们的口号：小猪小猪坏东西，对准了就快速投出去。

(6) 增加游戏难度，攻打移动的小猪。教师：又来了一群小猪，可这次的小猪更利害了，它们是移动进攻的。我们也要移动攻击它们。

3. 结束部分

教师：小朋友们真厉害，我们一起把小绿猪都击败了，这个游戏好玩吗？下次我们再想玩“愤怒的小鸟”游戏时，我们就像今天这样玩，就不要玩电脑游戏了，好不好？

分散活动：探索小鸟纸球的多种玩法。

（教师：张冬梅）

案 例 四

活动名称：跳跳跳

·活动目标

1. 练习单脚跳、双脚跳、分并跳等动作。

2. 主动探索板块的多种摆放方法，并进行合作游戏。

·活动准备

地垫若干（贴好数字 1～10）、录音机、音乐。

·活动过程

1. 开始部分

教师和幼儿跟随音乐一起做律动操，主要进行关节腰部、脚腕、腿部关节的活动。进行单脚跳、双脚跳、分并跳动作的练习。

2. 开始部分

（1）幼儿自愿分组摆放数字地垫，并根据单双数的规律选择多种方法进行游戏。

（2）引导幼儿通过交流，自由拼接数字进行练习。

（3）尝试多种跳法跳过数字板块。

（4）游戏：跳跳跳。幼儿分成两组，每组幼儿按照顺序进行同样数字格子单双脚交换跳，一次完成后变换数字和跳跃方式。第二次游戏前幼儿可以先将数字地垫的顺序重新调整，然后进行游戏。

3. 结束部分

帮助幼儿梳理活动中用到了几种跳的方法后，重点引导幼儿做腿部的放松动作。

附图:1

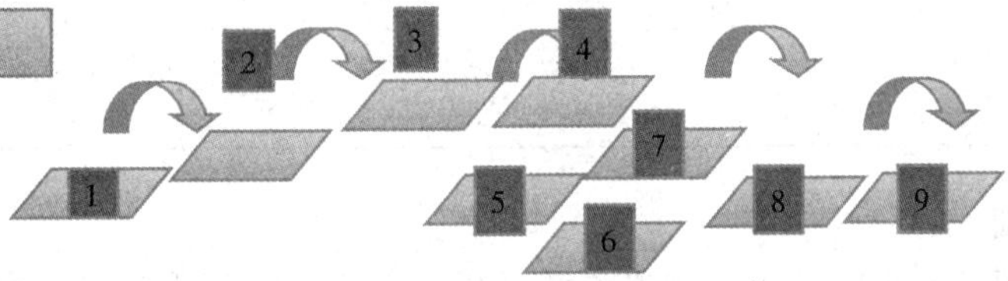

附图:2

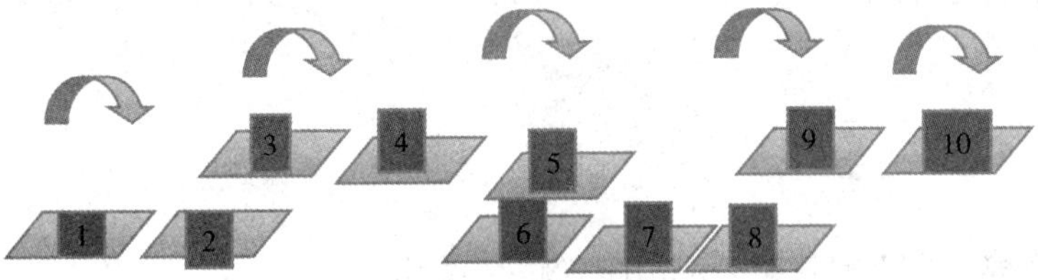

（教师：张岩）

案 例 五

活动名称：小小篮球运动员（运球）

·活动目标

1. 喜欢参加体育活动，在竞赛类活动中有集体意识，能积极参与。

2. 体验单手运球前进的动作要领，感受投篮的方法。

·活动准备

皮球、呼啦圈、篮筐。

·活动过程

1. 准备活动

（1）请幼儿自己活动2分钟。

（2）教师带领幼儿做伸臂练习、蹲起练习和原地跑步练习。

（3）教师带领幼儿复习单手原地拍球、左右手交替拍球。每个幼儿一个呼啦圈，让小皮球在圈内拍。

2. 基本部分：投篮比赛

（1）以篮球引入，教师问幼儿：电视上篮球比赛是什么样的？就是原地拍球吗？教师引入跑着拍球（运球），幼儿第一次尝试运球到指定地点投篮。教师观察幼儿，及时帮助幼儿总结经验，提升能力。

（2）教师将幼儿按照男女分四队，男孩子和女孩子拿不一样颜色的皮球。幼儿运球前进，到达指定地点投篮。最后看哪种颜色球投中次数多。可采取三局两胜的形式。

3. 结束部分

（1）带领幼儿总结活动，提升经验，提出在家中也可以和爸爸妈妈一起玩。

（2）放松运动：利用皮球做舒缓的放松活动，缓慢伸手臂，缓慢弯腰，深呼吸、坐在皮球上，小朋友互相捶背。

（教师：史新杰）

案　例　六

活动名称：小小冒险家（蛇形跑，触物转身）

·活动目标

1. 在游戏中，能够听口令奔跑、触物转身。
2. 发展幼儿蛇形跑的能力。
3. 喜欢参加班级体育活动。

·活动准备

拱门、玩具大胶囊、玩具花、小旗子等。

·活动过程

1. 开始部分

（1）教师带领幼儿做上肢锻炼：伸臂、扩胸等；锻炼下肢：跑步等。

（2）活动手腕、脚腕、腿部。

2. 基本部分

教师：今天我们一起去探险，你们准备好了吗？

游戏一：穿过毒气谷（触物转身）

教师：小探险队员们，前面有一个山谷，里面都是毒气，我们只有拿着准备好的神奇药才能顺利通过。可是神奇药只有六颗，它可以反复使用，每次进入山谷只能有一个小队员。就在刚才我发现穿过毒气谷就可以看到一种神奇的植物，你闻一闻它的花香也可以不怕毒气。现在请队长制定好通过毒气谷的方案。

游戏规则：

（1）游戏分六队，每队一颗神奇药。

（2）在拱门上放上花，只要碰一下就可以对抗毒气。小队员要赶快跑回来把神奇药给下一个队员，然后下一个队员出发。比一比哪个小队先完成任务通过毒气谷。

（3）教师做示范，讲解触物转身的动作：碰到花马上转身，注意重心的转移，身体前倾。教师在活动中观察幼儿，游戏结束后及时总结。

游戏二：蛇形山路

教师：小探险队员，我们穿过了毒气谷，现在要翻过小山，要走盘山路哦。

幼儿分成六队进行蛇形跑，教师进行个别指导。

游戏三：宝藏，快回来（冲刺）

教师：小队员们，我们经过努力发现了宝藏，但是宝藏有一只大怪兽守护着，我们每人只能拿一个，然后快速跑回安全线后面（冲刺线）。

幼儿分成两队，男孩子女孩子各一队。教师针对安全线（冲刺线）反复强调快速冲刺。

3. 结束部分

（1）放松环节：幼儿调整呼吸，听轻柔的音乐做缓慢轻柔的动作，放松身体。

（2）收拾玩具，整理场地。

（教师：史新杰）

案 例 七

活动名称：野营脱险（跨跳）

·活动目标

1. 乐于参加体育运动，体验运动的快乐。
2. 感受助跑跨跳的动作要领。
3. 体验去野营的快乐，了解相关安全常识。

·活动准备

1. 经验准备：跳跃的经验准备。
2. 跨跳器和垫子。

·活动过程

1. 开始部分

（1）请幼儿自由活动两分钟。

（2）教师带领幼儿做伸臂练习、蹲起练习和原地跑步练习。

（3）热身操《小兔子跳跳跳》，重点活动腿部。

2. 基本部分

情境创设，教师：我们今天去野营，到森林里，到山上去。我们会遇到很多的困难。我们要穿什么样的衣服，带一些什么东西呢？（渗透什么样的衣服适合运动）

游戏一：跨越小河涧

目标：感受跨跳的动作要领。

场地布置：跨跳器每组两个，分五组。

教师指导：

（1）教师示范动作，强调助跑起跳，随后幼儿自主尝试。

（2）教师请做得好的幼儿展示（榜样作用），幼儿再次尝试。

（3）教师个别指导，关注体弱幼儿的发展。

游戏二：火海逃生

目标：体验着火了的自救方法。

教师：我们到目的地了，开始做饭。啊，不好，着火了！孩子们，我们该怎么做？幼儿自主发言说说想法。跨跳原路返回冲出火海。教师：小火苗着到我们身上了，我们怎么做好？（原地打滚的方法，事先铺好垫子）

教师指导：

（1）给孩子充分发言和尝试的机会。

（2）跨跳冲出火海，教师注意个别指导，鼓励幼儿合作。

游戏三：救火

引导幼儿用沙包救火，要跳过小河涧，踏过鹅卵石去灭火。

教师指导：

（1）教师示范游戏玩法，个别幼儿尝试。

（2）教师再次强调跨跳动作，复习走鹅卵石的平衡动作。

（3）教师在活动中个别指导。

3. 结束部分

放松小腿，深呼吸。

（教师：史新杰）

案　例　八

活动名称：勇敢的喜羊羊（双脚连续跳）

·活动目标

1. 感受双脚连续跳的动作要领，能够脚尖点地连续跳。

2. 体验团队游戏的快乐，喜欢和伙伴一起游戏，喜欢体育运动。

·活动准备

1. 经验准备：幼儿已经具备往返跑的能力，幼儿有跳跃的经验。

2. 物质准备：方包、纸盒、喜羊羊和灰太狼头饰、录音机和音乐（《喜羊羊与灰太狼》）。

·活动过程

1. 准备活动

（1）队列练习：左右分队走，原地踏步走。

（2）热身运动：《喜羊羊与灰太狼》（活动全身，重点活动腿部关节）。

2. 基本部分

（1）羊群练功

教师：小羊们，我现在给大家开个会，我们村的沸羊羊刚才不小心被灰太狼抓到了，现在被关在城堡里，你们现在想不想救他？到达灰太狼城堡的路很艰难。我们要想救他就要先学本领。

①羊群在练功场上分五队（美羊羊队、喜羊羊队、懒羊羊队、暖羊羊队和村长队），练习跳过小山的动作（幼儿双脚连续跳过小包）和穿过大草原（往返跑）。村长（老师）巡回指导，鼓励羊群刻苦训练。

②经过尝试后，幼儿集合讨论怎样能更好地跳过小山，教师注意引导（双脚并拢，连续的不间断，不踩包，跳跃距离适中，眼睛能够预测跳跃距离）。

③幼儿讨论后尝试能不能再快些，教师个别指导。

（2）营救沸羊羊

①村长交代规则和玩法：

喜羊羊队、美羊羊队、懒羊羊队分三条路同时出发，到达城堡后如果看到的是沸羊羊就可以解救，如果把灰太狼吵醒了，就原路返回。如果被灰太狼发现了，灰太狼就会把路设得更加难走。羊群们路上要注意安全，看哪一队先到达城堡后救出沸羊羊。

②第一次解救：

路线为：连续跳过沙包、冲刺跑和过拱门。羊群们分两队（美羊羊、喜羊羊）出发，到达城堡后看见的是灰太狼，并且被灰太狼发现了，羊群按原路返回村里（终点）。灰太狼出来说（配班老师带着灰太狼的头饰）：哈哈，你们救不了他了，我会很快把他吃掉，而且我会把路设得更加难走。

③第二次解救：

村长（老师）：虽然灰太狼把路设得更加艰难了，但是我们有没有信心去救沸羊羊？你们要小心啊！好了，我们准备出发。

路线为：连续跳过沙包（沙包数量增多）、冲刺跑、垫子（爬），再通过拱门。羊群到达城堡后再次看到灰太狼，又原路返回到村里（终点）。灰太狼出来生气地说（配班老师带着灰太狼的头饰）：哼，气死我了，你们竟然还敢来！这次的路比上次还险，哈哈，你们不会再走过来了！

④第三次解救：

村长（老师）：羊群们，灰太狼这次可是真的生气了，他把路设得比上次还要险，你们还敢去救沸羊羊吗？羊群们一定要注意安全啊！好了，我们准备出发吧！教师手指狼堡说：

狼堡有三个纸盒子，里面有许多的卡片，我们到达狼堡从盒子中抽一张卡片，上面如果画着沸羊羊，我们就带他跑回羊村，如果抽到的是灰太狼或者红太狼，那么要快速跑回来。

（3）分散活动

①分散玩沙包，幼儿自由探索沙包玩法。

②教师关注超重幼儿，引导超重幼儿有效锻炼。

③教师对能力弱的幼儿加强指导。

3. 结束部分

孩子们都回来后，教师集合小结：羊群们做得非常好！大家看看手里的卡片谁救回来了沸羊羊？谁打败了灰太狼？我们快给自己鼓鼓掌。我们把卡片带回家，涂上颜色明天再带回来送给你们的老师吧！下面我们一起听音乐放松一下。

（教师：史新杰）

案　例　九

活动名称：小小快递员

·活动目标

1. 探索双人车辆的多种玩法，能相互配合完成任务。

2. 能协商解决问题，体验合作游戏的快乐。

·活动准备

1. 幼儿已经有双人合作完成任务的经验。

2. 可供双人游戏的车辆多种，例如双人自行车、运货自行车、手拉车、可带人的三轮车等。

3. 贴有快递标签的包装盒若干。

·活动过程

1. 开始部分

幼儿听音乐做准备活动，将身体的各部位都充分活动开。

2. 基本部分

（1）取快件：快递员们，我们的快件都在对面堆放着，请你们两人合作将快件取回，看哪组能试着用不同的方法取回快件。注意车辆之间要相互避让，不要碰撞。

教师观察，并重点指导：每组幼儿运用的方法是否恰当，货物摆放的位置是否牢固，及时鼓励运用新方法的幼儿。

（2）分快件：请幼儿观察快件上的标签，并将其进行分类：医药类、图书玩具类、食品类、信件类等。

（3）送快件：幼儿观察指定地点的位置与标志，明确自己的快件要送达的位置。幼儿分成四队，把快件安全送到指定地点后，快速返回，哪组最先送回为优胜组。

3. 结束部分

幼儿两人一组，随音乐进行上肢、背部以及腿部的放松练习。

（教师：徐卫红）

案 例 十

活动名称：玩报纸

·活动目标

1. 巩固跑步的正确姿势。

2. 能开动脑筋，运用多种方法练习跑。

·活动准备

1. 幼儿人手一张报纸。

2. 韵律操音乐的磁带及录音机。

·活动过程

1. 开始部分

（1）幼儿入场，做预备运动。幼儿手拿卷好的报纸，在音乐声中有精神地入场。

（2）预备运动：韵律操。幼儿在教师的带领下，听着音乐有节奏地手拿卷好的报纸，有精神地做操。

2. 基本部分

（1）教师打开报纸，启发幼儿边想边尝试：不用手帮忙怎样才能让报纸贴在胸前而不掉下来。让幼儿分散活动。

（2）试玩后，请幼儿集中，分享尝试的结果。得出结论：可以把报纸贴在胸口，快速地跑。

（3）第二次尝试将报纸贴在胸前往前跑，试跑几次，得到结论：跑得越快，纸越贴得紧，越不轻易掉。

（4）幼儿再次自由尝试数次。

（5）报纸接力比赛：幼儿排成六队，每队排头拿一张报纸，跑到对面拱形门处，取下报纸跑回原地，交给下一个幼儿，依次进行，比比哪个组最快。

3. 结束部分

请幼儿动脑筋想一想报纸还可以玩什么锻炼身体的游戏。幼儿自由尝试。

·活动反思

报纸是孩子们在日常生活中经常看到的，孩子很熟悉，对于孩子来说报纸是用来看的。户外活动前，我和孩子说要和报纸做游戏，孩子们很兴奋也很好奇，一直在问我咱们和报纸做什么游戏。我故意不告诉他们，保持他们对活动的好奇与期待。

准备活动时，我请孩子们将报纸卷成小棍状，做扛枪、瞄准、射击等动作，激发了幼儿做准备活动的兴趣，孩子们很喜欢。当我提出活动的重点练习内容：怎样不用手扶，让报纸不从你的胸前掉下来时，孩子们进入了尝试探索的阶段，殴君宇使劲挺着前胸保持报纸在身上的平衡，石子墨用下巴颏抵住报纸，刘姿含用头顶着报纸，王诗卿想用后背驼着，杨彤娇和贾佳琪两人面对面抱着，用两人的身体夹住报纸……孩子们想出了各种办法。后来我发现王泽群把报纸放在胸前，然后迅速地往前跑，我及时请其他小朋友观察，孩子们纷纷效仿，操场上跑的孩子不断增加。于是我请他们来玩这个跑的集体游戏，在游戏中有的孩子由于跑步的速度慢了，致使报纸不断从身体上掉下来，有的孩子不得不一直用手扶着。发现问题，我及时鼓励孩子们尝试探索解决的办法，孩子们再次尝试，知道了要跑得快，报纸才不会掉下来。王亚桐还提出跑步时不能一会儿快一会儿慢，跑的速度要一样。于是我们进入第二次游戏，有了一定的经验，这次多数小朋友都成功地完成了任务。

大班幼儿喜欢有一定挑战性的学习内容、问题情境，在经过自己的努力克服一定的困难，解决问题后的成功体验会给他们带来极大的满足和快乐。比如上面游戏的开展，虽说教师有一定的设计，但孩子们自己感觉这是他们自己想出的玩法，所以参与与探索的积极性特别高。针对大班幼儿年龄特点，游戏活动结束，我又提出新的问题“我们今天用报纸练习了跑的技能，还能通过报纸练习哪些运动技能”。孩子们再次进入探索环节，王乐妍用头顶练习平衡，张锦轩用腿夹住报纸练习单脚跳，张云熙卷成纸筒练习瞄准，欧君宇和杨彤娇用几张报纸间隔放在地上，练习双脚连续跳，王泽群将报纸团成球放在头顶练平衡，王亚桐和姚博韬团球练习投掷，吴庭璋团球练习自己抛接……活动中幼儿不仅锻炼了多种技能，而且动脑筋想出的玩法更能激发自己参与活动的兴趣，小朋友们在活动中相互学习，得到发展。

（教师：薛红梅）

案例十一

活动名称：我们一起打大灰狼

·活动目标

1. 培养幼儿自主游戏的能力，锻炼动脑动手能力及协调能力。
2. 让幼儿撑握投掷的要领。
3. 在活动过程中培养幼儿的安全意识。

·活动准备

大灰狼图片和易拉罐彩球。

·活动过程

1. 开始部分

听音乐与教师一起做全身的准备活动。

2. 基本部分

（1）为了增加游戏的趣味性，老师先准备几张大灰狼的图片，竖立在按年龄特点应该达到的体能标准距离处。

（2）教师首先给幼儿讲有一只大灰狼在前面，我们大家要利用手中的球把大灰狼打死。

（3）请两名投掷好的幼儿做示范，并说一说动作要领。

（4）教师示范，强调投掷的要领和动作。

准备动作时，手臂向后伸展。准备投掷时，身体向侧边旋转 90 度，并随着投掷的过程将身体转向出手的方向。投球时，手臂以过肩出手方式朝向前方进行投掷。

（5）以右手为惯用手者，左脚在前，右脚在后，投掷过程中将重心由后脚转移至前脚。

（6）幼儿看完示范后，自己尝试几次，老师要对投得比较好的进行表扬。对个别效果不理想的，教师要单独指导。

（7）分组练习投掷易拉罐彩球，再次强调投掷的要领和动作。告诉幼儿把球拿稳，想好要领、站好姿势再投。

（8）投掷比赛 。听老师的要求，五个小朋友一组，看哪一组先把大灰狼打死。

3. 结束部分

小朋友们，经过大家的努力，我们一起把大灰狼打死了。大家表现得都很勇敢，希望小朋友们一定要掌握好投掷要领，下次我们再玩一个新的投掷游戏。

·活动反思

在活动的过程中，教师要为幼儿提供使每个幼儿都能获得表现自己最高能力的机会。幼儿作为活动中的一个主动学习者，活动内容应适合幼儿身心发展的需要，并通过幼儿自身的主动活动来获得新的发展。由于幼儿身体和心理发展过程中的个体差异，在活动前我充分了解每一位幼儿的身心发展状况，有效地提供分层指导。这次游戏，孩子们玩得很开心，活动热情很高，体能测试的标准大多数幼儿已经达到了。幼儿对投掷的要领掌握得比较好。不过，在这次活动中，有些幼儿的安全意识还不强，在投掷过程中，碰到了别的小朋友。下次活动还需要再次强调安全意识，让每个幼儿身心都得到全面发展。

（教师：周凤森）

案 例 十 二

活动名称：小羊快跑

·活动目标

1. 发展直线跑的能力，掌握快速拉圈的方法。
2. 锻炼反应速度，喜欢玩刺激的追逐跑游戏。

·活动准备

1. 直径 3 米的两个圆圈。
2. 小羊头饰，连接大圈的两条跑道。

·活动过程

1. 开始部分

引入：“安老师带小朋友去牧场看一看，里面有什么小动物？”放音乐，教师戴小羊头饰和幼儿一起模仿小羊的叫声和小羊吃草、散步、快跑的动作。

2. 基本部分

（1）把幼儿分成两队，每队各有一半人拉成“羊圈”，另一半人当小羊，站在羊圈里。

（2）游戏开始后说儿歌“冬天到，草儿少，羊群要把牧草找，牧羊人鞭声响，羊儿羊儿快快跑”。羊圈打开，所有人都跑到事先指定的一个圆圈（两个圆圈内的小羊交换位置）。

(3) 请两位幼儿扮演大灰狼，追正在跑的小羊，等到小羊进圈后拉圈的幼儿马上关门，把大灰狼关在门外。如果被抓到就去大灰狼的家里（去找老师）。

(4) 游戏玩几次后，扮演小羊和羊圈的幼儿互换角色。

(5) 指导要点：提示幼儿拉圈快的方法：沿画好线的圆站好，再拉圈。引导幼儿在互换位置时要沿着画好的路线跑，避免冲撞。提醒拉羊圈的幼儿等到最后一只小羊进圈后，马上拉手把门关上。

3. 结束部分

放音乐，请小羊们跳舞，教师当牧羊人。

（教师：安瑶）

案例十三

活动名称：小松鼠历险记

·活动目标

1. 通过模仿小松鼠跳跃的动作，帮助掌握蹲撑跳的方法，提高手臂及腿部的力量。

2. 鼓励幼儿积极参与，体验与同伴合作游戏的乐趣。

·活动准备

1. 知识经验 幼儿有夹物跳的经验，上下肢配合较灵活，具备一定的肌肉力量。

2. 物质准备 卡通贴画、软包、软球若干、跳绳、音乐等。

·活动过程

1. 开始部分 创设游戏情境，带领幼儿做准备活动。

听音乐做徒手操的练习，教师带领幼儿重点活动肩膀、腰、上下肢及手腕、脚腕等部位。

2. 基本部分

(1) 在“小松鼠练本领”的情境中，引导幼儿尝试运用正确方法蹲撑跳。

引导幼儿自由探索最像小松鼠跳跃的动作。鼓励幼儿想出和其他小朋友不一样的跳法，并引导幼儿交流怎样跳最像小松鼠。

教师示范小松鼠跳，让幼儿来评价模仿得像不像。请幼儿跟老师一起做蹲撑跳练习。动作要领：全蹲，两手撑地放于身体的前面，伸直腿跳成俯撑，再两腿用力蹬地跳成蹲撑。

集体练习连续蹲撑跳的动作，教师巡回指导。

(2) 在“勇敢的小松鼠”情境中，引导幼儿上下肢协调地连续蹲撑跳。

教师创设游戏情境，激发幼儿参与游戏的欲望。松鼠妈妈向小松鼠介绍历险路线，路线中有湍急的小河，河中有跳绳摆成的小桥，松鼠宝宝需要运用蹲撑跳的动作从桥上跳过。游戏的过程中，提醒幼儿注意游戏的规则与安全。

(3) 通过“小松鼠运萝卜”的竞赛游戏，引导幼儿巩固蹲撑跳的基本动作。

游戏玩法：幼儿分成两纵队开始运松果比赛，第一名幼儿将松果（软包、软球）夹在两脚中间，运用蹲撑跳的动作，将松果传递给下一名幼儿。游戏依次进行，在规定时间内运松果最多的队为胜，奖励小贴画。

3. 结束部分　放松活动。

（1）师生共同听音乐进行放松练习，重点放松腰部、腿部及手臂部位。

（2）教师带领幼儿归位游戏材料。

（教师：李国苹）

案 例 十 四

活动名称：熊出没（投掷）

·活动目标

1. 喜欢参与投掷游戏，在游戏中体验成功的喜悦。

2. 感受肩上挥臂投掷的动作要领，初步感知出手时机的把握。

·活动准备

1. 物质准备　网球、手榴弹、沙包、网球架、目标物。

2. 经验准备　具备肩上挥臂投掷的经验。

·活动过程

1. 开始部分

（1）幼儿自主热身环节。每周体育课都可以邀请一位体育小班长，带领幼儿做自己精心准备的热身运动。（提高幼儿运动前的自主热身意识）

（2）《绿光》教师热身律动。教师在幼儿自主热身的基础上组织有针对性的热身活动，重点活动全身和上肢、腰部。

2. 基本部分

（1）“光头强”练射击。

活动引入：光头强为什么抓不到熊大和熊二呢？他自己研究了一门大炮，可以攻击熊的家，为了抓住熊大和熊二，光头强开始苦练枪法。小朋友们也来一起练习，跟光头强比比枪法。

动作复习：幼儿分两组，进行简单动作复习，利用123动作教学，1迈步，2转身做好准备动作，3投掷。（做动作复习不做重点讲解，配班教师个别指导）

（2）隔山打熊。

活动引入：熊大和熊二躲在了山里，光头强用望远镜看到了他们，准备偷袭他们。

出手时机教学：利用网球架做小山，幼儿需要将炮弹扔到熊的家里。熊的家分为三个不同距离（6米、8米和10米），设置在网球架后，网球架距离投掷线2米。教师引导幼儿怎么才能打到最远的熊家。

幼儿分两组，第一次尝试游戏，教师观察幼儿的问题。教师在第二次游戏前，进行动作示范，同时请幼儿示范。集中讲解要把球扔过球网，把握好球出手的角度。教师组织幼儿比赛，打中熊家次数多的算胜利，三局两胜制，可设制小贴画奖励。

（3）熊大和熊二的反击。

活动引入：熊大和熊二发现光头强偷袭自己，他们也要反击，将光头强的炮弹打回去。

游戏组织：幼儿分两队，一队光头强，一队是熊。两队分别站在球网两边指定区域里，利用沙包和布制手榴弹攻击对方。每次可以以打到指定范围的炮弹数量计分，进行比赛。获胜的可以获得“定身奖励”。定身奖励就是在指定区域内定身不可躲闪炮弹。

3. 结束部分

回顾游戏：光头强和熊们都很厉害，小朋友们非常棒。今天我们学会了怎么样才能扔过小山，把炮弹扔得更远，小朋友们在以后的户外活动中可以继续练习。

（教师：史新杰）

案 例 十 五

活动名称：神勇的小兵

·活动目标

1. 在体育活动中感受竞赛的乐趣，知道为集体争夺荣誉而努力。

2. 在活动中练习肩上挥臂投掷及手膝着地爬的动作，增强身体协调性和平衡能力。

·活动准备

垫子、钻爬网、平衡木、用纸箱自制的墙、自制手榴弹若干等。

·活动过程

1. 开始部分

教师带领幼儿随音乐做准备活动，活动身体各部位。

2. 基本部分

游戏：神勇的小兵

（1）教师介绍游戏玩法及规则：

①今天我们来当神勇的小兵，比一比看谁最勇敢。请小朋友们自愿结组（根据幼儿人数分成 3 组），每组选出一名组长，并设计一句加油的口号。

②勇敢的小兵要爬过“封锁网”，而且在爬的时候要手膝着地地爬（请一名幼儿示范动作），再走过“独木桥”，然后拿起手榴弹用力投向敌人的城堡，谁能打中就为自己的小组争得一面小红旗。最后看哪组得的红旗多。

（2）练习基本动作：为了我们能为自己的小组争得更多的小红旗，我们先来练习一下手膝着地爬和肩上挥臂投掷动作。

（3）带领幼儿到达比赛场地进行游戏。

幼儿游戏中教师注意观察幼儿的动作，在第一遍游戏后带领幼儿进行小结，巩固动作。接下来，幼儿再次进行游戏。

（4）教师宣布比赛结果，颁发最勇敢的小兵奖章。

（5）与幼儿进行分享交流活动：说一说怎样做才能使自己小组取得胜利？怎样才能使手榴弹扔得远？

（6）放松活动：幼儿互相做放松动作（如互相揉揉肩、胳膊和腿等）。

（教师：张冬梅）

案例十六

活动名称：皮球夹夹乐

·活动目标

1. 有初步的竞赛意识，喜欢参加富有挑战性的体育游戏活动。

2. 尝试同伴合作。

3. 尝试用各种方法进行双人夹球赛。

·活动准备

纸棍、皮球、球筐。

·活动过程

1. 开始部分

教师播放音乐，带幼儿活动手腕、脚腕等。

2. 基本部分

（1）教师引发讨论：小朋友们，平时我们都怎样玩皮球呢？

（2）教师小结：平时我们都练习单手运球、左右手交替拍球等，今天我们和皮球玩个新游戏。

（3）介绍游戏玩法

①教师：这个新游戏叫做皮球夹夹乐，要每个小朋友拿两个小纸棍，夹住皮球后运到对面的球筐里。咱们比一比哪组最快！（将幼儿分为四组进行比赛）

要求：过程中，皮球不能用手扶，掉落的皮球原地夹起继续前进。

②幼儿进行示范。

（4）游戏开始

①一轮游戏结束后，幼儿分享活动中遇到的困难并解答。

②教师说出问题，引导幼儿改正，进行第二轮游戏。

③为第一名幼儿发礼物，作为鼓励。其他幼儿给予口头鼓励。

（5）改变游戏规则

①教师：小朋友们，刚才我们是一个人夹皮球，下面我们两个小朋友夹皮球进行比赛，比一比哪组最快！

②幼儿自愿进行示范后开始游戏。

③教师观察，提示幼儿不要犯规。

④评出优胜组合并给与奖励。

3. 活动结束

（1）教师小结，帮助幼儿梳理双人夹皮球的方法哪种最快并提出新的挑战：障碍夹球，请幼儿分散游戏时进行挑战。

（2）放松活动：播放音乐，带领幼儿活动上肢等，做深呼吸。

（3）幼儿收拾玩具、整理场地。

（教师：刘爽）

第四章

户外区域自主体育活动

户外区域自主体育活动是指教师有目的、有计划地设置不同的游戏活动，幼儿在这个范围内，自主选择游戏活动，锻炼不同方面的体能。户外区域具有活动内容丰富、活动时间灵活、幼儿自主性强的特点，有利于教师发挥主导作用、因人施教，也有利于发挥幼儿的主动性、积极性，更好地培养他们的独立性和创造性。

小班幼儿自主选择游戏的能力还不强，而且喜欢和老师一同参与游戏，更加依赖自己班的老师，所以，小班的户外区域游戏以教师带领幼儿进行集体的区域活动为主，各班轮流游戏，形成以音乐变换而换区为主导的游戏氛围。

中大班幼儿的游戏自主性提高了，幼儿能够根据自己的喜好选择游戏区域，为了让中大班幼儿乐于参与不同区域中的游戏，中大班的区域设置主要以闯关的形式进行，不同区域有不同的奖章，幼儿在区域中获得的奖章种类数量将决定他们获得奖励的内容，以此激发幼儿游戏的兴趣。中大班区域设置则按照幼儿活动的基本活动能力分为投掷游戏区、跑的游戏区、跳的游戏区、平衡游戏区、攀爬游戏区、小车区及一物多玩区域。区域名称不变，但是教师需要根据幼儿的兴趣和游戏水平，不定期地更换游戏内容。

一、小班（教师：薛红梅）

户外共分为八个游戏区域，每班由两位主班教师各带领一组幼儿开展游戏，生活教师在游戏开展前帮助准备材料。游戏期间共播放四首歌曲，八组游戏同时开始，每首歌曲的中间部分每班两组幼儿交换游戏内容。小一班：登山比赛和独木桥，小二班：小猴摘桃和我是小投手，小三班：小兔采蘑菇和小青蛙学本领，小四班：小蜗牛爬呀爬和小乌龟旅行。

要求：游戏需要交换顺序，小一班玩完后玩小二班游戏，小二班玩完后玩小三班游戏，依次类推；小乌龟旅行与攀岩墙的游戏交换时请教师带孩子从活动场地两边“开火车”过去；四个生活老师在游戏中间位置相对固定，即小一班留独木桥，小二班留小猴摘桃，小三班留小兔采蘑菇，小四班留在大型玩具旁。

游 戏 一

名称：登山比赛

目标：

1. 能大胆参与游戏。
2. 会手脚配合向上攀登。
3. 在活动中不推不挤。

材料准备：攀爬墙。

玩法：游戏开始，幼儿自己找到合适的位置开展。第一次可以自己练习，第二次听教师口令，看谁的手先够到顶点。

指导要点：

1. 用语言与情绪激发幼儿参与游戏的兴趣，及时鼓励。

2. 提示幼儿注意安全，保护好自己。

游 戏 二

名称：小马过独木桥

目标：能在平衡木上行走，有一定的平衡能力。

材料准备：平衡木、报纸团和沙包等。

玩法：

1. 幼儿按照顺序自由练习。

2. “小马帮妈妈过河给奶奶送好吃的东西”，幼儿自取“食物”过平衡木。

指导要点：

1. 排队等候。

2. 鼓励幼儿自己上平衡木，对于个别幼儿，教师可以扶着他在平衡木上站好等候。

3. 教师以“小马妈妈”的口吻开展游戏，将幼儿带入游戏情境中，鼓励幼儿大胆参与游戏，并及时表扬有进步的幼儿。

4. 提示幼儿可以通过两臂伸直等方式保持身体平衡。

5. 后面的幼儿要等到前面的幼儿跳下去才能开始走。

游 戏 三

名称：小猴摘果子

目标：

1. 练习纵跳触物，发展跳跃的能力。

2. 发展手、眼、腿的动作协调能力，提高动作的灵活性。

3. 激发对体育活动的兴趣。

材料准备：纸袋或空矿泉水瓶做成的各种果子，用绳子将果子系挂在柱子上；贴画等。

玩法：教师指着悬挂在柱子上的果子请“小猴”去摘，看谁摘得多。幼儿先举起一只手，两腿弯曲，然后用力向上挑起，用手去触碰果子。幼儿碰到果子就算是摘到了，教师给予贴画奖励。鼓励幼儿摘更多的果子或换一只手摘果子。

指导要点：

1. 绳上的果子间距要大一些，以免幼儿跳起时太挤，产生不必要的碰撞。

2. 提示幼儿用双脚跳跃的方式摘果子。

3. 指导幼儿摘适合自己的果子，以免高度太低使幼儿达不到锻炼的目的，而太高又会挫伤幼儿对跳跃活动的积极性。

游 戏 四

名称：我是小投手

目标：

1. 发展单手肩上投掷能力，增强上肢肌肉的爆发力。

2. 提高投掷动作的协调性。

材料准备：小沙包、小软球、报纸团、动物头饰、投掷线和彩虹墙（皮筋上缠皱纹纸）。

区域设置：幼儿站在场地一端的投掷线后，另一端有立着的动物头饰，中间是一道彩虹墙。

玩法："今天我们要做小投手，看谁能打到对面的动物。"当听到"预备——投"的口令时，幼儿将手中的沙包等投向动物头饰；当听到"捡沙包"的口令时，进入场地捡回自己的沙包。

指导要点：

1. 要求用屈肘的投掷动作投掷。

2. 提示幼儿投掷时脚不能超越投掷线。

3. 提示幼儿用力投高，要超过彩虹墙。

4. 可以尝试让幼儿左右手都练习投掷动作。

游 戏 五

名称：小兔采蘑菇

目标：

1. 练习双脚并拢连续跳的动作，发展跳跃的能力。

2. 能遵守游戏规则。

材料准备：小草（长、宽、高设计成 10＊5＊5 厘米）和蘑菇。

区域设置：沿直线摆放十棵小草，每棵小草的间距为半米，草地前方摆放蘑菇。

玩法：教师扮演兔妈妈带小兔子出去玩，发现蘑菇地，请小兔依次跳过"草地"（双脚连续向前跳），每人按照要求采蘑菇，如第一次一人一个，第二次可以一人三个等。

指导要点：

1. 指导幼儿要轻跳，跳时脚尖用力，落地时半蹲。

2. 指导"小兔"双脚连续跳时要并脚，并从小草上面跳过去。

3. 采到蘑菇的"小兔"要从草地两边回来。

游 戏 六

名称：小青蛙学本领

目标：

1. 练习单脚跳，能单脚跳 2～3 米。

2. 练习立定跳远。

材料准备：地上画一个大圆。

区域设置：幼儿站在圆圈上。

玩法：教师扮演青蛙妈妈，幼儿当小青蛙。“今天妈妈要和小青蛙一块学本领”，教师示范单脚跳，请小青蛙沿着圆圈进行练习。学习第二个本领，立定跳远捉害虫，请小青蛙站在圆圈上，双脚自然分开，两臂前后摆动，可以和妈妈一块数“一、二、三”向圈中跳。

指导要点：

1. 教师要以身作则，和幼儿一同游戏，用自身带动幼儿情绪。

2. 单脚跳时要及时鼓励幼儿坚持，可以提示幼儿双脚交替练习。

3. 立定跳远要注意纠正个别幼儿的动作，如双脚自然分开，双脚同时起跳等。

游 戏 七

名称：毛毛虫爬呀爬

目标：

1. 掌握手膝爬行的动作，增强手臂的支撑力。

2. 按照顺序进行游戏，学习等待。

材料准备：毛毛虫玩具、大型玩具、塑料筐和压膜树叶。

区域设置：在毛毛虫的末端入口和出口处分别放两个小筐，出口处的小框中放一些树叶。

玩法：幼儿依次在毛毛虫的入口处排队，一边说“我是一条毛毛虫”，一边从毛毛虫中钻过。爬出后从小筐中拣一片树叶，然后起身回到入口处，将树叶放到入口的塑料筐中，再排队等待下一轮的游戏。

指导要点：

1. 提示幼儿在活动范围内（毛毛虫中）要手膝着地爬行。

2. 爬行中注意安全，如指导幼儿逐个进入毛毛虫，禁止在毛毛虫中停留或用脚踢蹬后面的小朋友等。

注意：游戏七结束时请孩子上大型玩具，按照一定的顺序到达游戏八的游戏区域。

游 戏 八

名称：小乌龟旅行

目标：

1. 熟悉四肢爬行动作，掌握爬行的技能。

2. 提高四肢动作的协调性，激发对体育活动的兴趣。

材料准备：垫子、沙包或纸盒。

玩法：教师扮演乌龟妈妈，幼儿扮演乌龟宝宝。教师带幼儿在垫子上玩爬行游戏。“宝宝们，今天我们要去小河的对岸把这些粮食给好朋友送过去，大家要把粮食放在背上小心地过河，千万不要把粮食掉到河里。”教师帮幼儿将沙包等放在后背上，带幼儿手膝着地从垫子的一边爬向另一边。

指导要点：

1. 提示幼儿要手膝着地爬行，不能滚动。

2. 提示幼儿在爬时不要着急，注意间距，以免与同伴撞到一起。

3. 在过小河时沙包要放稳，不要从后背上掉下来。

4. 让幼儿在垫子上统一地朝同一个方向进行爬动。

5. 幼儿游戏熟练后，可在垫子上放卷好的毛巾或沙发垫，增加难度。

二、中、大班

（一）投掷游戏区（教师：张冬梅）

小、中班幼儿逐步掌握了抛、接、投、拍、击打等各种投掷动作，但动作不够协调，多余的动作比较多，力量不够。幼儿进入大班后投掷能力发展较快，已经能够掌握挥臂、甩手、蹬地、转体的动作，能够全身用力，只是出手角度和投掷的方向有待练习优化。

中、大班投掷区域目标是：

1. 喜欢参与投掷游戏，乐于尝试用不同的投掷物进行投掷游戏。

2. 能够根据目标物的特点采取不同的投掷方法进行游戏。

3. 掌握投远与投准的投掷方法。

4. 能够很好地掌握挥臂、甩腕、蹬地、转体的动作，并能够体会出手角度对投掷远近的影响。

5. 增强手臂的肌肉力量、目测能力和判断能力。

6. 在游戏中体验竞赛的过程，提高竞争意识和合作能力。

游 戏 一

名称：打敌人

目标：练习肩上挥臂投掷。

材料准备：用废旧纸箱做成的城墙；自制手榴弹若干。

区域设置：用废旧纸箱做成的城墙分列两边，距离根据不同年龄班而定。城墙后面准备有自制手榴弹。

玩法：

1. 幼儿分别站在城墙的后面，拿起手榴弹投向对面的敌人。

2. 每人三个手榴弹，只要打中一次就可获得小勇士奖章一枚。

指导要点：

1. 幼儿投掷的动作要准确。

2. 指导幼儿往高处、远处投。

3. 在打敌人的同时要注意躲闪敌人的攻击。

游 戏 二

名称：愤怒的小鸟

目标：

1. 享受体育游戏所特有的魅力，感受运动与合作的快乐。

2. 练习肩上挥臂投掷，发展动作的协调性和灵敏性。

3. 增强竞争意识，体验成功的快乐。

材料准备：幼儿自制愤怒的小鸟若干、对垒墙、自制小猪若干、自制小栅栏。

区域设置：自制小猪摆成一排，小猪的大小不一，摆的距离不一。距离小猪一定距离处摆好小栅栏。

玩法：幼儿每人一个袋子，可斜挎在身上，袋子里装有 5 只自制的小鸟。幼儿站在栅栏后，对准小猪大声说口号“小猪小猪坏东西”，然后快速投出去。

指导要点：幼儿投掷的动作与时机要准确。

游 戏 三

名称：对垒游戏

目标：练习肩上挥臂投掷。

材料准备：对垒城；自制手榴弹若干。

区域设置：对垒墙分列两边，距离根据不同年龄班而定。对垒墙后面准备有自制手榴弹。

玩法：

幼儿分别站在对垒墙的后面，拿起手榴弹投过对面的对垒墙。每人五个手榴弹，看谁投过的多。

指导要点：

1. 幼儿投掷的动作要准确。

2. 指导幼儿往高处、远处投。

游 戏 四

名称：打野兽

目标：

1. 发展投掷能力，能够投掷一定的高度。

2. 喜欢参加体育运动，乐于参加集体活动。

材料准备：动物（野兽）压膜图片、绳子、手榴弹若干。

区域设置：把动物图片挂在绳子上，高低不一，距离动物几米处画有几条线，摆放几筐自制手榴弹。

玩法：幼儿用手榴弹打野兽，动物身上有铃铛，打中后铃铛会响。每人五个手榴弹，看谁打中的多。

指导要点：

1. 投掷动作：双腿前后分开，手臂弯曲过肩，腰部用力转身投掷。

2. 眼睛看准动物，投掷得高才能打到动物。

游 戏 五

名称：打靶游戏

目标：

1. 喜欢参加打靶游戏。

2. 练习投准。

材料准备：环形靶子五个、自制的手榴弹若干。

区域设置：环形靶子分开一定距离挂于一方，距离靶子几米处画有不同距离的线。

玩法：幼儿可以自由选择站在不同距离的线后，每人五个手榴弹，瞄准靶心快速投出去。打中一次记一分，累计三分可得到小礼物一份。

指导要点：

1. 投准的动作与出手时机要准确。

2. 注意瞄准靶心。

（二）跑的游戏区（教师：周亚静）

小班幼儿跑的特点是，以小碎步为主，节奏不稳，方向和身体的平衡控制得不好，手脚动作不协调。进入中班后幼儿跑步动作轻松，节奏稳定，控制跑的能力显著提高，在跑动中转身、停、躲闪等动作都比较灵活。

中大班跑的区域目标是：

1. 喜欢玩跑的游戏，喜欢变换跑步的形式，乐于尝试不同的跑步方法。

2. 在游戏中感受跑步的步幅与频率和速度的关系。

3. 在障碍赛游戏中，锻炼身体的灵敏性。

4. 在往返跑游戏中体验触物转体的方法，提高往返跑速度。

5. 在竞赛游戏中提高合作意识与竞赛意识。

游 戏 一

名称：快乐的快递员

目标：

1. 体验快递送货的乐趣，乐意完成小任务。

2. 练习直线往返跑与快速冲刺跑。

材料准备：角色图片四张（警察、护士、农民和医生），自选货物（小的毛绒玩具若干、沙包、球等)，四个空筐放在图片的旁边，四个盛好货物的筐分别放在跑道的旁边。

区域设置：四把小椅子分别对应四条跑道的一端，每把椅子背上贴好一张角色图片，每把椅子上粘一个塑料小碗或小纸箱。

玩法：

1. 幼儿先熟悉一下送货的地点与收货人(认识常见的职业角色)。

2. 幼儿自选小货物，找好小伙伴一起去送货。

指导要点：

1. 提示幼儿找好伙伴后，自行商量谁来喊口号。

2. 快速送完货后，快速转身跑回来。

3. 冲刺跑步回来(地面画有明显的冲刺线)。

4. 鼓励幼儿看谁送的货物又快又多，谁还没有收到货。

游 戏 二

名称：魔力太阳鸟

目标：

1. 喜欢与同伴赛跑，感受有魔力的快乐。

2. 练习快速击打，提高转身跑的能力。

材料准备：自制太阳鸟四个(太阳上粘一个会发光的小球)。

玩法：

1. 幼儿自己找好小伙伴，站在起跑线上准备起跑，两个幼儿商量好谁喊口令。

2. 快速跑向太阳鸟，用右手拍打太阳鸟，快速转身往回跑，跑过冲刺线(谁的太阳鸟先亮，说明谁跑得快)。

指导要点：

1. 幼儿先找好小伙伴，由幼儿自己决定谁来喊口号。

2. 快速跑到太阳鸟身边击打太阳鸟后，快速转身往回跑。

3. 跑过冲刺线。

4. 鼓励幼儿再跑一次，看谁的魔力越来越多，魔力多的幼儿可以帮助老师或同伴搬运玩具。

游 戏 三

名称：小兔送蘑菇

目标：

1. 体验小兔送蘑菇的乐趣。

2. 感知绕障碍物跑的不同方法，锻炼身体的灵活性。

材料准备：自制小树、自制小蘑菇、小兔的家(贴有小兔头饰的塑料筐一个)和纸箱小山。

玩法：幼儿取一个蘑菇，从树林的入口开始跑，绕着小树曲线行进跑，跑到树林的出口（小兔的家），把蘑菇放到小筐里。

指导要点：

1. 幼儿跑的时候身体尽量不碰到小树，以锻炼幼儿的动作灵活性。

2. 游戏可有多种玩法，如鼓励幼儿自选小山放在树林之间，幼儿可绕开不同大小的障碍物，体验不同游戏材料的挑战性。

3. 可与往返跑游戏衔接起来玩，先玩魔力太阳鸟的游戏，幼儿有了魔力之后，再帮助小兔子送蘑菇。

游 戏 四

名称：小马送粮

目标：

1. 感知助跑跨跳的动作要领。

2. 在日常生活中遇到障碍物时会用越过的方法解决问题。

材料准备：自制的大石头和倒下的大树（小奶箱）若干（高矮不一），小动物爱吃的食物若干（萝卜、青草、桃子等）。

区域设置：设置起跑点，将食物放置在起跑点，将大石头和倒下的大树设置在路中，至少间隔 35 厘米。

玩法：小马要帮助山上的小动物们送食物，从起跑点自选一种食物，在规定的路线中跑到山上，路上有大石头挡住了去路，小马要想办法跨跳过大石头和倒下的大树才能跑到山上。

指导要点：

1. 幼儿要沿着操场的路线跑完全程，路线设计要有直线和弯道。

2. 重点指导幼儿跨过障碍物的方法，鼓励幼儿尝试克服困难。

3. 为了激发幼儿游戏的积极性，完成任务后教师奖励一颗爱心小贴贴，使幼儿感受到帮助别人的快乐。

游 戏 五

名称：快乐的倒车跑

目标：感知障碍跑的多种方法，重点体会和探索倒退跑的方法，体验游戏乐趣。

材料准备：自制的易拉罐小树。

区域设置：第一次游戏将小树间隔摆成两行四列小树林，第二次游戏将小树间隔摆成四行、四列小树林。

玩法：男孩和女孩各排成两队，排头背对着易拉罐的方向（可以转过头来看着路），倒退着走，绕开小树。等幼儿熟练动作和倒退的方法后，就可以体验稍有难度的倒退跑了。

指导要点：

1. 教师提示幼儿倒退走时一定要看清后面的小树，眼睛和肢体动作要协调。

2. 可以请会倒退跑的幼儿为大家示范，激发幼儿对倒退跑的兴趣。

3. 启发幼儿体验多种障碍走与跑，由易到难，如正面障碍跑、侧身障碍跑、跨跳障碍跑、倒退障碍走、倒退障碍跑等。

（三）攀爬游戏区（教师：史新杰）

婴儿从八九个月起就能初步掌握手膝着地的爬行动作。小班幼儿能协调而较熟练地在攀登架上做钻、爬和攀登动作，并能做短暂的双臂悬垂动作。但刚开始时，幼儿手眼配合不准确，四肢肌肉的配合也不协调，精神紧张，部分幼儿对攀高表现出明显恐惧。

大班幼儿在攀登架上能够创造性地探索各种可能实现的运动方式，熟练地做钻、爬、攀登、悬垂以及各种滑动的动作，还可掌握对力量、协调性等身体素质和运动自觉要求较高的动作。

钻、爬与攀登的动作要领是：

1. 钻可以分为正面钻和侧面钻，钻的时候主要根据障碍物的特点调整身体的姿势，以便在身体各部分，特别是头部和双肩都不会受到障碍物阻碍的情况下顺利通过障碍物。

2. 爬又分为仰、俯、侧身三种。爬的时候要正确地蹬脚和上下肢协调、有节奏地交替运动。

3. 攀登的动作根据器械的特点而定。脚必须随时注意踏实，手必须抓稳，变换重心时必须注意四肢的相互配合。

中班攀爬区域目标是：

1. 能钻过直径为 60 厘米的圈或拱门。

2. 能够掌握手脚着地爬的动作要领。

3. 能在大中型攀登架、攀岩墙上爬上爬下。

大班攀爬目标：

1. 能较迅速地连续钻过各种障碍物中的狭小空间。

2. 探索各种俯身爬。

3. 探索各种侧身或仰面爬。

4. 探索不同的爬上爬下的动作。

游 戏 一

名称：勇敢的小士兵

目标：

1. 练习匍匐向前爬。

2. 能够遵守游戏规则。

材料准备：垫子、皮筋、椅子、小铃铛和小星星贴画。

区域设置：在垫子两端拉上封锁线（皮筋），皮筋上栓小铃铛，并把皮筋拴在小椅子上固定。

玩法：游戏开始，教师请幼儿扮演小士兵："小士兵要去执行任务，这个任务非常保密，所以在游戏时不能够发出声音。"教师带领幼儿匍匐向前爬，并提出不能让小铃铛发出声音，以免被敌人发现。未发出声音完成任务的小士兵可获得小星星。

指导要点：

1. 教师可自已或请个别幼儿示范匍匐向前爬。

2. 第一次游戏可视为练习。

3. 重点提示幼儿在爬行中胳膊肘撑地，低头、不撅屁股，以免碰到铃铛。

4. 教师要及时鼓励和表扬幼儿，激发幼儿参与活动的积极性。

游 戏 二

名称：翻山越岭

目标：

1. 学习用翻过、钻爬等方式越过障碍。

2. 能勇敢地参与游戏，不怕困难。

材料准备：桌子、梯子和小椅子。

区域设置：场地一端作为游戏起点，中间放置桌子作为小山包，再放置斜坡梯子作为小山。

玩法：教师以游戏的形式向幼儿介绍玩法：穿山甲去旅行，它需要翻过小山包（桌子），爬过高高的大山（梯子），才能到达目的地。看谁最先到达目的地。

指导要点：

1. 在幼儿爬梯子时需要手抓稳后再迈腿，保持身体的平衡，避免从梯子上掉下。

2. 指导教师要站在梯子旁边保护幼儿的安全。

游 戏 三

名称：小勇士

目标：能手脚配合钻爬过障碍，体验成功的快乐。

材料准备：拱龙、徽章。

区域设置：长 40 米的拱龙。

玩法：幼儿从一端进入钻爬拱龙，从另一端爬出。游戏结束后教师为幼儿佩戴勇士徽章作为奖励。

指导要点：

1. 幼儿在钻爬过程中，教师要提示幼儿注意安全。

2. 钻爬过程中幼儿之间要保持两米左右的距离，避免出现危险。

游 戏 四

名称：彩虹伞

玩法：

1. 幼儿自选通道（图 1、图 2、图 3）通过，到彩虹伞处。
2. 按入口的标志进入彩虹伞下面，按手印和脚印的标志进行手脚爬。
3. 按出口的标志出来即可。

指导要点：

1. 匍匐爬时不能碰到支架上方的横梁，如碰乱了需摆好。
2. 侧滚时需要平躺在软垫上，双手抱头，用腿带动全身向图 4 方向滚，不能滚到地上。

游 戏 五

名称：敲锣打鼓

目标：

中班：

1. 能在攀登墙上自由攀登，动作具有协调性及灵敏性，四肢有耐力。
2. 能按规则进行游戏，有序攀登，懂得自我保护。

大班：

1. 能够在攀岩墙上位移，发展动作的协调性和灵敏性。
2. 会躲避危险，具有自我保护的能力。

材料准备：铜锣和攀岩墙。

玩法：中班幼儿按照指定的箭头路线进行攀登敲锣，大班幼儿自主选择路线进行攀登敲锣。

指导重点：

1. 教师在游戏前用语言和动作示范，鼓励幼儿用正确的方法自由攀登。
2. 教师指导中班幼儿按照箭头的方向进行攀登游戏。
3. 把铜锣挂在高矮不同的位置上，鼓励能力不同的幼儿攀爬到不同的高度。
4. 教师提示幼儿与同伴之间互相谦让、保持一定的距离躲避危险，注意安全。

游 戏 六

名称：快来灭火（翻滚）

目标：

中班：积极参与侧身翻滚游戏，体验动作的要领。

大班：能够灵敏、协调地进行侧身翻滚的动作，保持侧身翻滚时身体的平衡，提高前庭器官的机能，促进身体灵敏性与协调性的发展。

材料投放：大垫子。
玩法：小士兵身上着火了，我们要自救，可以用翻滚的方法灭火。
指导重点：
1. 提示幼儿身体躺直、双腿夹紧，手臂抱头或上举。
2. 教师一边提示幼儿动作，一边关注幼儿的侧身翻滚情况，及时纠正错误。

游 戏 七

名称：地道战
目标：
中班：
1. 掌握正面钻的方法与技巧，增强腿部和腰部的肌肉力量，发展身体动作的灵活性、柔韧性、平衡能力。
2. 在游戏中体验侧面钻的动作技巧，发展身体协调能力。
大班：
1. 能灵活、协调地正面钻过障碍物，发展身体动作的灵敏性、柔韧性、平衡能力。
2. 能够掌握侧面钻的动作要领，提高身体柔韧性。
材料准备：拱门和绳子。
玩法：小士兵们要通过地道才能到达目的地执行任务，穿过隧道时不能碰到墙壁。
指导重点：
1. 正面钻：身体面向障碍物，屈膝下蹲，低头弯曲，紧缩身体。
2. 侧面钻：身体侧对障碍物，屈膝，前腿从障碍物下伸过，然后低头弯腰，侧身从障碍物下钻过。

（四）跳跃游戏区（教师：宋艳丽）

小班大多数幼儿能够掌握双脚向上跳、向前跳的动作。中班幼儿在跳跃动作上发展较快，动作协调能力、平衡力增强，能用脚掌蹬地进行跳远。大班幼儿能够很好地掌握双脚连续跳，掌握单脚跳、跳高、跳远、从高处跳下等动作要点，落地轻盈。
中大班跳跃区域目标是：
1. 喜欢参与跳跃的游戏，喜欢挑战，并在游戏中学会自我保护。
2. 在跳跃游戏中练习腿部力量，提高弹跳能力、爆发力和身体的协调能力、平衡能力。
3. 养成不怕困难、坚强、勇敢的品质。
4. 感受连续跳、跳远、向下跳、向上纵跳等不同的技巧，动作轻松灵巧。
5. 尝试助跑跨跳，在游戏中掌握跨跳技巧。

游 戏 一

名称：小青蛙跳荷叶捉害虫

目标：练习立定跳远，发展协调能力。

材料准备：用硬纸板制作的荷叶。

区域设置：

1. 在距离荷叶 30 厘米处画一条起跳线。

2. 将荷叶分别洒落在较柔软的地面上，荷叶与荷叶之间距离不等，两片荷叶间距最短的为 80 厘米，间距最长的为 160 厘米。

3. 终点为田埂，在田埂上摆放些虫子。

玩法：

幼儿分别站在起跳线的后面，准备好后开始起跳。幼儿可以选择不同的路线（距离不等，满足不同孩子的需要），跳到田埂后便可以捉到一条害虫。

指导要点：

1. 双脚自然分开，摆臂自然协调，蹬地时要快而有力。

2. 鼓励幼儿跳间距比较大的荷叶。

游 戏 二

名称：打苍蝇、蚊子

目标：发展弹跳能力和手眼协调能力。

材料准备：已压膜的小蚊子和大苍蝇、硬纸板制作的大手模型、苍蝇拍、绳子。

区域设置：将已压膜的蚊子、苍蝇悬挂在绳子上（蚊子、苍蝇距幼儿高举的手指尖 20～25 厘米）。

玩法：幼儿根据自己的需要，手带大手模型或拿苍蝇拍纵跳拍打苍蝇或蚊子。

指导要点：

1. 鼓励幼儿根据兴趣需要选择游戏材料，大班幼儿可选择有挑战性的游戏材料。

2. 指导幼儿纵跳落地时动作要轻。

游 戏 三

名称：小兔子采蘑菇

目标：增强腿部肌肉力量，发展肌肉耐力和协调能力。

材料准备：自制蘑菇、小草（小草的长、宽、高设计成 10 厘米×5 厘米×5 厘米）。

区域设置：

将小红包设计成小草，小草的长、宽、高设计成 10 厘米×5 厘米×5 厘米，小草之间的间距为 0.5 米，共摆放 10 棵小草，在山坡上分开摆放自制的蘑菇。

玩法：小兔子要双脚并在一起，依次连续从 10 棵小草上跳过，每人拔一个萝卜。

指导要点：双脚要并在一起，快速从小草上跳过，落地时要轻。

游　戏　四

名称：跳水运动员

目标：发展平衡能力。

材料准备：桌子、椅子、大而宽的蓝色软垫。

区域设置：将桌子摆成一圈，桌子上放上小椅子（高矮不同，满足不同幼儿的需要），桌子四周摆上蓝色软垫。

玩法：幼儿模仿跳水运动员，根据实际需要，选择从高矮不同的跳台上跳下（教师注意保护）。

指导要点：

1. 上跳台时注意安全，要排队等候，每个跳台上只能站一名幼儿。
2. 跳水时要保障垫子上没有别的幼儿。
3. 跳水时要注意轻轻落地。

游　戏　五

名称：跳房子取信

目标：练习单脚左右交替跳，发展平衡能力。

材料准备：用 PVC 管制作的不同形状的房子。

区域设置：将不同形状的房子一座挨一座摆放，在终点处摆放着小口袋，口袋里装有教师写的鼓励的话或完成任务有小礼物的信。

玩法：幼儿从起止线开始左右脚交替跳，跳到终止线后取信。

指导要点：

1. 指导幼儿单脚左右交替跳。
2. 指导幼儿取信，并给予鼓励。

（五）平衡游戏区（教师：赵东霞）

大班幼儿是平衡能力发展最快、锻炼效果最显著的时期，五六岁幼儿能够掌握要求较高的平衡运动技能，如走高跷、骑小车、滑旱冰等。女孩比男孩平衡能力发展更快，能力更强。

中大班平衡游戏区域目标是：

1. 喜欢玩平衡游戏，在游戏中锻炼勇敢、不怕困难的品质。
2. 能够在 15～20 厘米的平衡线中快步走。
3. 探索在不同平衡器材上平稳行走的方法。
4. 学习走高跷、骑小车的方法。
5. 有安全意识，能够在保证安全的前提下大胆探索平衡游戏的玩法。

游 戏 一

名称：小小杂技员

目标：

1. 敢于挑战自己，体验平衡游戏的乐趣。
2. 促进平衡能力的发展。
3. 知道将玩具材料分类收放整齐。

材料准备：平衡木、荡桥、车轱辘、梯子、梅花桩、绳子、S 形平衡板。

区域设置：

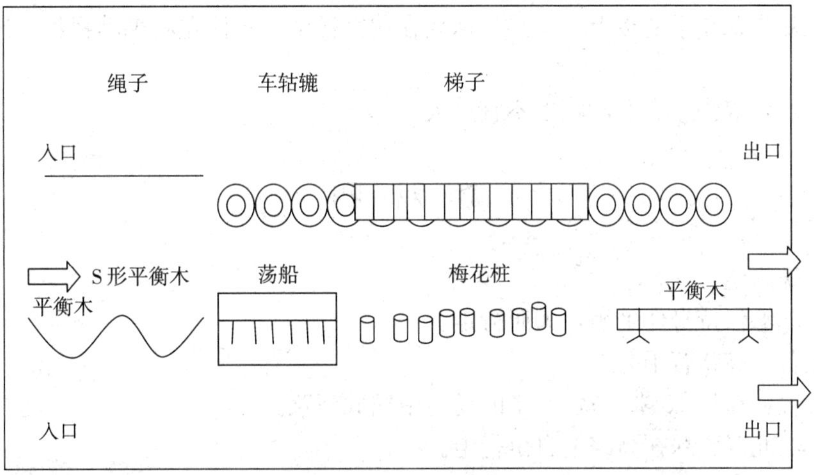

玩法：从入口进入游戏场地，从出口出游戏场地。

1. 双脚交替走过绳子后走上车轱辘，再走过梯子，最后再走过车轱辘。
2. 双手打开侧平举走过 S 形平衡木后走上荡船，再走过梅花桩，最后走过平衡木。
3. 两个入口同时进行，幼儿自由选择。

指导要点：教师重点指导走梯子和平衡木的幼儿。走梯子时不能着急，每一步都要走稳，一个人走完后第二个人再走，避免拥挤。走平衡木时同样是一个人走完后第二个人再走。

游 戏 二

名称：骑小车

目标：能够保持身体平衡，手脚配合骑行。

材料准备：平衡车和交通安全标志。

区域设置：在长 20 米、宽 10 米的空旷场地中间画上路线图，并在固定位置摆放交通安全标志。

玩法：幼儿在固定区域内按照交通标志自由进行骑行游戏。

指导要点：

1. 双手握紧扶手，双脚上下轮换踩踏板。

2. 自由骑行时注意避让同伴。

游 戏 三

名称：乒乓球走迷宫

目标：能够保持身体平衡地移动乒乓球。

材料准备：平衡板、乒乓球。

区域设置：在长 5 米、宽 2 米的场地中摆放平衡板。

玩法：双脚踩在平衡板上，将乒乓球放在迷宫槽中，身体左右晃动将乒乓球送到指定位置。

指导要点：双脚左右摆动幅度不宜过大。

游 戏 四

名称：踩高跷

目标：能够保持身体平衡，大胆行走。

材料准备：高跷若干。

区域设置：在长 10 米、宽 10 米的场地中摆放高跷。

玩法：幼儿双脚踩在高跷上自由行走。

指导要点：脚踩在高跷上后，双手将绳子拉直，然后迈步走。

游 戏 五

名称：踏石过河

目标：能保持身体平衡，大胆地在器材上行走。

材料：踏石过河（塑料墩）。

区域设置：在长 20 米、宽 10 米的场地中，将踏石过河（塑料墩）摆成一个竖排，两两之间间隔 25 厘米。共摆放 4 组。

玩法：

1. 幼儿分成人数相等的 4 组。

2. 教师发出口令后，4 组幼儿同时踏上石头走到小河的另一端，然后快速跑回拍下一个小朋友的手。看哪组最先完成则为获胜。

指导要点：幼儿在踏石过河的过程中，如果从石头上掉下来，需要重新进行游戏。

第五章

户外游戏活动

户外游戏活动是各班教师根据本班幼儿实际，采用游戏的形式有针对性进行的体能锻炼。在户外游戏活动中，教师每天的游戏要注意动静结合，注意在一周时间内对幼儿的各项基本动作进行有计划的练习，并针对本班幼儿的体能弱项，进行重点锻炼。户外体育游戏的组织方法多样，教师的指导重点突出本班幼儿的实际，针对性强。

一、小班

游 戏 一

名称：偷袭大野狼

目标：练习快速转身折返跑，体验体育游戏的乐趣。

准备：小猪胸牌、猪妈妈胸牌、拱形门、睡觉的大野狼图片和胶条。

玩法：

1. 幼儿佩戴小猪胸牌，教师佩戴猪妈妈胸牌。猪妈妈摸小猪头后，小猪逐一从家里（起跑线）出发，快速跑到大野狼的城堡（相距 10 米的拱形门处），用手快速拍打正在睡觉的大野狼，再快速跑回家，冲过冲刺线。

2. 在野狼城堡附近逗留或者钻进城堡、绕过城堡的小猪将会被醒来的大野狼抓住并吃掉，不能再参加下一轮的游戏。

指导要点：教师提示幼儿用手拍一下大野狼后要快速跑回。

（教师：张新跃）

游 戏 二

名称：小乌龟

目标：

1. 学会爬的正确方法。

2. 练习手膝爬，发展身体的协调能力。

准备：

1. 硬纸板制作的乌龟壳。

2. 硬纸及松紧带制作的手垫、长软垫。

3. 音乐。

玩法：

1. 幼儿戴上手垫，穿上龟壳，自由练习爬行。

2. 教师带领幼儿学习小乌龟的样子，随着音乐的快慢爬行。音乐快就快爬，音乐慢就慢爬。

3. 教师指导幼儿练习手脚爬的姿势。

4. 幼儿进行直线手脚爬行，看看谁最快。

指导要点：

1. 幼儿熟悉手脚爬的动作后，可变成沿直线或曲线爬行。

2. 教师指导幼儿手脚爬行的动作。

（教师：章巧雅）

游 戏 三

名称：采蘑菇

目标：发展幼儿快速跑的能力。

准备：

1. 小圆盘若干（比幼儿人数少 3 个）。

2. 和幼儿数量相等的蘑菇。

3. 背景音乐。

玩法：

1. 采蘑菇：教师发出信号，让幼儿开始采蘑菇，采完后提问："你是怎么采到这么多蘑菇的?"引导幼儿做到既要采得快又不能和别人抢。教师注意鼓励没有采到蘑菇的幼儿。可重复玩几次。

2. 种蘑菇：每人手中一个蘑菇，要将手中的蘑菇种到前面的圆盘里。听到信号后幼儿要快速将蘑菇种到盘中，一个盘中只能种一个蘑菇，种完蘑菇的幼儿为胜。游戏可重复玩几次。

指导要点：幼儿在跑着去采蘑菇时注意躲闪同伴。

（教师：贯舒宇）

游 戏 四

名称：大鱼吃小鱼

目标：

1. 能够在指定范围内进行追逐躲闪跑。

2. 提高动作的灵敏性，激发对体育活动的兴趣。

准备：塑料圈若干、大鱼胸牌三个、小鱼胸牌若干、音乐磁带、录音机、宽敞无障碍物的场地。

玩法：

1. 请三名幼儿挂上大鱼的胸牌扮大鱼，其余幼儿挂上小鱼的胸牌扮小鱼，当扮大鱼的幼儿说"我是大鱼我来了"时，小鱼听见赶快在场地内四散跑。

2. 扮大鱼的幼儿每人手拿一个塑料圈当做自己的大嘴巴去捉小鱼，扮小鱼的幼儿躲闪跑，累了可以跑回自己的家（放在地上的塑料圈）蹲下休息，这时大鱼则不能再追。

3. 当大鱼走开时，小鱼可以出来继续活动，被捉到的小鱼则要到大鱼家里蹲下休息。

4. 当大鱼的家里装满小鱼后，交换角色继续游戏。

指导要点：

1. 提示幼儿要在规定的范围内四散跑。

2. 提示幼儿遵守规则，当小鱼回到圈内时，大鱼则不能再追。

3. 引导幼儿在追逐躲闪跑时注意安全，避免相互碰撞。

（教师：贾晓娟）

游 戏 五

名称：小猫捉鱼

目标：

1. 喜欢参加体育活动，并感受游戏的快乐。

2. 能较熟练地进行手膝爬。

准备：

1. 把幼儿分成四至五组，每组五人左右。

2. 花棍四组，每组按纵向摆放三列；爬垫四组，每组一个大垫；拱形门四个，每组一个。

3. 小猫的头饰（与幼儿人数相等）、猫妈妈头饰一个。

4. 鱼形卡片若干个（可比幼儿人数多些）。

5. 熟悉儿歌。

玩法：

1. 游戏第一遍：幼儿说儿歌后跳过三组花棍，跑到鱼池捉一条鱼回家。游戏后，教师对幼儿动作、规则进行简单评价。

2. 游戏第二遍：出示爬垫，幼儿说儿歌后跳过花棍，手膝爬过垫子（可请能力强的幼儿作示范），跑到鱼池再捉一条鱼回家。游戏后，教师对爬的动作重点评价，表扬爬得稳又快的幼儿。

3. 游戏第三遍：出示拱形门，幼儿说儿歌后跳过花棍，爬过垫子，正面钻过拱形门，可捉多条鱼回家。

指导要点：幼儿在跳跃时，如果把花棍踢乱要及时摆放整齐。

附儿歌：

小猫小猫做游戏，轻轻走到外面去。又是跳、又是跑，看谁捉鱼快又快。

小猫小猫做游戏，轻轻走到外面去。又是跳、又是跑，看谁捉鱼多又多。

（教师：宋扬）

游 戏 六

名称：去小动物家做客

目标：

1. 乐意与老师一起游戏，体验集体游戏的快乐。

2. 练习双脚连续跳，锻炼腿部力量。

3. 敢于尝试平衡游戏，并能平稳地控制自己的身体。

准备：

1. 动物的房子（小兔、小羊、小鸟）。

2. 自制小蘑菇、草、小虫子等游戏材料若干、玩具筐三个。

玩法：

1. 引导幼儿说一说小动物喜欢吃的食物。

教师：刚才我们为小动物们粉刷了漂亮的房子，小动物们请我们小朋友到他们的家里去做客，你们愿意去吗？我们先来看看要去哪些小动物的家？去别人家做客记得带一份礼物哦。

2. 请配班教师示范双脚连续跳的动作，然后带领幼儿每人拿一样礼物跳过花丛到小动物家，再从边上走回。

教师：我们去小动物的家有两条小路可以走，一条小路是要跳过花丛，跳过花丛的时候要两只小脚紧紧地并在一起，一下挨着一下地跳过花丛。

3. 请一名幼儿示范动作，然后请幼儿分三组走过平衡木。

教师：还有一条小路也可以到达小动物家，就是要走过小桥。走小桥时要勇敢，一步一步往前走，还可以把胳膊伸平。

4. 第三次游戏增加难度：增添垫子。请幼儿先要爬过草地，然后再自己选择一条路去小动物家。

指导要点：

1. 指导幼儿双脚连续跳时要双脚并紧、连续跳。

2. 引导幼儿过小桥时把胳膊伸平，以保持平衡。

（教师：张冬梅）

游 戏 七

名称：蚂蚁搬豆

目标：

1. 学习使用搬、抬、扛、推等动作方式，体验动作的不同技巧。

2. 遇到困难能开动脑筋想办法。

3. 体验与小朋友一同游戏的快乐。

准备：沙包、瓶子、报纸团、皮球、大盆、纸箱、大块布、车轱辘、担架、扁担、“小河”、S形小路、钻箱等。

玩法：

1. 妈妈带小蚂蚁做热身运动。

2. 妈妈带小蚂蚁找好吃的东西，引导走S形小路，钻山洞。

3. 引导幼儿观察豆豆的数量与不同，想一想怎样把这些豆豆运回家。引导幼儿发现周围环境中可以利用的工具。

4. 小蚂蚁尝试自己运豆豆。

5. 回家的路上遇到了小河，提醒不要掉到河里，想一想搬着豆豆怎样才能过河。

6. 终于把豆豆搬回了家，适当休息后引导小结：你是用什么方法运回豆豆的，演示一下你搬豆豆的动作。

7. 尝试换一种方式把剩下的豆豆搬回家。

指导要点：

1. 对幼儿及时予以肯定和鼓励。

2. 关注幼儿中有价值的行为、动作、语言，及时与全体幼儿共同分享。

（教师：薛红梅）

游 戏 八

名称：种菜

目标：能够熟练进行立定跳远的动作练习，基本掌握立定跳远的动作方法。

准备："小河"（皮筋、皱纹纸）、压膜蔬菜。

玩法：

1. 教师和幼儿扮演一种动物角色，"过几天咱们家要来客人，咱们一块去种点菜和好朋友一起吃好不好?"探讨怎样去（开车去……），开始做准备活动，车子要修理一下（模仿打气、拧螺丝、扫地、擦玻璃等动作）。车子修好了，上车出发了。车子开到了小河边，没路了，怎么办呢?

2. 鼓励小蚂蚁跳过小河，教师示范正确立定跳远的方法。

3. 幼儿游戏，跳过小河，将蔬菜种到地里。

指导要点：提示小蚂蚁起跳前小脚自然站立，双腿微屈，摆臂准备，跳过去时脚尖先落地，双腿还是弯曲的。

（教师：薛红梅）

二、中班

游 戏 一

名称：好玩的纸飞盘

目标：

1. 在游戏中体验飞盘的形状和飞行距离的关系。

2. 掌握飞盘的不同玩法。

准备：幼儿自制的圆形、长方形、三角形飞盘若干，羽毛球网。

玩法：

1. 自由练习扔飞盘的方法，比一比谁扔得远。

2. 幼儿分成两排站在场地一端，依次扔飞盘，看谁能扔过羽毛球网。

3. 幼儿两人一组间隔一定距离面对面站立，一方抛掷飞盘，一方接飞盘。

4. 交换飞盘，感受不同形状飞盘扔起来需要的力度是不同的，飞行的远近也是不同的。

5. 讨论哪种飞盘扔起来最省力最远（圆形），哪种最费力最近（长方形）。

指导要点：

1. 指导幼儿扔飞盘的方法：大拇哥在上夹住飞盘，腰部旋转，手臂由弯变直将飞盘平着扔出去。

2. 引导幼儿之间互相交流扔飞盘的感受，勇于尝试不同形状的飞盘。

（教师：安瑶）

游 戏 二

名称：荷花荷花几月开

目标：在固定范围内进行四散追逐跑。

准备：

1. 荷花头饰若干。

2. 幼儿熟悉的音乐、录音机等。

玩法：

1. 教师介绍游戏的玩法：幼儿围成一个大圆圈，一名幼儿戴荷花头饰蹲在圈内扮荷花，圈上幼儿边念儿歌边围着荷花走，当念到“六月荷花朵朵开”时，圈上幼儿做开花动作后四散跑开，荷花去追抓。抓到后互换角色，游戏重新开始。

2. 教师提示游戏规则，一定要等到儿歌念完以后才能开始跑，而且要在老师规定的范围内玩。

3. 幼儿进行游戏。

4. 待幼儿熟悉游戏的玩法后，可增加荷花的数量，提高幼儿的游戏兴趣。

指导要点：

1. 儿歌念完后才能开始跑，并在老师指定的范围内游戏。

2. 追逐者不能只追一个人，要灵活地变换追逐对象。

附儿歌：《荷花荷花几月开》

荷花荷花几时开？一月开。
一月不开几时开？二月开。
二月不开几时开？三月开。
三月不开几时开？四月开。
四月不开几时开？五月开。
五月不开几时开？六月荷花朵朵开。

（教师：杨丽）

游 戏 三

名称：打跑灰太狼

目标：

1. 练习肩上挥臂掷远，感受投掷的出手角度。

2. 感受游戏的快乐。

准备：

1. 场地：用及时贴贴成的100厘米的小河，用皱纹纸垂吊成一片树林，画好投掷线，分别间隔50厘米，用颜色分开。

2. 垂钓的高矮不同、大小不同的灰太狼挂饰12个。

3. 沙包若干。

玩法：

1. 幼儿分四组进行第一轮游戏，站在小河边，听指令跳过小河、穿过树林，站在第一条投掷线后打灰太狼。

2. 第二组幼儿进行游戏，依次轮流打灰太狼。

3. 然后进行第二轮游戏，站在第二条投掷线后打灰太狼。

4. 打到灰太狼的幼儿得到小勇士徽章。

指导要点：教师要关注幼儿的出手角度，及时进行提示和示范。

（教师：李新波）

游 戏 四

名称：搞怪接力赛

目标：锻炼快速跑的能力。

游戏准备：

1. 玩具铲子、小锅、勺子、筷子、小笤帚和五个小鼓。

2. 幼儿自由分成五组，每个组选择一种接力材料。

玩法：教师发令，每组的第一个人手持接力棒跑到指定地点敲响小鼓后跑回队伍，再把接力棒传给第二个小朋友，依次进行，最快跑回的队伍获胜。

指导要点：

1. 幼儿跑回把接力棒传给下一位小朋友后要站到队尾。

2. 幼儿要站在起跑线后等待，不能越过线。

（教师：赵东霞）

三、大班

游 戏 一

名称：套圈

目标：

1. 发展手眼协调能力。

2. 锻炼小肌肉群及手腕部的力量。

准备：硬纸圈、卫生纸芯、酸奶盒。

玩法：

1. 教师把卫生纸芯固定在酸奶盒里，摆成一排。

2. 幼儿站在指定位置，右手拿圈投向纸盒中间的纸芯，看谁套得准。

3. 游戏一两次后，教师调整酸奶盒的位置，有前有后、左右不同方位。请幼儿再次套圈。

4. 谁套得多，可领取小贴纸作为奖励。

指导要点：

1. 首先进行单独的练习，然后分组进行比赛。

2. 引导幼儿交流如何套得准而多。

（教师：章巧雅）

游 戏 二

名称：传送带

目标：练习坐位体前屈。

准备：

1. 坐垫（幼儿每人一个）。

2. 操场上贴有圆点。

3. 皮球、儿歌 U 盘。

4. 幼儿四人一组，并选出组长。

玩法：

1. 幼儿四人一组，在组长的带领下取坐垫、皮球，找好点。四人面向中心分四个方向，双腿伸直坐好，脚尖立起，并将皮球放于四人脚尖组成的突起位置，双手五指并拢伸直，放于身体两侧准备。

2. 随着儿歌开始游戏，第一遍从组长开始，幼儿依次从中心用自己的腿把球够回来，再经过自己的腿将球推滚到中心（要求双腿不得弯曲）。第二遍同第一遍。第三遍时，幼儿双手贴紧耳朵高高举起，边说儿歌边将球侧传给旁边的小朋友，第四遍与第三遍方向相反。

3. 儿歌：传送带，真有趣。传过来，传过去。你传我，我传你，我们一起真快乐。

指导要点：要求幼儿在游戏过程中双腿尽可能不弯曲。

（教师：薛红梅）

游 戏 三

名称：炸碉堡

目标：

1. 通过搬运物体垒碉堡锻炼上臂力量。

2. 发展掷远和掷准的能力。

3. 能在游戏中发挥团结合作的精神。

准备：箱子、轮胎、轮船图片、红黄蓝三种颜色皱纹纸。

玩法：

1. 歼敌游戏：练习投掷动作。

玩法：把特种兵分成红黄蓝三组，每组幼儿在右手胳膊上系红黄蓝三种颜色的皱纹纸作为标记。请幼儿瞄准敌人轮船，以打中数量最多的组为胜。

2. 运输及搭建碉堡比赛。

玩法：引导幼儿说说怎样搭建碉堡，必须高于幼儿蹲下时的高度，一组幼儿都能躲到碉堡后面。请幼儿运输自己搭建碉堡的材料，并搭建起来。三组幼儿在本组的范围内搭建。

3. 炸碉堡游戏。

玩法：教师如出示红牌，红队小朋友马上蹲下，黄蓝两队向红队投手榴弹。这时碉堡里的人要蹲下藏好等待反击，如果被敌人打中，则退出游戏。

指导要点：

1. 提醒幼儿注意观察教师出示的颜色牌。

2. 引导幼儿捡起投进碉堡的手榴弹投向离自己最近的敌人，小心起身投掷时被击中。

3. 引导幼儿用腰部发力投掷。

（教师：安瑶）

游 戏 四

名称：飞网捕鱼

目标：练习灵活躲闪跑，发展动作的协调性。

准备：

1. 材料：自制飞网一个。

2. 场地：在场地中画一个直径 3 米的圆圈作为鱼篓。

玩法：1. 请两三名幼儿扮作渔夫，其他幼儿扮作小鱼。

2. 游戏开始，幼儿一起说儿歌（小小渔夫本领大，小小飞网手中拿，撒出飞网像圆月，捕到小鱼带回家）。然后，渔夫们抛出渔网捕鱼，谁离渔网近就由谁抛。渔网落地后，由其他渔夫继续捡起抛出。小鱼可以四散游动（快步走或慢跑）躲闪。被渔网罩住身体的就算被捕到了。被捕到的小鱼要站到鱼篓中，停止游戏一次。

3. 渔夫们捕到几条小鱼后，互换角色，游戏重新开始。

指导要点：

1. 引导幼儿在躲闪的过程中要集中注意力。

2. 指导幼儿练习追逐和躲闪动作时，要注意安全，避免与同伴碰撞。

（教师：郑艳荣）

第六章

一物多玩分散游戏

幼儿天生就是科学家，他们乐于探索，喜欢创造性地开展游戏活动，在户外体能锻炼中，我们除了为幼儿提供一些高结构的玩具之外，提供更多的是多种玩法的低结构游戏材料。教师和幼儿可共同探索，创造性地运用这些材料，进行体能游戏。这不但可以拓展幼儿的思路，提高他们探索创造的兴趣，同时为幼儿的体能锻炼提供了更加多样的游戏方法。

一、球的一物多玩（教师：王佳琳、张盼、袁爽、师美玲）

玩 法 一

名称：小老鼠运球

目标：提高幼儿的控制能力及协调能力。

准备：四个球、四个圈。

玩法：

1. 四个幼儿一组，听到老师的指令后，拿圈套住球，运球往前走。
2. 运球过程中，幼儿的手不能碰球，最先运球到终点为胜利。

玩 法 二

名称：滚球（小班）

目标：提高幼儿的控制能力及协调能力。

准备：球若干。

玩法：

1. 几个幼儿一组站成一个圆圈，放几个球在圆圈里，教师或一个幼儿开球。
2. 其他幼儿注意球的方向，当球接近自己时快速赶球。幼儿要弯腰、双手交叉握拳当球棍，将球打向对面。

玩 法 三

名称：报纸运球（小班）

目标：

1. 提高幼儿平衡能力。
2. 培养两人相互合作的能力。

准备：报纸、球、球筐。

玩法：两人一组，手拿报纸的角将报纸拉平，将球放在报纸上，用最快的速度运到对面的筐里。

指导要点：运球过程中，要让球一直在报纸上，如果掉到地上要赶快捡起来，最先运到筐里为胜利。

玩 法 四

名称：保龄球（小班）

目标：发展幼儿的手眼协调性及灵活性。

准备：球、目标物（瓶子等）。

玩法：

1. 在指定范围内摆几个瓶子，幼儿依次拿球击打瓶子，看谁击中的瓶子最多。

2. 滚球时，球贴紧地面，不能扔球，滚球前看好要将球滚到哪里，击中最多瓶子为胜利。

玩 法 五

名称：赶小猪（小班）

目标：锻炼幼儿的反应能力。

准备：球、纸棍和小猪的家。

玩法：

1. 幼儿站成一排，听到指令后用纸棍把球往前打，将小猪（球）赶到它的家。和小朋友比赛，最先将小猪赶回家为胜利。

2. 游戏过程中观察幼儿的情况，指导纸棍的使用方法，注意安全。

玩 法 六

名称：小心地雷（中、大班）

目标：练习躲闪跑，发展身体协调能力。

准备：球。

玩法：部分幼儿围成圈，其余幼儿在圈内，共用一个皮球。游戏开始，围圈的幼儿向圈内幼儿滚球。圈内幼儿躲闪，不让球碰到自己，若被球碰到，则站到圈上为滚球者。当圈内幼儿少于 5 人时进行小组更换，每组轮流到圈内一次。大班幼儿游戏时增加难度，可以多个球。

玩 法 七

名称：传球（分组活动）

目标：锻炼幼儿的快速反应能力和敏捷性。

玩法：

1. 把幼儿分成两队站着不动，教师发出口令后两队排头将球传给下一名幼儿，以此类推，看哪一队最先传完为胜（头上传、腿下传或者侧身传）。

2. 把幼儿分成两队在起点站立，教师发出口令后由每队排头将球传给下一名幼儿，自己快速站到队尾，以此类推，按照一定路线移动，看哪个队最先到达终点为胜。

指导要点：相邻幼儿要互相配合，避免球落地，注意力要高度集中。

二、百变魔毯（教师：章巧雅）

玩 法 一

名称：彩虹洞

目标：

1. 发展幼儿肢体协调能力。

2. 体验同伴之间合作游戏的快乐。

准备：制作好的布毯若干，长 40 厘米的丝带若干。

制作方法：将布毯两条短边相对粘合成圆筒状，用丝带穿过扣眼儿，分别将两个长边固定在两个塑料圈上，形成隧道型圆筒。将七块毛毯用丝带首尾相连，就变成彩虹隧道了。

玩法：可根据需要组合成不同长度的彩虹洞，两名幼儿在彩虹洞两端将彩虹洞支撑固定住，其他幼儿进行钻爬，然后相互交换。

玩 法 二

名称：跳袋

目标：

1. 锻炼幼儿跳跃能力，提升腿部肌肉力量。

2. 培养同伴间的协作能力。

准备：布毯 7 块，塑料圈 7 个，长 40 厘米的丝带若干。

制作方法：将布毯短边进行粘合变成圆筒状，用丝带穿过扣眼儿将一头长边固定在一个塑料圈上，形成跳袋。

玩法：幼儿站在跳袋内，两手握住塑料圈，自由跳跃。可一人使用一个跳袋，也可两人同时使用一个跳袋。

玩 法 三

名称：多功能方格毯

目标：练习单双脚交替跳、投等动作，发展幼儿跳跃能力、投掷能力。

准备：布毯一块，粗记号笔两支，直尺等。

制作方法：用记号笔在布毯上画 3 行×3 列的表格，每个小格子 8 厘米×16 厘米大小。

玩法：可用空的方格来进行户外跳房子、投掷等游戏活动，也可用于日常教学活动。

玩　法　四

名称：跳舞毯

目标：幼儿在跳动的过程中巩固对色彩的感知，开发出题能力和应变能力，同时锻炼跳跃的节奏感。

准备：布毯一块、丙烯颜料、粗记号笔、直尺。

制作方法：先用记号笔在布毯上绘制 3 行×3 列的两个表格，两表格不相连。表格内每小格边长 20 厘米左右，9 个小格涂成不同的颜色，两个大表格完全相同。

玩法：游戏者两人，分成领导者和服从者，在音乐伴奏中，领导者随节奏跳动，脚落在相应的格子中，服从者慢一拍跟随领导者跳落在相同格子中。

三、报纸的一物多玩（教师：韩雪）

玩　法　一

名称：顶着报纸走

目标：锻炼幼儿身体的协调性及平衡能力。

准备：人手一份报纸。

玩法：报纸顶于头顶，双手侧平举向前走，先到终点者获胜。

指导要点：在指定顶报纸走的范围内，不得用手碰触报纸。

玩　法　二

名称：小青蛙跳跳跳

目标：锻炼幼儿双脚跳跃及身体协调性。

准备：每组七张报纸。

玩法：五人一组，排头手拿七张报纸。活动开始后双脚踩一张，再将另一张报纸放在前面，学小青蛙双脚跳到前面的报纸上，直至最后一张。后面的小朋友陆续跟上，最后一位小朋友再把后面的报纸陆续捡起来传至排头，继续前进……看哪组最先到达终点。

指导要点：

1. 报纸双折，引导幼儿轻轻跳，以防报纸弄破。

2. 传递时不得隔人传。

玩 法 三

名称：毛毛虫

目标：锻炼幼儿的身体协调性。

准备：每两人一张报纸。

玩法：分成6组，每两人头套一张报纸为一组，排头组快走至终点后，回来拍第二组幼儿的手继续游戏……报纸破的数量少且快的队获胜。

指导要点：引导幼儿商量前进的步伐频率，可防止由于不同步而报纸破裂。

玩 法 四

名称：赶小球

准备：每人一份报纸球和报纸棒。

目标：锻炼幼儿身体协调、直线跑及定向投准的能力。

玩法：将幼儿分成六组，幼儿每人手中拿一个报纸球，排头当听到教师口令后出发，用报纸棒赶着报纸球绕过障碍物（间隔摆放的报纸）。把报纸球扔到盒中后，拿着报纸棒跑回传给第二名幼儿继续游戏……哪组最快则获胜。

指导要点：用报纸棒赶小球时的力度适当，投准时脚不能越过投掷线。

玩 法 五

名称：默契组合

目标：锻炼幼儿的身体协调性及反应能力。

准备：报纸与轻音乐。

玩法：请幼儿两人一组选择一张报纸，将报纸平铺在地面上。教师播放音乐，请幼儿和好朋友手拉手围着报纸跟随教师的口令有节奏地做动作："跳跳、跳跳跳、跳""握手、握握手"……待音乐停止，两人合作把报纸折叠一次，再站到报纸上，拥抱在一起……报纸越折越小，双方要保证脚不踩到地面上，最快的一组成为最默契的好朋友。

指导要点：

1. 幼儿双方脚不能都踩到地面上。

2. 报纸要求对边折，折好后，两人想办法保证脚不踩到地面上。

四、地垫的一物多玩（教师：郑艳荣、王扬）

玩 法 一

名称：乌龟爬爬（小班）

目标：通过爬的游戏，提高幼儿的反应能力。

准备：地垫若干，自制乌龟壳每人一个。

玩法：将地垫拼接在一起，请幼儿随音乐爬行，音乐节奏慢的时候幼儿慢慢爬，音乐快的时候快快爬。

玩 法 二

名称：开汽车（小班）

目标：喜欢用地垫进行体育游戏，体验游戏的快乐。

准备：地垫若干。

玩法：

1. 幼儿手拿地垫当作方向盘，开汽车。教师和幼儿一起转动地垫模仿开汽车，提示幼儿听清交通警察的指示，注意变换方向——向前开、向后开、转弯开等。

2. 幼儿手拿地垫当作方向盘，与同伴玩碰碰车的游戏，与同伴碰碰手臂、后背、臀部、膝盖等。

玩 法 三

名称：小动物找家（中班）

目标：练习听口令在一定范围内四散跑。

准备：各色地垫若干、大灰狼头饰。

玩法：将地垫随意平铺在地上，当成小动物的家。幼儿模仿小动物跟着妈妈出去玩，当听到“大灰狼来了”，马上跑回家，找一块地垫在上面站好，并说说自己家的颜色。第二次游戏时，教师说什么颜色，请幼儿找到相应颜色的家。指导幼儿想办法站在同一块地垫上。第三次玩的时候，教师用鼓敲出快慢不同的节奏，幼儿根据节奏变化控制跑的速度，听教师发出“找××颜色的家”时，再一次迅速找到相应颜色的地垫。游戏可反复进行。

玩 法 四

名称：小马过河（大班）

目标：

1. 学习跨跳的动作，会用跑、跨跳等动作进行游戏活动。

2. 能掌握跨跳时前腿腾空向前、后退用力蹬地的动作要领。

准备：地垫若干，小马头饰每人一个。

玩法：将长 30cm、宽 30cm 的地垫拼接在一起当成小河。教师带领幼儿模仿小马在场地上奔跑，跑到小河边请幼儿跨过小河。

儿歌：小马，小马向前跑，遇到小河不慌张，弓起前腿腾空起，后退用力把地蹬，身体轻松跨过去，小马，小马真叫棒。

玩 法 五

名称：小兔子跳跳跳（大班）

目标：

1. 练习单脚连续跳和双脚连续跳。

2. 练习单脚、双脚交替跳。

准备：贴有一个脚印的地垫若干，贴有两个脚印的地垫若干。

玩法：分别摆出一个脚印地垫一排，两个脚印地垫一排，一个脚印和两个脚印交替摆一排，幼儿可以在三组地垫上分别进行游戏。

玩 法 六

名称：顶着地垫走（大班）

目标：在顶地垫的过程中，发展幼儿的平衡能力。

准备：地垫若干。

玩法：请幼儿头顶着地垫沿着直线往前走，走到终点触摸到拱形门再回来，拍下一个幼儿的手继续游戏。

五、纸棍的一物多玩（教师：张岩、杨丽）

玩 法 一

名称：跳房子（中班）

目标：发展弹跳力和身体的协调能力。

准备：纸棍若干。

玩法：幼儿自由结伴在场地中选择适当的位置，用纸棍任意拼摆出各种房子的造型，以进行单双脚交替跳的练习，并用即时贴标出入口和出口的位置，幼儿按照标识自由游戏。

指导要点：在摆放的过程中，引导幼儿根据单双脚交替跳的动作要领摆放。

玩 法 二

名称：赶小猪（中班）

目标：引导幼儿尝试用纸棍滚动皮球前进，发展动作协调能力。

准备：纸棍五根、皮球五个。

玩法：根据班级幼儿人数情况分组，每组五名幼儿，各组第一名幼儿手持一根纸棍，皮球放在地上。教师发出指令后，幼儿用纸棍推动皮球向前方行进，到达指定地点后返回，将纸棍、皮球交给第二名幼儿，继续进行游戏，直到最后一名幼儿玩完，游戏结束，最先完成的组获胜。

指导要点：幼儿在游戏中，纸棍不能离开皮球。

玩 法 三

名称：走小路（小班）

目标：练习在用纸棍拼摆的小路中行走，发展四肢的协调性。

准备：纸棍若干。

玩法：幼儿和教师一起用纸棍在地面上摆成宽窄不同的小路三条，幼儿可以手持各种重物在小路中行走。可以提示幼儿想一想怎样可以走得又快又稳。

指导要点：在摆小路的过程中，教师引导幼儿根据班级中幼儿平衡水平进行摆放，宽窄适中，鼓励幼儿想出走稳、走快的方法。

玩 法 四

名称：顽皮的棍宝宝（大班）

目标：鼓励幼儿想出不让棍宝宝掉下来的多种方法。

准备：纸棍每人一根。

玩法：教师引导幼儿讨论：想一想，棍宝宝放在后背上怎样才不容易掉下来（不可以用手扶）。然后根据幼儿人数分组，每组四个人，每组第一名幼儿手持一根纸棍，将纸棍放在后背上，教师发出开始的信号后，幼儿背着纸棍向指定地点出发。在行进过程中，幼儿的纸棍如果掉下就停止游戏，最先完成的组获胜。

指导要点：在行进过程中，提醒幼儿不能用手扶纸棍。

玩 法 五

名称：过小河（中班）

目标：练习双脚向前行进跳。

准备：软棍。

玩法：请幼儿把自己的软棍变成圈，然后站成四队，成体操队形散开，把软棍放在脚的正前方。幼儿站在软棍的一旁，练习双脚向前行进跳。一次跳进一个软棍圈内，鱼贯地进行练习；跳时不要碰到软棍，如果碰歪了，要马上修好。将软棍摆开，加大软棍间的距离，两队距离稍大，另两队距离稍小些。教师与幼儿一起摆好，幼儿自由选择练习，要求同上。可以变换摆放形式，交错摆放，教师在前面摆，幼儿在后面摆。幼儿鱼贯地练习，要求同上。还可以增加难度，拉大软棍圈之间的距离，幼儿自由选择练习行进跳。

玩 法 六

名称：打妖怪（中班）

目标：练习单、双脚连续跳。

准备：红、绿纸棍。

玩法：教师："猴王看猴儿们的本领练得非常地棒了，猴王现在带你们去盘丝洞打妖怪。我们需要跳过几条小河，你们能跳过小河吗？猴儿们真勇敢。下面请拿红纸棒的站一队，拿绿纸棒的站一队，请把纸棒给猴王，猴王把纸棒摆成小河。分成红队和绿队。"请猴儿们想办法怎样跳过小河，让猴儿跳跳试试。然后猴王示范跳纸棒的方法要求，要轻轻地跳，不要踩着纸棒，踩着就是掉进小河里了，要重新跳。请两队猴儿一个接一个地跳，第一个拿着纸棒跳完要跑回来把纸棒给第二个猴儿，第二个猴儿拿着纸棒接着跳，第一个到最后面站好，以此类推，练习一遍。接下来可以两队比赛。

指导要点：要轻轻地跳，不要踩着纸棒，踩着就是掉进小河了，要重新开始跳。

六、拉力器的一物多玩（教师：陈建英）

玩 法 一

名称：铃儿响叮当

目标：

1. 锻炼腿部力量和耐力。

2. 能够双脚协调向上纵跳。

准备：绳子、铃铛、起始线、沙包若干。

玩法：把拉力器垂直悬挂在栓好的绳子上，下面系好铃铛。幼儿手中拿着沙包，站在起始线投向带有铃铛的拉力器，看谁能投准并使铃铛发出响声。也可以站在拉力器的下面，向上纵跳，看谁能触碰到铃铛发出响声。

玩 法 二

名称：摘果子

目标：锻炼攀爬能力，动作协调灵敏。

准备：拉力器若干。

玩法：把拉力器的两端弯成水果的形状，然后把它挂在攀岩高低不同的位置上，幼儿利用跳、攀爬等方式把果子摘下来。

玩法三

名称：拼拼摆摆

目标：鼓励幼儿动手动脑。

准备：拉力器若干。

玩法：鼓励幼儿开动脑筋动手尝试，用拉力器摆放各种图形，如三角形、小花等，看谁摆出的图形多。

玩法四

名称：摇摇乐

目标：

1. 能与同伴合作游戏。

2. 锻炼平衡能力。

准备：布卷轴、拉力器若干。

玩法：把布卷轴打开，两名幼儿分别拿着布的两端拉平，把拉力器放在布上。小班幼儿在教师的指导下，能够相互配合，其中一边的幼儿把手略抬高，拉力器就随着坡度慢慢摇了下去，然后另一名幼儿也这样做，使拉力器来回摇。拉力器尽量不要掉下来。中大班幼儿就要在布上放上多个拉力器，两名幼儿分别站在布卷轴的左右两端，两个人相互配合，一起抬着布卷轴向前跑（侧身跑），而且不让拉力器掉下来。

七、轮胎的一物多玩（教师：史新杰）

玩法一

名称：推轮胎（中、大班）

目标：锻炼手、眼、腿的协调能力，以及对轮胎速度的感受性和调节身体速度的能力。

准备：轮胎若干。

玩法：幼儿每人一个轮胎，将轮胎在场地上自由推进，注意使轮胎不倒。

指导要点：

1. 指导幼儿双手轮流推轮胎以保持平衡。

2. 在活动中注意安全，幼儿不要过于集中。

玩法二

名称：过小河（中、大班）

目标：发展幼儿平衡能力。

准备：轮胎若干。

玩法：幼儿分组活动，几个幼儿将轮胎排放成一条直线，幼儿从一头开始走向另一头，要在轮胎上平稳通过，不掉下来。

指导要点：幼儿利用双臂伸平保持平衡。

玩法三

名称：运轮胎（大班）

目标：发展幼儿手臂力量，能够用绳子拉着轮胎走。

轮胎：轮胎、绳子。

玩法：用绳子将轮胎拴住，幼儿手拉绳子将轮胎送到目的地。

指导要点：幼儿要利用双臂的力量拉绳子运送轮胎。

玩法四

名称：爬轮胎（大班）

目标：发展幼儿协调能力及攀爬技巧。

轮胎：轮胎若干、梯子。

玩法：将轮胎和木板小梯子组成轮胎山，让幼儿攀爬。

指导要点：幼儿要利用四肢进行攀爬，能够找到用力的点。

玩法五

名称：跳轮胎（中、大班）

目标：发展幼儿下肢力量和灵活性。

准备：轮胎若干。

玩法：把轮胎平放在地上，幼儿扮演小白兔，两脚站在轮胎中。游戏开始后幼儿用力蹬地跳出轮胎，然后转一圈，再跳进轮胎。

指导要点：双脚并拢用力蹬地，原地自转一圈，保持平衡。

八、圈的一物多玩（教师：安瑶、刘斯琪、袁梦洲、李国莲、崔颖）

玩 法 一

名称：小推车

目标：

1. 发展协调能力及合作能力。

2. 能够在一个圈里前后配合地快速行走。

准备：圈若干。

玩法：两人一组，共用一个呼啦圈。一人在后面站立行走，抓住圈的两侧；另一人在前面蹲下，屈膝走，双手抓住圈。两人配合共同移动，比比哪组小朋友最先到达终点。再互换位置走回原点。

指导要点：

1. 请幼儿挑选和自己身高差不多的伙伴为一组。

2. 指导后面的幼儿把圈放在腰部，前面的幼儿把圈放在胸前。两人互相调节高度，方便移动即可。

3. 引导后面幼儿的步伐要慢，不能快走催促，而前面的幼儿要快一点，两人速度尽量一致。

玩 法 二

名称：穿越隧道（大班）

目标：

1. 能够身体协调地钻过不同弯度的隧道。

2. 练习肘膝着地爬，能很好地控制自己身体。

准备：呼啦圈若干，垫子。

玩法：幼儿每人手拿一个呼啦圈，立在地上摆成隧道的样子。弯度和长度可自己调整，请其他幼儿扮演小火车钻爬过隧道。钻出隧道后来替换队尾拿圈的幼儿，依次进行，轮流游戏。

指导要点：

1. 引导拿圈的幼儿要坚持住，特别是当小火车穿隧道时要把圈立住、立稳。

2. 引导幼儿可随意地变换隧道的弯度和形状，但要避免弯度过小幼儿钻不过去。圈之间的距离容下一人站立即可。

3. 指导幼儿穿越隧道时，要肘膝着地爬过去，身体尽量往下压，臀部不要碰圈。

玩 法 三

名称：跳房子

目标：

1. 练习单双脚变换跳，锻炼腿部肌肉。

2. 提高身体协调能力和掷准能力。

准备：起跳线，呼啦圈若干，沙包两个。

玩法：请幼儿自己摆放圈的位置，如同跳房子。一个圈代表单脚跳，两个圈代表双脚跳。幼儿站在起跳线，将小沙包投进第一圈，按照圈的摆放位置单双脚交替跳完，跳转身后再依次返回至第二圈时，单脚站住并用手捡起小沙包，跳回起跳线。第二个人再将小沙包投进第二圈，依次进行。先跳完者为胜。

指导要点：

1. 引导幼儿弯腰捡包时脚不能落地，跳跃时尽量不碰圈。

2. 提醒幼儿游戏中若碰到圈，游戏后要主动把圈放回原位，不影响下一位小朋友。

玩 法 四

名称：套圈接力比赛

目标：

1. 练习从头到脚的套圈动作，提高套圈速度。

2. 提高身体的灵活性和控制能力。

准备：呼啦圈若干，起跳线。

玩法：把呼啦圈摆成一排，用第一个圈从头上往脚下套，然后把圈放下，向前走，接着套第二个圈，依次向前，进行套圈接力比赛。

指导要点：

1. 重点强调要从头上往脚下的方向套圈，如方向相反则重新开始。

2. 提醒幼儿套完圈后要把圈放回原处，摆放整齐。

玩 法 五

名称：你拉我走（大班）

目标：练习蹲走，发展腿部肌肉；培养幼儿间的合作能力。

玩法：两名幼儿，一名幼儿把圈套在身上走，另一名幼儿跟在其身后双手拉圈蹲走。

指导要点：指导前面的幼儿不要走得的太快，跟的幼儿手要抓紧圈，不能松手。

玩 法 六

名称：换圈行进（中、大班）

玩法：幼儿先站在一个圈内，把另一个圈放在前面，然后迈到前面那个圈内，再移动后面的圈放到前边，反复进行到终点。

指导要点：指导幼儿在放圈时不要放得太远，要放在可以一步迈到的范围内。

九、沙包的一物多玩（教师：吴迪）

玩 法 一

名称：顶沙包过独木桥

目标：能控制自己的身体，平稳走过平衡木，锻炼平衡能力。

准备：沙包、平衡木。

玩法：幼儿将沙包放在头顶，身体保持平衡，慢慢向前走，不要让沙包掉下来。

玩 法 二

名称：乌龟运粮

目标：尝试手膝着地爬运送沙包，提高幼儿身体协调性及平衡能力。

准备：泡沫垫、沙包。

玩法：在地上铺好泡沫垫，让幼儿头戴小乌龟头饰趴在地上，把沙包放在幼儿背上，让幼儿背着沙包爬行前进。

玩 法 三

名称：给喜羊羊喂食

目标：练习单手肩上挥臂投物。

准备：有喜羊羊装饰物的圈、沙包。

玩法：将喜羊羊吊饰悬挂起来，幼儿人手一个沙包，教师为幼儿创设情境，比如去给喜羊羊喂食，看看谁能把自己手里的食物喂给喜羊羊吃。

十、绳的一物多玩（教师：刘爽）

玩 法 一

名称：捉尾巴

目标：锻炼幼儿四散追逐跑的能力，提高幼儿身体的灵活性和反应能力。

玩法：绳子尾巴可分成不同的颜色，教师说追红颜色的尾巴，那幼儿要在保护自己尾巴的同时，去捉红颜色的尾巴。小班幼儿可两两一组，保护好自己的尾巴，捉到对方的尾巴者为胜。

指导要点：游戏前教师讲解游戏的规则，提示幼儿遵守游戏规则，鼓励幼儿去捉对方的尾巴。每次游戏后，请幼儿分享经验，增强游戏的趣味性。

玩 法 二

名称：条条小路通我家

目标：锻炼幼儿身体的平衡能力和协调能力。

玩法：用绳子摆出不同的路线。例如，直线，幼儿可双脚一起左右跳过绳子前进；曲线，幼儿可脚踩着曲线前行；用绳子摆成梯子形状，幼儿连续双脚跳过绳子前进等。

指导要点：教师示范后请个别幼儿尝试，鼓励幼儿勇敢尝试不同的路线。

玩 法 三

名称：跳房子（中、大班）

目标：练习双脚跳跃和单脚跳跃的能力。

玩法：用绳子摆成梯子形状的小方格子，有一个格子的，有两个格子并排的，依次摆下去，一个格子的要单脚着地，两个格子的要双脚分开放在两个格子内。大班可以用上沙包，首先掷沙包于格子中，有沙包的格子不再进行跳跃。最先跳完者为胜。

指导要点：教师先示范，再请幼儿尝试，熟练后再用沙包继续游戏。

玩 法 四

名称：拉马车（中、大班）

目标：培养幼儿的合作精神，练习合作向前跑。

玩法：幼儿用一根绳子套在另一名幼儿的身上，前面一人当马，后面一人当车夫。

指导要点：提示幼儿跑的速度不宜过快，两个人要协商好，前面的人不要使劲向前拽，后面的人不要太用力拉。

十一、塑料袋的一物多玩（教师：徐卫红）

玩 法 一

名称：袋鼠跳
目标：练习双脚向前行进跳，提高幼儿腿部肌肉力量及协调能力。
准备：户外空地上画好跑道。
玩法：
1. 幼儿分成若干组，手提大号塑料袋的两个提手，将两脚放入袋内，站在跑道起点。
2. 教师发布命令，幼儿手提袋子，开始"袋鼠跳"比赛，决出胜负。
指导要点：幼儿手提塑料袋两个提手时要拉紧，双脚并拢往前跳。

玩 法 二

名称：揪尾巴
目标：发展幼儿协调性及躲闪的能力。
准备：塑料袋若干。
玩法：
1. 请一半幼儿将塑料袋尾巴夹在裤腰上，一半幼儿去揪尾巴。（小班）
2. 幼儿分成两队站立，开始游戏，幼儿互相揪尾巴，比赛看谁揪的尾巴最多。幼儿数一数自己手中的尾巴数量，数量多的为胜。游戏可反复进行。（中、大班）
指导要点：保证自己的尾巴不被揪到，同时去揪掉别人的尾巴。

玩 法 三

名称：投篮（大班）
目标：训练幼儿动作协调性及投准的能力。
准备：塑料袋。
玩法：一个幼儿用塑料袋当球篮，另一个幼儿把塑料袋团成球，玩投篮的游戏。
指导要点：两个幼儿之间的距离要近一点，拿球篮的幼儿要随球的移动接球。

玩 法 四

名称：运粮食（中、大班）
目标：提高幼儿胳膊肌肉的力量及协调能力。
准备：塑料袋四个、小桥。

玩法：

1. 幼儿分成若干组，第一个幼儿手拿塑料袋，捡五袋粮食装进口袋，走过小桥，提到对面放到家里，然后跑回来，站到队伍后面。

2. 第二个幼儿接过口袋，跑过去，把粮食运回来，再站到后面，依次游戏。

指导要点：幼儿要数对粮食才能出发。运粮食途中要注意安全，不要摔倒。

十二、油桶的一物多玩（教师：李丹阳）

玩 法 一

名称：穿山越林

目标：发展幼儿跑的能力，锻炼幼儿动作的灵活性。

玩法：将油桶直立，相互间隔 40～50 厘米，将一棵棵小树排列好。幼儿绕过一个一个的油桶呈 S 形跑，为增加趣味性，可以将油桶排列成四纵队等。

玩 法 二

名称：滚小猪

目标：发展幼儿手部力量，提高合作能力。

玩法：将油桶上的彩带绕在油桶柄上，幼儿蹲下来用双手推着油桶向前滚动给对面的幼儿，反之亦然。可根据幼儿的能力，变换小猪的场地，如小猪上、下坡。

玩 法 三

名称：隔物跳

目标：增强幼儿腿部力量，促进身体平衡性的发展。

玩法：将油桶横放在地上，相互间隔 30 厘米左右，幼儿从油桶的一端跨过，再连续跨过下一个油桶，还可以引导幼儿依次跳过油桶。可根据幼儿的能力，调整油桶之间的距离，或变换油桶的队形，如直线、曲线、圆形等。

玩 法 四

名称：挑担担

目标：发展幼儿身体平衡性和肩部力量。

玩法：将油桶上的彩带打结，彩带变短，然后将油桶上的彩带系在木棍的两端，幼儿试着挑在肩上走动。根据幼儿的能力，可以变换行走的路线，走直线或曲线等。

十三、纸箱的一物多玩（教师：贾晓娟）

玩 法 一

名称：喂小动物（大班）

目标：发展单手肩上挥臂投准的技能。

玩法：将纸箱做成各种小动物头的形象，将嘴巴掏空，引导幼儿对准小动物的嘴巴进行投掷练习，喂小动物吃东西。（分散游戏）

指导要点：

1. 指导幼儿的投掷动作，引导幼儿站在投掷线后投掷。
2. 引导幼儿有序排队进行游戏。

玩 法 二

名称：火车钻山洞（小班）

目标：能钻过 65～70 厘米高的障碍物，掌握钻的动作。

玩法：将纸箱粘在一起搭成山洞，教师当火车头，幼儿当小车厢，随教师一起一个跟着一个跑，玩开火车游戏。当火车开到山洞时一起钻山洞，练习钻的技能。（集体游戏）

指导要点：

1. 引导幼儿掌握钻的动作，低头、弯腰、屈膝。
2. 引导幼儿一个跟着一个跑，小车厢不断开。

玩 法 三

名称：小汽车（小班）

目标：能够上体挺直，双脚交替自然地跑。

玩法：将大纸箱装饰成汽车的形象，中间掏空，幼儿钻进小汽车里，双手托住纸箱当小司机玩开汽车的游戏。（分散游戏）

指导要点：

1. 引导幼儿上体挺直，步子迈开，眼睛向前看。
2. 提示幼儿注意安全，避免相互间碰撞。

玩 法 四

名称：小乌龟钻洞（小班）

目标：能够手膝着地自然协调地向前爬。

玩法：将纸箱两侧掏空，平放在地上当作山洞，幼儿扮小乌龟从纸箱口爬进爬出，练习手膝着地爬。(分散游戏)

指导要点：

1. 提示幼儿钻爬时保护好自己的小手和膝盖，避免擦伤。

2. 指导幼儿手脚协调地爬。

第七章

观察分析与教育反思

《幼儿园教育指导纲要》中指出，“教师要善于发现幼儿感兴趣的事物、游戏和偶发事件中所隐含的教育价值，把握时机，积极引导”，“关注幼儿在活动中的表现和反应，敏感地察觉他们的需要，及时以适应的方式应答，形成合作探究式的师生互动”。可见教师有目的的观察和引导对于幼儿的发展有着非常重要的意义。

教师通过观察分析记录的形式来分析幼儿的发展现状，找到个体或部分幼儿发展的优势和不足，分析原因，寻找共性。教师通过教育反思的形式，反思自己在组织集体游戏，个别指导中的教育策略是否适合，分析原因，总结经验，分享交流，以获得更好的提升。

一、观察分析记录

案 例 一

教师姓名：周亚静

班级：中一班

观察时间：2014 年 6 月 3 日 9：30～10：00

观察对象：中一班全体幼儿

观察地点：户外南操场

观察目的：观察城城在 10 米往返跑游戏中的表现

观察实录：

今天上午，我组织幼儿玩“小小快递员”的游戏（目的是锻炼幼儿快速十米往返跑的能力）。小朋友们很兴奋，拿着快递单等着送快递。活动开始时，我特意提示幼儿要用力快速跑出，快速跑回。下一个就轮到城城小朋友了。只见跑回来的小朋友用力拍了一下城城的手，城城就开始往前跑，刚跑出两米，他歪头看到了旁边的小朋友，两个人跑的速度都不太快，脸上露出欢乐的笑容。我在后面大喊：“城城，加油”，城城听后还是不慌不忙地跑着，另一个小朋友听后加快了速度，超过了城城，先跑了回来，而城城则是不慌不忙地跑回来。

分析与措施：

1. 分析：城城是一个做事非常认真的小朋友，但是自信心比较弱。在今天的十米往返跑游戏中，他怕跑不过同伴，就没有用力跑。他想做好，但由于不相信自己所以没有做好。

2. 措施：

（1）在日常生活中教师多关注他，多以积极的语言帮助他树立自信。

（2）根据这件事与他谈话，使他明白只要自己努力了，就算跑得慢，老师和小朋友也都会喜欢他。

3. 体会：现在多数家庭都由家长为孩子做主，无形中剥夺了孩子自己做决定的机会，所以多数幼儿动手能力弱，自信心不足。我们可以在活动中多为幼儿创设丰富多彩、有趣的、增强自信心的活动，教师以鼓励的话语对幼儿进行评价，从而培养幼儿的自信心。

案 例 二

教师姓名：王佳琳

班级：小三班

时间：2013 年 11 月 20 日 9：30～10：00

观察对象：全体幼儿

观察目的：拍球能力

观察实录：

今天在户外分散游戏时，我鼓励孩子们和球宝宝做游戏，尝试学习拍球。经过观察，我发现班里大部分幼儿拍球能力都比较弱，大致可分为四种情况。第一，有的幼儿已经完全掌握了拍球的方法，就像依依，不打扰她可以连续拍几十个；第二，部分幼儿会先拍一下皮球，随后手一直追着皮球，皮球跳多高，手就放多高，但是根本不用力气，所以皮球越来越低，最后停下来；第三，有的幼儿控制球的能力比较弱，拍一下球，就马上抱住，不能连续拍球；第四，有的孩子因为不会拍，所以不愿意进行拍球游戏，拿着皮球扔或坐在皮球上，用皮球撑着身体滚。

分析与措施：

兴趣是幼儿游戏的出发点，所以组织游戏要看他们是否感兴趣，可以创设多种组织的形式激发他们拍球的兴趣。能够掌握拍球方法的幼儿动作发展比较好，但拍球对于小班幼儿确实是有难度的，平时分散游戏时，幼儿很少主动进行拍球游戏，手眼协调、身体协调的能力较弱，所以有很多幼儿没有学会拍球。

结合班中幼儿的实际情况，可以为他们提供不同的指导策略和方法，满足他们不同的需要。

第一，针对已经学会拍球的幼儿，适当增加难度，如比赛拍球、双手交替拍球，或将拍球的场地缩小等激发幼儿的兴趣。

第二，针对没有完全学会拍球的幼儿，教师示范拍球，并用幼儿能够听懂的语言教他们正确的拍球方法（手指张开，看球的高低来用力气拍球，球到哪儿手到哪儿，眼睛、身体都要跟着球），鼓励幼儿模仿，并借助儿歌，让他们更感兴趣。还可以利用同伴作用或以奖励的方式激发幼儿学会拍球。

案 例 三

教师姓名：安瑶

班级：中四班

观察时间：2014 年 6 月 30 日 9：30～10：00

观察对象：中四班全体幼儿

观察地点：户外南操场

观察目的：观察幼儿玩降落伞的情况

观察实录：

今天孩子们拿着自己制作的降落伞来到操场上试玩。欣欣的降落伞做得很成功，伞面撑开鼓鼓的，直直地落在了地上。其他幼儿也急忙试玩自己的降落伞。只见芊芊使足了劲把降落伞抛向空中，可一眨眼的功夫降落伞就坠落在地面上。轩轩的降落伞正好相反，下降得特别慢。而俏俏的降落伞则歪着头落了下来。有些孩子出现了烦躁的情绪，着急地问我这是为什么。于是我请幼儿试玩一下欣欣的降落伞，再讨论为什么会出现这种现象，应该怎样做。芊芊说："我的纸球太重了，上面的伞太轻了，所以下降得快！要是纸球轻一点就行了。"接着我拿两个降落伞请幼儿观察比较，为什么一个直着降落，另一个歪着降落。小彤说："因为歪着的四条绳不一样长，有的长有的短，就歪着降落了。"我问："那应该怎么解决？"大家说："四根绳子要一样长。"

分析与措施：

1. 分析：通过试玩，幼儿发现自己的降落伞存在一些问题。但尽管尝试了很多次，始终没有和同伴的作品进行对比，所以不清楚原因是什么，哪里没有做好，从而容易出现消极情绪。

2. 措施：

（1）当幼儿遇到难题时，教师要及时介入，提供帮助。通过引导幼儿试玩成功作品，以及观察比较，从而分析讨论出降落伞存在问题的原因是什么，如何解决。

（2）通过试玩，幼儿发现了自制玩具中的问题，教师要保护幼儿自主探究的意识，鼓励幼儿勇敢地面对问题，寻求解决方法。最重要的是培养幼儿优秀的学习品质，而不是片面地追求知识技能。

案 例 四

班级：大二班

观察时间：2014 年 4 月 10 日 10：30～10：45

观察对象：全体幼儿

观察地点：户外操场

观察目的：随机

观察实录：

集体游戏后，我组织孩子们进行立定跳远的练习。在活动过程中，我发现存在着很多的问题。例如，王孟琪小朋友，她双脚并在一起，腿直直的，小胳膊也没有摆动，就这样跳了出去；赵天琪小朋友的个子高高的，他在跳的时候没有用劲，轻轻一跳就出去了。观察到这个现象后，我请幼儿观察教师的示范进行讨论。孩子们说："老师跳得真远！"我问："你们知道老师为什么跳那么远吗？"孩子们摇摇头。我说："是因为，在跳的时候要准备好，小脚打开与肩同宽，双腿弯曲，双手轻轻摆动，然后用力地跳出去。"在我的引导下，孩子们边说边做动作，有了明显提高。

分析与措施：

1. 在游戏中，我发现有的幼儿立定跳远的姿势不正确。所以在练习立定跳远的时候，教师要给予幼儿一个正确的示范，引导幼儿掌握正确的姿势。

2. 幼儿存在个体差异，有的幼儿下肢没有爆发力，所以在生活中还需要加强幼儿下肢运动。教师可以为幼儿设置指定的目标，在指定的位置粘贴一个小标志，给予幼儿一个努力的方向。在过程中，还可以给予幼儿肯定和鼓励。

3. 有的幼儿对立定跳远不敢兴趣，平时练习的机会特别少。教师可以采用游戏的方式吸引幼儿的兴趣，如小兔子拔萝卜、小青蛙跳跳跳等。幼儿有了兴趣，自然而然就会多了很多练习的机会。还可以利用家长园地，和家长进行沟通，得到他们的配合和支持，利用休息时间陪孩子进行练习，这样孩子在立定跳远能力上也会取得进步。

案 例 五

教师姓名：李国莲

班级：小三班

观察时间：2012 年 12 月 12 日 10：10～11：00

观察对象：轩轩、琪琪、壮壮、军军

观察目的：随机

观察实录：

在户外活动中，我们请孩子们玩宝剑、宝刀。开始玩这个玩具的时候，孩子们只是拿着刀、剑挥舞。渐渐地，孩子们玩得时间长了，开始有了新的想法。他们开始根据刀、剑的自身特点，如剑身是红色的就取名叫“火剑”，刀身是淡蓝色的就取名叫“冰刀”。后来在玩篮球筐时，他们不仅往里面扔球还会投剑，并能够根据剑的长度与篮筐口径的大小来调整剑投放的方向。再后来，轩轩小朋友想到电视上的人会把剑背在身上，然后拔出来，他也开始将剑、刀放在自己胸前的衣服里，然后像勇士一样拔出来。班上的许多小朋友，如琪琪、壮壮、军军等也开始模仿着轩轩玩起来。

分析与措施：

小班孩子的特点是爱模仿，有的孩子是通过观察生活中的场景，在玩的过程中体现出来，迁移过来的。有的孩子是通过观察别的孩子在玩的过程中进行模仿的，如琪琪、壮壮、军军等。

小班孩子虽然生活经验不是很丰富，但是有时候他们也能够把自己的经验迁移到游戏中。例如，幼儿知道火是红色或黄色，而剑的本身有红色和黄色，所以幼儿会讲自己的剑是“火剑”。

孩子在玩某个玩具时，也许因为某种经验不足，幼儿会产生盲从，不知如何去玩。这个时候老师要给予指导，或者是请一个幼儿来介绍自己的玩法，让幼儿也在玩的过程中学会分享。

在日常生活中教师要注意引导幼儿多观察，在生活中帮助幼儿积累经验。

案 例 六

教师姓名：王佳琳

班级：小三班

观察时间：2014 年 4 月 8 日 9：30～10：00

观察对象：小三班幼儿

观察地点：操场

观察目的：幼儿投掷能力

观察实录：

今天户外活动时，我带着孩子们一起玩了一个练习投掷的游戏：打狐狸。游戏前，我在远处放了几只狐狸，看谁的球可以打到狐狸。在游戏中，一部分孩子可以扔到狐狸的家，还有一部分孩子能扔到中间，还有一些孩子就投在了面前，就像妍妍。我看到她在游戏刚开始时很高兴，很想打到狐狸。但在投的时候，球重重地砸在了自己的面前，她又试了一次，结果还是投得很近。看得出，她对这个游戏不太感兴趣了。再一次投掷时，她拿着自己的球站在原地，我走了过去，对她说："妍妍，你打到狐狸了吗?"妍妍说："没有!"我又对她说："那我教你一个好方法，看看能不能打到狐狸好吗?"她抬起头看着我，我给她做了一遍示范，告诉她："眼睛看着远处的狐狸，投的时候要往高处、远处投，不能往地上扔!"我扶着她的手教了她两遍，再一次打狐狸时，虽然还是没有打到狐狸，但是明显比之前远了一些。

分析与措施：

游戏是孩子最喜欢的活动，在游戏时所有的孩子情绪都很高涨，并喜欢参加到游戏中来。但通过今天的观察，我发现有的孩子因为打不到狐狸而出现了消极的情绪。孩子的能力水平各不相同，有的孩子可能在投掷时力度、角度掌握不好，所以在以后的活动中，我要多多关注幼儿的个体差异。就像今天的活动，可以在稍近的地方再放几只狐狸，能力强的幼儿打远处的狐狸，能力较弱的幼儿打近处的狐狸，让每个孩子都获得成功感，增加对投掷游戏的兴趣。

投掷是一个比较难的动作，需要全身协调，掌握投的方法，才能投得远。小班幼儿年龄小，在投掷力度、角度、球出手时机上掌握不好，所以在练习时要指导孩子逐渐学会肩上投掷，用力挥臂投出物体，当球在头顶时出手将球扔出去，并通过各种小儿歌教会孩子正确的投掷方法，通过各种好玩的游戏调动幼儿对投掷的兴趣。同时还可以与家长及时沟通，家园合作共同指导幼儿，让幼儿的投掷能力获得提高。

案 例 七

教师姓名：薛红梅

观察时间：2012 年 4 月 12 日 15：20

观察对象：全班幼儿

观察目的：幼儿能否动脑筋想出各种爬的动作

观察实录：

幼儿接受训练任务，开始分组尝试练习。崔维芊组一开始就采用了最常见的爬的形式，手膝着地爬；王乐妍组则在组长的带领下开始讨论，大家纷纷手脚比划着，王乐妍先请贾佳琪示范，然后指挥小朋友一个跟着一个练习；灿灿组先是自由地在垫子上滚动、手膝着地爬，忽然王诗卿用手脚着地的方式爬过垫子，其他的小朋友纷纷开始模仿；皮雨鑫侧身匍匐前进，可由于力气掌握不好，总是动不了，王亚桐也开始尝试练习。

分析与措施：

大班幼儿有自己的想法与主见，从观察记录中可以看出，每个组都有各自不同的学习方式，有的是自由游戏，有的则在有能力的组长带领下有秩序地开展活动。其中，孩子们不约而同地运用了同伴学习的方式：贾佳琪的示范，王诗卿的创意，皮雨鑫侧身匍匐前进都成为了小朋友模仿的对象。观察记录中还可以看出，幼儿对有挑战性的动作或比较新鲜少见的动作更感兴趣。

1. 大班幼儿注意的广度提高了，他们不仅注意自己的行为动作，而且还注意同伴的活动。作为教师不要过多地示范与提示，给幼儿创设自由宽松的机会，让孩子们在与同伴的游戏中学习，这样孩子们更有兴趣，同时也更加直观。

2. 大班幼儿有强烈的好奇心，他们更喜欢有挑战性的任务或活动。观察记录中的皮雨鑫明明没有成功完成动作，但王亚桐看到对他有挑战的事物还是愿意去尝试，而且在他的努力下也体验到了成功的快乐。

3. 体育活动要多为幼儿创设自由尝试的空间，幼儿的潜力是巨大的。

案 例 八

教师姓名：薛红梅

班级：中三班

观察时间：2014 年 3 月 5 日 9：00～9：30

观察对象：全体幼儿

观察地点：操场

观察目的：随机

观察实录：

今天是体育课，游戏的目标是练习助跑跨跳。第一遍游戏开始前，体育课教师史老师进行了简单讲解与示范，孩子们都很高兴。此时，史老师的哨声吹响了，第一排小朋友冲了出去，刘涛铭、张涵艺、刘映彤和张诗祇四名小朋友出发了，只见张涵艺快到“小河”边时开始小碎步跑，顺利跨过小河。刘涛铭和刘映彤则根本没看小河，和往常游戏一样跑过去，张诗祇跑到小河边停下来，然后双脚并齐跳了一下，结果只跳到“小河”中间。游戏结束，多半幼儿没有完成目标。第二次游戏仍有一半幼儿未完成。

分析与措施：

1. 分析：中班幼儿能够正确掌握立定跳远的方法，但对于助跑跨跳来说有一定难度。

从上面的观察记录来看，幼儿对助跑跨跳的动作还不能理解，部分幼儿将助跑跨跳和立定跳远相混淆。

2. 措施：

（1）在游戏前，教师要正确示范，让幼儿掌握跨跳动作的要领；

（2）给予幼儿自由练习的时间，让幼儿充分尝试探索；

（3）在户外活动时开展丰富多彩的助跑跨跳的游戏；

（4）和幼儿一同挖掘户外游戏材料练习助跑跨跳动作的空间。

案 例 九

班级：大二班

教师姓名：袁梦洲

观察时间：2012 年 12 月 3 日 10：15～10：40

观察对象：大二班幼儿

观察地点：小操场

观察目的：随机

观察实录：

户外活动时，小朋友们在玩“三个字”的游戏。第一轮游戏是李子佑抓人，李子佑在游戏开始后快速地去抓马艺耕，他把胳膊伸得特别长，步子迈得特别大，当要抓到马艺耕的时候，马艺耕双手一拍，身子一动也不动的说：“大二班”。子佑一听马上改变方向去抓别的小朋友了。他先后抓到了何宇轩、焦明水等五名小朋友，被抓到的小朋友来到场地旁边，等待本轮游戏结束。开始他们眼睛睁得大大的看着游戏的小朋友，一会儿焦明水无精打采地玩手指，何宇轩看着玩大滑梯的其他班幼儿呵呵直乐……最早被抓到德焦明水等待了近四分钟。

分析与措施：

1. 分析：在游戏的时候小朋友的情绪高涨，并喜欢参加到游戏中来。被抓到的小朋友很渴望再次加入到游戏中来，我发现孩子们在等待游戏的这段时间不开心，注意力分散。

2. 教育措施：户外活动中，为了让每个幼儿都达到相应的锻炼目标，教师要为每个幼儿提供锻炼的机会。同时大班的幼儿应该懂得遵守游戏规则，在游戏中如果输了就要按游戏规则停止游戏。大班幼儿思维活跃，主意、办法比较多，教师要充分发挥幼儿的自主性、主动性。在过渡环节可以和幼儿共同讨论被抓的人要为“大王”做什么，这样可以提高幼儿的游戏兴趣，促进幼儿发展。

案 例 十

教师姓名：吴迪

班级：中班

时间：2013 年 11 月 20 日 9：30～10：00

观察对象：全体幼儿

观察目的：随机

观察实录：

今天户外活动时，我带幼儿玩“救救小袋鼠”的游戏。大部分小朋友玩得很高兴，都积极地投入到游戏中，牛牛却不慌不忙地在一旁转悠。于是，我走过去对牛牛说：“你为什么不和其他小朋友一起跳呢？”牛牛笑眯眯地对我说：“老师我跳不动，我不想跳。”我拉着牛牛的手说：“我和你一起跳好吗？”牛牛很不乐意地站起来，和我一起跳参与到游戏中。可我一放下他的手，趁我不注意，牛牛又悄悄在一旁休息了。

分析与措施：

随着我们生活水平不断提高，营养物质日趋丰富，加上现在的孩子普遍都是独生子女，儿童肥胖发生率正在逐渐增加。越是肥胖的幼儿越是喜欢吃肉，不喜欢吃蔬菜，一些家长不加以重视。另外，孩子有意无意地多吃零食，养成爱吃零食的习惯，这些不良的饮食习惯都会出现肥胖。牛牛在班上是个肥胖的幼儿，在游戏中，经常不愿意参与到游戏中。为了调动牛牛的积极性，我进行了一些调整。

1. 调整游戏情境，激发幼儿的兴趣。在游戏中，我增加了游戏情节，小袋鼠被关到笼子里，牛牛来扮演其它小动物救小袋鼠。牛牛参与游戏的兴趣一下子提高了，不用我去拉他，就积极主动地参与到我们的游戏中来。看着牛牛能参与到游戏中，我感到很欣慰。

2. 安排合理的练习强度。在户外活动中加大牛牛的运动量，使练习的机会增多，充分发挥他的主动性、积极性。如在游戏中，一部分袋鼠被抓住到了笼子里，等待牛牛来营救、复活。

3. 调整幼儿的进餐，如先喝汤后吃饭，饭少，菜量增大。

4. 与家长取得联系，争取家长的密切配合，采取与幼儿园一致的教育方法。

案 例 十 一

观察教师：吴迪

观察时间：2014 年 9 月 27 日

观察地点：操场

观察幼儿及目的：昊昊，目的随机

观察实录：

户外活动时，教师带孩子们玩“跳荷叶”的游戏，锻炼孩子们双脚连续跳的能力。大部分幼儿一个接着一个，高兴地跳过去，可是昊昊站在荷叶后却哭了起来。我赶紧走到他身边，问他为什么哭，昊昊说：“我不会跳！”我说：“没关系，老师带着你跳好吗？”就这样，在我的搀扶下，他的小脚一先一后地跳过了荷叶。

分析与措施：

1. 分析：昊昊是个自尊心非常强的孩子，父母对他的要求十分严格，什么事情都要做到最好。看着其他小朋友顺利跳过荷叶，昊昊特别着急。通过观察，我发现是因为他的腿部力量不够，导致小脚落地时一先一后落地。

2. 措施：

（1）利用儿歌的形式，使昊昊快速掌握双脚连续跳的要点。

（2）通过家园合作，引导家长为幼儿创设好玩的游戏情境，家长和幼儿一起练习。

（3）在分散游戏中，有意识地和幼儿开展相应的锻炼活动，并对幼儿的点滴进步及时鼓励。

案 例 十 二

观察人：尹文玉（保健医）

被观察教师：史新杰

观察时间：2014 年 6 月

观察对象：中三班幼儿

观察地点：操场

活动名称：勤劳的小白兔

观察目的：幼儿活动量是否合适

观察实录：

教师带领幼儿入场，简单的热身活动后做音乐韵律操：《小兔子跳跳跳》。教师由音乐引导进入情境，问小朋友们音乐里听到的是什么小动物，它爱吃什么。从而引出“今天带小朋友做一个好玩的游戏：勤劳的小白兔”。

首先教师引导幼儿讨论小兔子跳跃的方法，让幼儿练习小白兔跳。然后教师向幼儿启发讲解双脚连续跳的动作要领：双脚并拢，连续，不间断，不踩包，跳跃距离适中，眼睛能够预测跳跃距离，并分组进行游戏。本次教学活动教师通过小兔子种萝卜、给萝卜浇水、收萝卜三个游戏情境，让幼儿熟悉并逐渐掌握双脚并拢连续跳跃的方法。游戏结束时，幼儿将收获的萝卜送到兔爸爸的筐中。最后教师组织放松运动：《亲亲小兔子》。

分析与措施：

1. 观察情况：大多数幼儿在做完热身运动及韵律操后，面色红润，心率由 90 次/分左右上升到130 -140 次/分，额头、颈后微微出汗，情绪良好。然后教师让孩子安静下来平稳情绪，进行适当的休息，再引出今天的教育活动，即引导幼儿练习跳跃，分批种萝卜、给萝卜浇水、收萝卜，孩子们经过运动，额头、颈后微微出汗、小脸蛋红扑扑的，这时候老师再组织幼儿做放松运动。

2. 分析：教师针对中班幼儿的年龄特点，根据幼儿的个体差异，进行不同难度的游戏设置，以此来提高幼儿双脚连续跳的能力。总体来说，这次户外体育教学活动中幼儿的活动量是比较适度的。教师组织幼儿动静交替、劳逸结合，从幼儿的面色、汗量、心率及精神状态来看，幼儿的疲劳状态是属于轻度疲劳的范围，说明幼儿的运动负荷是较为合理的。

案例十三

班级：小三班

观察时间：2014 年 9 月 27 日

观察对象：所有幼儿

观察地点：操场

观察目的：幼儿跳远的方法和能力

观察实录：

今天组织孩子们玩“小兔采蘑菇”的游戏，主要锻炼幼儿的立定跳远能力。在游戏过程中，对于游戏情境，孩子们很感兴趣。在跳过小河的时候，我发现有的幼儿姿势正确但是跳不远，跳不过小河，第二次游戏便没有第一次感兴趣；有的幼儿姿势不正确，双脚一前一后着地，没有同时起跳同时落地；还有的幼儿跳得比较随意，双腿没有弯曲做好起跳的准备。所以今天的游戏没有完全达到锻炼的目的，方法还没有完全掌握。

分析与措施：小班幼儿年龄小，腿部力量较弱，而立定跳远需要全身协调动作，对于刚上小班的幼儿来说是比较难的，教师在游戏的准备上要多注重个体差异，满足不同水平幼儿的需要。可以通过以下方式来帮助幼儿掌握立定跳远的动作要领：第一，以儿歌或游戏的形式教会幼儿正确的方法，让幼儿更乐于学。第二，在平时的活动中多组织增强腿部力量的游戏，由易到难，并创设不同游戏情境，吸引幼儿主动参与。第三，注重个体差异，就像今天的游戏可以创设一条宽一点的小河、一条窄一点的，以此满足不同水平的幼儿，让每个幼儿都获得成功感。

案例十四

班级：大三班

教师：师美玲

观察时间：2014 年 9 月 25 日 10：30～10：50

观察实录：

户外时间到了，这次我们练习的是走平衡木。我发现每次快轮到王琪的时候，他都会悄悄地跑到队尾躲起来。“王琪过来，你试一试吧！”我拉着他来到了队伍前面。这时，刘涛铭说：“他不会走，他害怕。”王琪听了刘涛铭的话，用力挣开我的手又跑到了队尾。我再叫他时他就有意躲开我或装作没有听见的样子。游戏结束后，我来到王琪跟前说：“王琪，我扶着你，咱们俩一起走好吗？”王琪听了我的话，没有反应。于是我就主动地拉着王琪的手走上了平衡木，虽然走得很慢很慢，但在我的帮助下终于走完了，我大声地鼓励他说：“王琪，你真棒！你走得很好，加油！”王琪听到我的表扬后，就更努力地连续走了很多次。

分析与措施：

1. 分析：王琪在班上胆子很小，但他的自尊心特别强，当听到小朋友否定他，说他不敢走的时候，他就会回避问题，甚至出现抵触的情绪。

2. 措施：

（1）教师要从孩子的视角想问题、看问题，面对胆小的孩子，不责备也不强硬地要求幼儿，而是要采用鼓励或和孩子一同完成的方式，帮助幼儿获得成功的体验，激发参与活动的自信心。

（2）多给胆小孩子表现锻炼的机会，由易到难，如从地面平衡游戏到有高度的平衡游戏，从宽平衡木到窄平衡木等，增强幼儿的自信心。

（3）家园合作，把王琪在园的进步与家长及时交流，请家长在家和孩子一同玩平衡游戏。

案 例 十 五

班级：中三班

教师：章巧雅

观察时间：2014 年 9 月 22 日至 24 日 7：35～7：50

观察对象：胡子渝

观察目的：孩子在早操活动的表现

观察实录：

第一次观察：周一的早晨孩子们来园都很早，胡子渝很高兴地和老师、小朋友们打招呼。可等到早操音乐响起的时候，小朋友开始做早操，她却站在原地不动了。我一次次地提醒她，她只是比划一下就又开始站着了。我还特意帮她调了个正对着我的位置，让她看着我模仿做早操，希望我的动作和笑容能感染她，可是她还是不动。

第二次观察：周二的早操已经开始，胡子渝来到小朋友旁边站好。今天她脸上没有笑容，有些不高兴。我问她怎么不高兴，她就说：爸爸早晨招我生气了。由于早晨有点凉，我想让孩子们都动起来，也怕她一直站着冷，于是又提醒她又表扬鼓励她，“胡子渝今天做的动作特别漂亮”，“今天天气有点凉，我们快跳起来活动活动吧”……可无论我怎么卖力地做动作，对她笑，提醒她，整个早操她还是没怎么动。我回到班里借助明天她是值日生的机会，请她明天带领小朋友做早操。

第三次观察：周三她当值日生，来得很早。我请她带着小朋友做早操，她很开心，也特别自豪，动作虽然不太记得，但看得出她很努力，比前两天要好多了。

分析与措施：

1. 分析：胡子渝是个乖巧的女孩子，精神不太集中，尤其户外活动的时候总是懒得动。这周发现胡子渝早操过程中总是站着不动，经过我的多次提醒，她依然没反应。吃过早饭我问她，为什么今天不想做操？她答非所问地说了一堆，什么今天路上看见谁了，爸爸总爱打招呼等。我引导她“明天你当值日生，你要给小朋友做榜样，你带着小朋友做好吗”，她说“好”。当带着小朋友做早操时，她虽然动作记不住，但是小眼睛一直盯着我，模仿着我的动作。看得出她很开心，很喜欢带着小朋友做早操。

2. 教育措施：

（1）给幼儿轻松的小任务，通过完成任务，让幼儿提升自信心的同时也得到了展现的机会。

（2）胡子渝接到任务后，她会有一种自豪感，她很乐意去表现自己，也很愿意完成老师的任务。给孩子布置一些轻松的小任务，能让她提升自信心，也让她有了展现的机会。

（3）充分肯定幼儿的表现，让她觉得我还可以更好，从而对事情产生兴趣。

案例十六

班级：大四班

教师：安瑶

观察时间：2012 年 9 月 20 日 10：10～10：40

观察对象：芊芊、琦琦

观察地点：户外操场

观察目的：随机

观察实录：

今天户外游戏孩子玩的是两人合作运球，芊芊和琦琦一组，两人商量用背靠背夹球的方法。在游戏中，两人一共掉了三次球，看着边上的小朋友远远地超过了他们，芊芊生气地说："都怪你，你老慢，不跟着我走，哼!"随后，芊芊生气地把球扔在了地上，转身走了。我把两个人叫了过来，问："你们知道为什么你们的球没夹住吗?"芊芊还在埋怨琦琦慢。这时我请来两个小朋友做示范："请认真看看他们是怎么配合夹球的。"看完后，我问芊芊："发现你们两组有什么不一样了吗?"芊芊说："他们手拉手，喊着口令一起往前跳。"琦琦说："她走得太快了，没等我。"我对芊芊说："现在你还觉得琦琦走得慢吗?"芊芊摇摇头说："是我太快了，没等她。"随后两个人商量着喊口令，一齐向前走。

分析与措施：

1. 分析：合作游戏是大班幼儿爱玩的游戏，同时也是有挑战性的游戏，要求同伴之间必须配合好。芊芊和琦琦没夹住球，游戏没有玩成功是因为两个人不知道怎样配合。注意向同伴学习是大班幼儿的年龄特点，通过观察同伴，芊芊和琦琦能认识到自己的问题在哪儿，懂得了该怎样解决。

2. 措施：

（1）教师要多组织大班幼儿玩合作游戏，慢慢培养孩子们的合作意识，使幼儿在游戏中不断地摸索，找到配合的方法。

（2）当幼儿遇到困难游戏中断时，教师要及时介入，提供帮助。可以请做得好的小朋友来示范，让幼儿向同伴学习。也可以鼓励他们多次尝试，不要着急。总之，合作类的体育游戏，需要引导孩子们通过多次的协商和尝试，找到适合彼此的游戏方式。

案例十七

教师：徐卫红

观察时间：2014 年 9 月 11 日

观察地点：户外操场

观察实录：

升入大班以来，为了加强孩子们的身体素质，提高幼儿身体协调性及跳绳能力，我们请家长为孩子购买了两根跳绳，一根放在家里练习，一根带到幼儿园进行练习。

刚开始，孩子们兴趣很高，每次户外活动时都要问："老师，今天跳不跳绳？"初学时，他们虽然手脚不协调，但都在认真努力地跳绳。经过一个阶段的练习，孩子们跳绳的水平也渐渐开始两极分化，部分动作发展较好的孩子，基本掌握了跳绳的技巧。金楷杰小朋友属于动作发展较差的幼儿，只见他拿着绳子站在原地不动，我走过去说："小金，老师很久没有看见你练习跳绳了！"他笑嘻嘻地拿着绳子左揉揉右揉揉就是没有跳起来。我便问他："你为什么不跳绳呢？"他嘟着嘴巴说："妈妈太忙了，没有时间教我跳。"听完他的话，我便告诉他："妈妈没有教，你可以自己学呀！老师也可以教你，多练习老师相信你很快就会学会的。"他笑着点点头。

分析与措施：

1. 分析： 过于依赖的家庭模式，造成了小金不够主动的习惯。在家里，父母对他过于保护，使小金有了一种依赖思想——"妈妈没有教过我，我就不用学"，孩子缺乏学习的自主性及主动性的态度。

2. 措施： 对于小金的表现应更多地给予信任、鼓励，帮他战胜依赖妈妈的思想，要学会相信自己，相信自己是可以做到的。教师平时多采取"练习和耐心帮助"相结合的方法，经常与家长沟通交流，共同探讨适合小金特点的教育方法。让他多参加户外活动，培养他的主动性和参与意识，用鼓励、肯定的态度帮助小金树立"我能行"的自信心。

二、教育反思

案 例 一

教师：范欣然

班级：中班

时间：2013 年 11 月 20 日 9：30～10：00

地点：户外操场

实录：

今天和孩子们一起玩平衡游戏，请孩子们自己想游戏的玩法。有头上顶着沙包走，有脚踩白线走，还有走平衡木的，好多小朋友玩的方法就是这三种。我问孩子们："还有没有和这些不一样的玩法，谁有新的玩法，更有趣的？"悠悠边说边做：手里拿一个流星沙包，然后将眼睛闭上快速地转圈，嘴里还数着 1、2、3、4、5、6、7、8、9、10，数到 10 后立刻睁开眼睛，将流星沙包放在自己的头上，小心翼翼地走过一条白线。孩子们对悠悠转圈很感兴趣，情不自禁地模仿起来，我问悠悠："你是怎么想到这个玩法的呢？"悠悠说："因为转圈圈会让我很晕，晕了再顶沙包会更难，我妈妈教过我这么玩。"

反思：

1. 鼓励幼儿创新，并请个别幼儿示范，激发其他幼儿的兴趣。中班初期的幼儿游戏水平还不是很高，请幼儿自己想新的游戏玩法，帮助幼儿在原有的基础上进行提高。请个别幼儿进行示范，幼儿同伴间可以相互模仿达到提升的目的。

2. 提供大小不一的流星沙包，注重个别差异。教师为幼儿准备了大小不一的流星沙包，逐步加大游戏的难度，可以提示幼儿流星沙包有大有小，试一试什么样的会更难，让幼儿在活动中丰富知识经验。

案 例 二

教师：郑艳荣

班级：大四班

时间：2013 年 11 月

地点：户外操场

实录：

组织孩子们进行户外游戏“托球跑”时，我看到外面风很大，于是我没有使用球类，而是用了一个小的沙包。在这个活动中，我组织孩子们进行了三次游戏，根据孩子们的表现提出了不同的要求，使他们每一次都和自己挑战。开始我只是让孩子们把沙包放在头上往返走，掉下的必须拾起来重新开始。在过程中我发现有的孩子为了让沙包不掉下来，一边走一边用小手按着；于是第二次游戏时我就要求他们不能用手按着，自己控制，保持平衡；第三次游戏时，孩子们都能够掌握动作要领了，于是我提出让孩子顶着沙包跑起来。游戏过程中，孩子们都能够认真遵守游戏规则。当要求双手不能按着沙包时，嘉熙由于心急，在跑的过程中掉下来三次，他马上拾起继续游戏，终于到达终点后，他很不好意思地对大家说：下次我一定小心点。

反思：

同一种器材同一个游戏，由于我们提出了不同的要求，孩子们每次都有不同层次的提高。虽然反复进行了多次游戏，但是孩子们依然兴趣高涨，正是由于每次提高要求，让他们有了挑战感。这使我想起了一句话：在设计活动时，越是同样的内容，越要有意设计，刻意求变，注重激发孩子们的新奇性和挑战性。

案 例 三

教师：姜珊

班级：小三班

时间：2014 年 4 月 16 日 10：00～10：15

地点：小操场

实录：

户外游戏时，我带孩子们玩“小兔拔萝卜”的游戏，途中要经过小桥（梅花桩）到达萝卜地。游戏结束后孩子们没有把梅花桩收回去。周皞宸说："老师，我能变出迷宫，所有小朋友都可以玩。"他一边说一边拿来了套圈，有模有样地在地上接着梅花桩摆起来。其他小朋友看见了也一起来帮忙，有的说还可以走小桥。他们一边说着一边搬来了塑料平衡木来当小桥。迷宫创建成功后，孩子们一个挨着一个排队走迷宫，非常有秩序。

反思：

幼儿进行自创游戏"走迷宫"时，情绪高涨，争先恐后地排队参与游戏。小班幼儿非常喜欢迷宫类的益智游戏，他们根据自己的生活经验用辅助材料创建迷宫，并且按照顺序走迷宫。在游戏中，我发现孩子们很有自己的想法，有时还会有成人意想不到的表现。在生活中孩子更需要的是自由、宽容的环境，成人不宜做过多的要求。在今后的教育中要注意，真正的引导就是"放手"，给幼儿更多自由发挥的机会。

案 例 四

教师：王杨

班级：大一班

时间：2014 年 4 月

地点：户外操场

实录：

幼儿对游戏"老狼老狼几点了"比较感兴趣。游戏开始了，我发出口令："老狼老狼几点了?"可是游戏玩了一会，孩子们就气喘吁吁的，于是我尝试在每次追逐跑之前加上"搭房子"的环节。我对大家说："小羊们，什么地方才能使我们安全躲避大灰狼呢? 狼来了怎么办呢?"一名小朋友说："躲到家里去吧，把大门锁上了，大灰狼肯定进不来了。"我赶忙接过话："对，小羊有了家就安全啦! 那我们就把红色的大圆圈当作小羊的家吧! 怎么样?"孩子们都高兴地欢呼着，大家都赞同这个提议。玩着玩着，又一名小朋友突然说："老师，一个家太小了，小羊们都待不下了!"有人跑过来对我说："老师，不行啊! 家太小了，不如我们再造几座房子吧?"孩子的提议很好，大家也都一致赞同。"可是材料怎么解决呢?"我启发孩子动脑筋想办法。"有了，我们班里的呼啦圈可以当作小羊的家啊!""办法不错，我们开始行动吧!"大家纷纷行动起来，有人负责分发工具，有人负责搭建房子，不一会儿，小羊的家搭建完毕。由于游戏增加了挑战性，孩子们玩得非常尽兴。又有一名幼儿设定了新的问题："老师，我们的房子可以住几只小羊啊?""你想住几只羊啊?""我想就住三只小羊。"

反思：

游戏是幼儿一日生活中最基本的活动组织方式，是获得发展的最佳途径。孩子们经常会有一些突如其来的想法，作为教师应该成为孩子们的支持者、合作者和引导者，鼓励并帮助幼儿实现他们的奇思妙想。他们尤其喜欢玩改编后的游戏，因此教师应为幼儿提供宽松和谐的精神氛围，鼓励幼儿大胆尝试，与幼儿交流，听取他们的意见，帮助幼儿梳理思路，使幼儿时常能创编新玩法。幼儿喜欢做游戏，但不喜欢一成不变地重复玩一个游戏。只要教师用心地从幼儿已有经验出发，不断丰富游戏内容，游戏活动就可以呈现别样的精彩。

案 例 五

时间：2012 年 12 月

教师：赵东霞

班级：中一班

地点：户外操场

实录：

今天的体育活动“喂动物”主要是让幼儿练习肩上挥臂掷远。活动前我准备了各种小动物的挂饰布置在户外的环境中，还准备了大小不同的沙包。在练习过程中，我没有直接让小朋友拿沙包玩，而是先示范投掷的基本动作让幼儿空手练习。在活动中我发现大部分幼儿的动作都是正确的。在空手练习几次后，我让幼儿开始拿沙包当做食物喂给小动物吃，开始我分别让幼儿站在指定的位置投。在幼儿投的过程中，发现让幼儿站的位置有点远，所有孩子都不能投到小动物，孩子们有点失落，于是我赶忙调整，让幼儿站到离动物挂饰大概三米左右的距离并提示幼儿要看准，往高处投才能喂到动物。这次成功的幼儿明显增多了，孩子们的自信心也有了。在反复几次后，我又尝试让幼儿拉开距离。有了之前投的经验后，站在大概四米左右的位置时，也有一部分幼儿能够喂到动物。

反思：

在今天的活动中，我主要是让幼儿练习投的方法，知道要往高处、远处投，因此今天提供的挂饰也是根据孩子能力不同挂的高矮也不同。但在材料的提供上也有不足的地方，如动物挂饰面积太小，对于幼儿投准的难度稍大。

案 例 六

时间：2013 年 5 月

地点：操场

实录：

今天户外活动时间，我带着孩子们玩丢沙包游戏。我以角色游戏贯穿整个过程，用孩子们非常感兴趣的“赶走大灰狼”的游戏，引导孩子们在情境的氛围中练习本领，学习投掷的方法和技能。但第一次游戏时，敌人是静止不动的，到最后部分孩子失去了兴趣，不愿意练习投掷了。因此第二次玩时，我将敌人设计为移动的，还增加了跑的内容，变立定投掷为跑动中的投掷，大大增加了活动的难度。整个活动下来孩子们的兴趣很高，投得也越来越远。

反思：

投掷是一个基本动作，在幼儿游戏的过程中，教师首先要观察幼儿游戏的状态，找到并及时调整孩子的兴趣点，从而提高幼儿的兴趣，把单一的动作练习变得有趣味。在第一次玩时，敌人是静止不动的，部分孩子感到有些枯燥了。教师及时发现问题并进行了调整，将敌人设计为移动的，并增加了跑的内容，变立定投掷为跑动中的投掷，大大增加了活动的难度。这样做，既调动了幼儿投掷兴趣，又使投掷活动中的运动量、运动强度等得到了保证，提高了锻炼的实效性。

案　例　七

时间：2014 年 9 月 17 日 9：40～10：00

教师：张靖凡

地点：操场

实录：

今天户外分散活动时，小朋友被平衡木吸引了过去。孩子们很有秩序地走在平衡木上，而郭亦宸站在不远处看着，想玩又不敢玩。我向他招手："来呀，宸宸。"他把头摇得像拨浪鼓似的，就是不肯过来。通过询问，我了解到郭亦宸从来没有走过平衡木，所以不敢走。于是，我先让他观察一下别的小朋友走平衡木的情况，让他知道平衡木并不可怕，逐渐打消他的顾虑。然后，我又拉起他的小手鼓励他说："来，宸宸，老师领着你走一次，好吗？"宸宸勉强点了点头，走完后我说："你看，其实没什么难的吧？"看到即便有我扶着，他走起来也颤颤巍巍的样子，我便没有让他尝试自己走。不管怎么说，他这一次也算挑战了自己。

反思：

宸宸小朋友的性格比较内向，胆小，对不喜欢做的事情和没做过的事情常常采取拒绝和逃避的做法，遇到困难就逃避。今天我用语言鼓励，用手拉着他给他安全感，让他勇敢地去尝试。对于性格内向、胆小的幼儿，他们的自信心需要成人帮助树立。其次，根据孩子的能力选择适合的内容，由易到难，循序渐进，孩子尝试后老师要及时给予肯定与表扬。慢慢地，孩子就会发生很大变化。

案　例　八

班级：中四班

教师：杨丽

时间：2013 年 9 月

实录：

今天分散游戏时，陈元硕选择了跳跳袋。他双手拿着跳跳袋，一只脚站着，另外一只脚准备往里面迈，摇摇晃晃地一屁股就坐在了地上。他站起来看看跳跳袋，看看我，然后跑过来，对我说："老师我老是迈不进去，您能帮帮我吗？"这时，我看到旁边的李沐霖已经拉着跳跳袋跳起来了，就说："你看，李沐霖已经玩起来了，我们去问问他，他是怎么进去的。"陈元硕看着我，半天没动，我对他说："走！老师跟你一起去。"走到李沐霖身旁，我说："李沐霖，陈元硕玩跳跳袋遇到困难了，你能帮助他吗？""嗯。""我老是迈不进去，一迈脚我就摔了。""这个还不简单嘛！你可以坐在那边的椅子上穿，然后再站起来就行了！"说完，李沐霖领着陈元硕一起坐在旁边的椅子上："不信，你试试。"陈元硕坐在椅子上开始穿跳跳袋，果然，比站着穿方便多了，孩子们哈哈地笑着一起跳了起来。

反思：

针对刚刚升入中班的孩子们来说，幼儿园的一切玩具都是新鲜的，在开始游戏的时候，我对玩具的玩法都做了简单的介绍。陈元硕找到我帮忙的时候，其实我可以直接帮助他把跳跳袋穿好，也可以直接指导他把跳跳袋穿上，可是我选择了“同伴之间的相互学习”，我觉得“孩子有自己的学习方法”。通过验证真的是这样，孩子们通过相互学习学会了玩具的使用方法，同时也获得了一个游戏的伙伴。

在游戏中，教师为幼儿创设一个自主学习的机会很重要。我没有直接告诉幼儿穿跳跳袋的方法，而是通过游戏，引发同伴之间的相互学习，让幼儿学会解决问题的方法。同时，在游戏中学会与人交往，通过自己的努力获得成功的体验。

案例九

班级：大一班

教师：白志瑶

时间：2014 年 9 月 25 日 10：30～10：50

实录：

今天上午的户外活动时间，我先带孩子做间操，然后拿出绳子教幼儿正确跳绳的方法，并鼓励幼儿认真练习：“小朋友们，我们来比一比谁跳得最多。”我的话刚说完，有些小朋友就拿起绳子开始练习了。我发现李昊阳拿着绳子没有跳，只是看着别的小朋友跳。我走到他的身边问他：“你为什么不跳呢?”他说：“我不想跳。”其他孩子也有尝试几下，但是不会跳就放弃了。看到这种情况之后，我将不会跳的小朋友组织到一起，告诉他们，不会跳没关系，老师再教你们一遍。然后我再次做出了示范动作，并教孩子跳的正确方法。吴国诚、刘允泽、芦孟涵都很努力地练习，我看到他们跳得很好，就表扬了他们，并让其他小朋友向他们学习。但还有几个小朋友不愿意跳，我问她们：“你们怎么不练习呢?”她们都闷闷不乐地不说话。我后来决定用小组比赛的形式来激发她们对跳绳的兴趣，孩子们一听要比赛，都有了兴趣，积极参加比赛。最后，孩子们都玩得很开心。

反思：

本次跳绳活动中，有许多孩子不爱跳，说明她们对跳绳的兴趣不高，针对这种情况教师通过设计一些活动来吸引幼儿的兴趣，并鼓励幼儿，激发幼儿自己主动学习的动机。在这次跳绳活动中，我体会到教师对于每一次活动，都应精心设计，通过更有效的方式吸引幼儿的兴趣，并考虑到很多可变的因素，做到心中有数。另外，还应在活动过程中，不断地鼓励幼儿，让幼儿树立自信心，慢慢地幼儿才能做得更好。

案例十

班级：大二班

教师：陈建英

时间：2013 年 9 月 4 日

实录：

户外活动时间，孩子们在认真地练习拍球。只见琪琪坐在球上，一直在休息。我轻轻地走到他身边说："琪琪，小朋友们都在拍皮球，你怎么不拍球啊?""我不会。"琪琪立刻答道。"那我和你一起玩球好吗?""好!"奇奇爽快地答应了。我们先玩了双手接球游戏，游戏的玩法是把球往地上拍一下，双手接住球，然后再抛向对方，我们俩玩得很开心。玩了一会儿，我提议玩第二个游戏，双手往地上抛球，再双手接球。琪琪一直和我在游戏。这时，我停住了一只手，只留下右手单手拍球。我一边拍球一边喊："琪琪，看我变魔术了，你也快来试试。"琪琪果然也用一只手拍球了，可只拍了两三下球就滚跑了。琪琪追回球来到我身边说："老师，我不会拍球。""琪琪，你已经很棒了，刚才单手拍球能拍好几个了。我相信你，只要你多练几次，一定会成功的。"我鼓励着他，琪琪坚信地点点头。

反思：

五六岁幼儿的节奏感以及对节奏感的控制能力大为增强，能够控制球的速度与距离，能够连续拍球，并控制其节奏。但琪琪因为小的时候做过手术，基于身体的发育因素，身体发展水平和协调性及控制能力较其他幼儿相对弱些。因此，我们要尊重幼儿的个体差异，不能急于求成，要认真地、耐心地加以指导，通过各种形式、方法提高幼儿的拍球技能。

在日常生活中，我们要了解幼儿身心发展的特点，全身心地爱护、理解、照顾每一位幼儿，关注幼儿生理和心理方面的个体差异，做到因材施教，使幼儿能够积极、主动、愉快地参加各种活动。

案例十一

时间：2014 年 5 月

教师：周亚静

地点：操场

实录：

中班多数幼儿在垒球投掷活动中投得比较近，角度不对，水平偏低，所以我设计了"攻打狼堡"的情境，支持幼儿练习投掷活动。我将网球的网装饰上灰太狼的头像，引导幼儿要用力气挥动手臂才能把手榴弹扔到狼堡里。这时我看到江林倩小朋友已经摆好了投掷的姿势，用力一扔，速度很快，但手榴弹直直地掉在了她的左前方，离狼堡的距离还差两米。我来到她身边说："嗯，你是用力扔了，但是手臂的方向错了，来准备好。"我用手举起她的右手臂，向后倾斜，一边说一边帮助她练习挥臂和转腰的动作，让她眼睛看着要投的方向投过去。接下来，我俩各自拿了手榴弹，我边示范边指导她挥臂、转腰，这回江林倩已经把手榴弹投到了狼堡底下。我利用游戏休息的时间，把小朋友们集合在一起，请江林倩小朋友为大家示范，重点示范挥臂和转体的动作，并鼓励所有的小朋友来感知这个动作，休息片刻后，小朋友们又高兴地去打狼堡了。我继续观察，多数幼儿有意识地注意挥臂和转腰的动作，投掷的力度和角度准确多了。

反思：

1.《指南》中提到，幼儿的学习是以直接经验为基础，在游戏和日常生活中进行的。要珍视游戏和生活的独特价值，创设丰富的教育环境，最大限度地支持和满足幼儿通过直接感知、实际操作和亲身体验获取经验的需要。我们要为幼儿创设趣味性、游戏性的环境和游戏材料，让幼儿能有兴趣自主地在游戏中练习投掷的能力。

2. 在游戏中，我能及时发现幼儿普遍的问题，采取示范讲解和陪练的方式让幼儿感知手榴弹投远的方法，让幼儿在重复的练习中感悟挥臂和转腰的动作，帮助幼儿领悟手臂加转身的重要性，锻炼了幼儿身体的协调性，提高幼儿投掷的水平。

案例十二

教师：宋扬

班级：中二班

时间：2014 年 5 月 13 日 9：35～9：45

对象：王紫宸

地点：户外操场

目的：利用游戏形式帮助幼儿提高立定跳远能力

实录：

今天，我把幼儿带到操场上准备玩“跳跳蛙”的游戏。我在交代游戏玩法中重点向幼儿介绍了“立定跳远”这一环节，并利用为幼儿布置的场地，让幼儿观察在立定跳远后对应的不同“奖项”，幼儿的游戏兴致很高。在第一遍游戏后，幼儿开始议论纷纷。“我是青蛙爸爸，我跳得最远。”“我是青蛙妈妈，跳到第二条线那儿了。”“我这回是青蛙宝宝，下次我要当妈妈。”站在我身边的王紫宸充满信心地说。“好啊，那一会儿宋老师给你加油，看看你这次能不能当上青蛙妈妈，你要使劲向前跳呦。”我及时鼓励她。在第二次游戏中，我看到王紫宸准备好后，看着青蛙妈妈的位置用力向前一跳，“嘿，看看这回你多棒，成了青蛙妈妈。”我边说边为她竖起了大拇指，她也高兴地笑了，一边走一边喊着：“我这回是青蛙妈妈喽!”

反思：

立定跳远是幼儿体能发展中的一项。通常我们的做法是把测试工具和三角尺备好就让孩子进行练习或测试了。但是，在这样的频繁练习后，幼儿跳远的远度提高并不大，反之，还使幼儿逐渐感到枯燥、无趣。

《3—6 岁儿童学习与发展指南》在健康领域内容中提出，“利用多种活动发展身体平衡和协调能力”、“开展丰富多样、适合幼儿年龄特点的各种身体活动。”因此，我将幼儿感到枯燥的、同时又是我班幼儿体能发展的弱项“立定跳远”，利用游戏形式，在游戏中设置角色，满足不同层次幼儿的需要，使幼儿在游戏中练习立定跳远，利用角色提高幼儿“立定跳远”的兴趣，从而提高、增强不同层次幼儿的跳远技能，更好地发展幼儿动作的协调性和灵活性。游戏中，不仅是王紫宸小朋友为当“青蛙妈妈”努力、用力地跳，在第二次游戏中成为了“青蛙妈妈”，其他幼儿也找到了自己的一个小“目标”，在游戏中认真地投入，较好地完成了游戏目标。

案例十二

教师：张新跃

班级：小四班

时间：2013年10月11日15：00～15：20

对象：全体幼儿

目的：幼儿对投掷的兴趣

实录：

今天户外活动时，袁老师带领小四班幼儿来到了后操场，提供了软包、皮球等玩具供他们自由活动。涵涵和安安将几个软包装进竹筐里，她们问身边的小朋友："我这儿有好吃的面包你们买吗?"心心和芊芊也用弹力垫颠起软包进行游戏。发现没有幼儿利用软包进行投掷方面的游戏后，袁老师指着彩绘墙上面的几只瓢虫，对全体幼儿说："咦？哪里飞来的机智坏瓢虫？快用软包打瓢虫!"全体幼儿闻声立刻拿起身边的软包，一个接着一个、大笑着向瓢虫打去。

教育反思：

1. 小班幼儿喜欢游戏，如果单纯地练习投掷，幼儿不感兴趣，我们应抓住幼儿的年龄特点选择适合小班幼儿的游戏。

2. 自由游戏是幼儿身心比较放松自主的时间，教师要利用自由游戏的时间，做善于观察、善于引导的教师，抓住教育契机，积极地对幼儿的弱项进行练习。

案例十三

时间：2014年9月16日、9月17日

教师：张盼

实录：

案例一：9月16日进行体能前测立定跳远，我带着孩子们做完热身和准备活动，开始了前测前的练习，"跳的时候小脚自然分开一点，脚尖顶在白线上，小胳膊向前摆，自己数着一二三，用力向前跳。"说完孩子们很认真地按要求开始准备，自己数着"一、二、三"，然后向前跳。跳了两次后，王博鋆问我："老师，为什么我老跳不远啊?"我说："小腿用力，小胳膊向前摆的时候顺着劲儿向前跳就可以了，你试试。"王博鋆说："我是按你说的做的，可我还是跳不远啊。"我说："没关系，现在你还没有掌握立定跳远的小窍门，别着急。"首次尝试后，立定跳远的成绩并不尽人意，我拿本次的成绩和小班立定跳远对比，发现成绩并没怎么提高，反而有部分幼儿的成绩还不如小班。

案例二：9月17日，针对立定跳远，我设计了一个小游戏"救出羊宝宝"，结合现阶段幼儿的年龄特点，以情景区域游戏引入，让幼儿闯关。每关的难度会增加，跳跃"小河"的宽度也会增加，距离分别是90厘米、100厘米、110厘米、115厘米，最后还有个惊喜关，关卡设置距离为120厘米。在每个关卡前都有一条起跳线和安全线，在起跳线和安全线之间投放“守卫兵”，每次跳过“小河”，幼儿便可以自取一个贴画证明自己闯过本关卡。这次令人惊奇地发现所有幼儿都跳过了110厘米线，大部分幼儿可以跳过115厘米线，还有部分幼儿可以跳过120厘米线。游戏结束后，王博鋆和赵俊程说：“这太简单了。”其他幼儿听到后也附和着说：“是啊，太简单了，我一使劲就跳过去了，都没被守卫兵发现。”

反思：

案例一中，我只是按照体能标准，口头讲述立定跳远的正确方法，没有游戏性，幼儿只局限于我的示范和讲述形式，并不能调动幼儿的兴趣。并且，幼儿在立定跳远时没有目标性，没有挑战的目标。我结合案例一中幼儿表现出的状态，活动后将幼儿的测试结果与幼儿小班时期的成绩进行对比，分析导致幼儿不能达到最好状态的原因。

1. 没有游戏性，幼儿不感兴趣。

2. 现阶段幼儿是刚从小班升入中班，还是以具体形象性思维为主，以游戏为主要活动方式。

3. 立定跳远时没有目标性，幼儿不能更直观地看到自己要跳的距离。

案例二中，我结合对案例一的分析，对活动进行了调整，在具有游戏性的同时，又结合中班幼儿的特点，在情景区域游戏中体现不同难度的层次性。幼儿可以根据自己的能力进行闯关，最后一个惊喜关卡，幼儿还可以对自己进行一个自我挑战，从而体验成功的喜悦，增强幼儿的自信心。因此，我们一定要尊重幼儿身心发展的规律和学习特点，以游戏为基本活动，关注个别差异。

第八章

幼儿园体育教学专题论文精选

一、增强户外体育活动的科学性，提高大班幼儿体能（安瑶）

内容摘要：本文以体育活动《森林小勇士》为例，分析体育活动的运动量、时间、强度及密度是否科学达标，为以后开展体育活动提供科学的参考依据，从而更好地提高幼儿体能。

关键词：运动量　时间　密度　强度

（一）问题提出

为了有助于教育者更科学、合理地安排幼儿园体育课的运动量，保障体育课在增进幼儿体质和健康方面的效果，本研究从时间、密度、强度等方面对本幼儿园大班体育课的运动量进行了调查分析，并在此基础上提出了相关建议。

（二）研究方法

1. 研究对象

本研究采用随机抽样的方法，从一所幼儿园的两个大班中抽取一个班作为样本班。在样本班中按幼儿体能和运动技能好、差两个层次，分层抽取 5 名幼儿，共计 10 名幼儿作为样本，其中男孩 4 名，女孩 6 名。

2. 研究方法

（1）家长问卷调查法：通过问卷的方式调查幼儿参加园外体育活动的频率、时间、地点、方式和内容，以此作为判断幼儿体育活动量的大小的依据。

（2）用秒表记录体育活动开始部分、准备部分、基本部分、结束部分等各部分的时间，然后计算体育活动的总时间和各部分所占比例。

（3）脉搏测量法：测查幼儿在安静时、体育课各部分结束之后和课后 10 分钟的脉率情况。

（4）对比法：分别测量游戏材料——小草和小刺猬的长宽，再和测试双脚连续跳的专业材料——红方包进行对比。

（三）研究结果与分析

1. 通过家长问卷法得出本班幼儿由于天气寒冷和参加兴趣班的原因，每天放学后没有外出体育活动时间，室内活动也只是玩玩具。而周六日大多数幼儿都去上兴趣班，在天气较温暖的情况下只有半个小时的外出活动时间。由此可见，幼儿在园外的体育活动时间甚少。据此可推断，本班幼儿总体的体质水平不高。

2. 针对大班幼儿双脚连续跳的项目，本研究设计了体育游戏的策略方案——森林小勇士。用秒表记录了体育课的开始时间 1.5 分钟，准备部分（包括准备活动和跳跃练习）6 分钟，基本部分 20 分钟（占体育课总时间的 66.7%），结束部分 2.5 分钟。

大班体育课时间分配及运动密度（分钟）

班级	开始部分		准备部分		基本部分		结束部分		总计		练习时间	运动密度（%）
	规定	实际（%）	规定	实际（%）	规定	实际（%）	规定	实际（%）	规定	实际		
	1～2	1.5（5）	2～5	6（20）	20～22	20(66.7)	2～3	2.5(8.3)	25～30	30	15	50

（1）体育课总时间安排基本合理，总时间为 30 分钟。

（2）体育课准备时间过长，为 6 分钟，超过了规定时间。基本部分时间充足，为 20 分钟，在规定时间内。

（3）体育课的实际练习时间为 15 分钟，运动密度为 50%。在我国，一般认为体育课的密度在 30%～50%，所以本次调查结果显示大班体育课的密度基本合理。

3. 本调查测查了两组幼儿在安静时、准备活动后、基本部分后和课后 10 分钟的脉率情况。

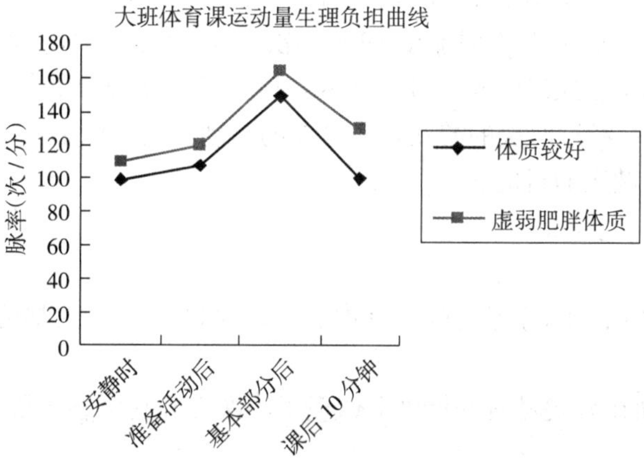

（1）调查显示：本班体质较好幼儿安静时的脉率为 99 次/分，肥胖幼儿则为 110 次/分。说明本班幼儿体质总的来说水平偏低，高于正常脉率 90 次/分。也说明幼儿在园内和园外的活动量不足，缺乏体育运动。

（2）对幼儿来说，生理负担曲线高峰应出现在基本部分后，高峰值在 130—150 次/分，课后 10 分钟应恢复到安静时的脉率。从上表可以看出，大班体育课中，幼儿生理负担曲线的高峰都出现在基本部分后，其中体质较好的幼儿脉率为 150 次/分，肥胖儿的脉率为 170 次/分。说明本节体育课的强度达到要求，但是肥胖儿的身体素质偏差，脉率偏高。活动中教师应该调整好肥胖儿的运动量，适量降低。其次，课后十分钟的体质较好幼儿的脉率为 100 次/分钟，肥胖儿的脉率为 130 次/分，可见体质较好幼儿能恢复到安静时的脉率，而肥胖儿需要更长时间才能恢复。

4. 游戏材料的科学性分析

（1）用于测试双脚连续跳的专业材料——红方包的规格为长 10 厘米，高 5 厘米，第一次游戏使用的小草插片的规格为长 10.5 厘米，最高点为 9 厘米，第二次游戏使用的小刺猬插片的规格为长 19 厘米，最高点为 10 厘米。可见，材料的使用难度逐渐提高。请看下表，采用三种材料进行游戏后的脉率情况。

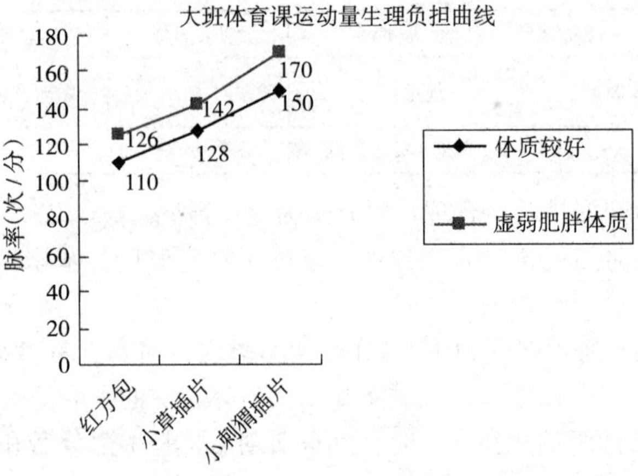

(2) 上表显示，单纯跳红方包后的脉率较安静时的脉率没有显著提高，运动强度不大。而第二次游戏包含了跳小草 10 个，以及跑步和投掷的动作，并且小草插片比红方包高 4 厘米，所以游戏后脉率平均增加了 16－18 次/分。而第三次游戏增加了 10 个小刺猬插片，比小草插片高了 1 厘米，长了 8.5 厘米，所以难度又增加了。比第二次游戏的脉率增加了 22－28 次/分。经过两次的游戏，体育课的运动强度达标了，能够很好地实现增强幼儿体质、促进幼儿健康的目的。

(四) 结论

1. 本次体育活动从实际练习时间、脉率、运动密度和强度上都能达到标准，实现了增强幼儿体质的目的。

2. 本次体育活动在游戏材料的提供上体现了层次性和科学性，随着材料难度的增加，运动强度也在增加。

3. 在游戏策略安排上，第一次游戏后教师总结和摆放刺猬插片，为幼儿提供了休息时间，动静结合，避免了身体的疲劳。其次，本次活动中融合了跳、跑、投掷的动作，避免了跳跃动作的枯燥和疲劳，促进了全身动作的发展。

4. 本次体育活动，体质较好的幼儿达到了很好的运动效果，但是肥胖幼儿活动中脉率过高，应注意调整其活动量或增加休息时间，避免因活动量过大而产生疲劳或其它危险情况。

5. 肥胖幼儿在基本部分后的脉率过高，这和快速双脚连续跳过小草和小刺猬的环节有很大关系。教师应该强调不要踩到插片，而不是强调过快的速度，这样就能适当地降低脉率。

(五) 反思

1. 通过对体育课活动量的调查分析，为以后体育课的实施提供了科学依据，教师判断一节课是否达到了标准不再是以幼儿是否出汗、面部发红、呼吸急促等表面现象为主要依据。

2. 为制定体育游戏方案，以及修改方案和实施方案提供了重要的科学依据，使体育游戏的趣味性和科学性有效统一。

3. 应该增加幼儿在园内的体育活动量和时间，还应重视家园合作，请家长增加幼儿在园外的活动时间和活动量，家园配合才能增强幼儿的体能。

二、大班幼儿体育活动中规则意识的培养（张冬梅）

内容摘要：规则是指大家共同遵守的制度或章程。幼儿期是萌生规则意识和形成初步规则的重要时期。体育游戏是幼儿非常喜爱的活动之一，有意识地进行规则游戏，可让幼儿通过规则游戏从中体验到要和大家协调一致。

关键词：规则意识　　体育游戏

规则是指大家共同遵守的制度或章程。规则是对人们行为的规范，是协调人们之间关系和行为冲突的社会标准。遵守规则表明一个人能够很好地控制自己的行为，能够认识自己行为的合理性，认识自身行为对于社会成员的影响，对于自己成长的影响。

研究表明，幼儿期是萌生规则意识和形成初步规则的重要时期。从社会性发展、道德发展和意志发展等方面看，幼儿常表现出“自我中心”，不会协调同伴之间的关系和处理行为冲突，自律性、自制力差，坚持性弱等特点。引导和培养幼儿的规则意识，使幼儿学会合作、与同伴和睦相处，才能提高幼儿自身的社会化发展水平。

体育游戏是幼儿园体育的主要内容，是由走、跑、跳、投等基础运动组成的、有情节的体育活动，体育游戏有很强的游戏规则。在平时的体育游戏中常发现有的幼儿不理解规则，有的知道游戏规则可喜欢耍小聪明，不遵守规则，使游戏无法进行。体育游戏是幼儿非常喜爱的活动之一，有意识地进行规则游戏，可让幼儿通过规则游戏从中体验到要想和大家协调一致，不被群体所抛弃，应该相互尊重，控制自己不符合游戏规则的行为，这有助于幼儿理解社会范围内的各种规则，同时，游戏的规则可帮助幼儿摆脱自我中心，从而形成人际协调的合作关系。那么，如何在体育活动中培养幼儿规则意识呢？我主要从以下几方面进行实践。

（一）选择有趣的体育游戏，激发幼儿内在的规则意识

在日常生活中我们常常看到，幼儿在自己感兴趣的活动中，有一种内在的规则约束力，它不是靠老师的说教实现的。如孩子们在看动画片时一个个神情专注，完全被画面上有趣的情节所吸引，便能安静观看，不需要教师来维持纪律，这就是兴趣活动带来的效应。由此我们发现幼儿在进行体育游戏时也有兴趣活动带来的效应。幼儿玩感兴趣的体育游戏，就能建立内在的规则意识，教师无需“劳神费事”地不断提醒幼儿遵守游戏规则。例如游戏“滚轮胎”，要求 4 人一组，每人当“小司机”，将汽车轮胎绕过“小树林”向前推进，规则是轮胎不能压着“小树”，也不能驶向别的车道，第一名“小司机”必须“驾驶”完全程，第二名“小司机”才能启程。幼儿对扮演“汽车司机”滚动汽车轮胎非常感兴趣。在游戏进行之前，教师请幼儿演示，交待了游戏的玩法和规则。幼儿非常投入，并

在游戏中自觉地遵守规则。其中一个女孩子由于个子小，没有掌握好滚轮胎的方法，不小心碰着了一棵“树”，同伴立即告诉她：“你要小心，不能碰着小树，不然我们组就输了。”可见，在平时的教学中培养幼儿遵守游戏的规则，教师就应从幼儿的兴趣和需要出发，为幼儿选择和设计有趣的体育游戏，通过有趣的情节、角色的扮演以及幼儿感兴趣的材料操作，激发孩子内在的规则意识。

（二）根据幼儿的年龄特点选择体育游戏，逐步培养幼儿的规则意识

有关研究显示，规则游戏是幼儿发展到一定的年龄阶段才会出现的，它反映了幼儿的发展水平。的确，在我们组织幼儿进行体育游戏时，不同年龄阶段的幼儿对游戏规则的理解程度有很大差异，小班和中班前期的幼儿对体育游戏中的规则理解水平很低，他们更多地是满足于游戏中的动作、角色扮演，以及有趣的情节，也就是游戏的过程，而不会顾及游戏的结果，更不明白规则在游戏中的意义。进入大班，幼儿游戏的目的性增强，由关注游戏过程转向关注游戏结果，开始理解规则对游戏结果的影响，也就是所有成员必须遵守规则，游戏才能玩起来，玩得愉快。

然而，幼儿是发展中的个体，是蕴涵着发展的现实性和可能性的个体。幼儿可以在教师的指导下，从小班开始，恰当地开展规则游戏，逐步培养起规则意识，实现幼儿的超前发展，其关键在于教师必须从幼儿的年龄特点出发，选择和设计适合幼儿发展水平的游戏。

大班幼儿竞争意识、集体荣誉感逐渐形成，喜欢玩竞赛性游戏。教师在组织竞赛性游戏时，不能只注意到速度和动作质量，更应要求幼儿遵守纪律和游戏规则。为此，游戏前可组织幼儿自己讨论应遵守的规则，使他们明白没有这些规则会影响活动，甚至会对身体造成伤害。如游戏“抬小猪”，要求两人合作，各拿两根棍子的两端，把“小猪”（皮球）放在两根棍子的中间抬到对面，比一比哪一组抬得又快又好。游戏进行前，教师引导幼儿讨论规则，要把“小猪”抬得又快又好，两个小朋友必须友好合作，两个人走的速度一样才行，否则就抬不好。游戏进行时，幼儿为了给自己组争光，学着控制自己，就是平时十分调皮的幼儿也会控制好自己的情绪，全神贯注地盯着“小猪”，并与小伙伴协调好动作，控制自己的行为，遵守游戏规则，把“小猪”抬到对面。幼儿喜欢以自我为中心，教师设计的游戏及游戏规则要以两人或多人合作、协调一致为主，有意识地培养幼儿的自我控制能力，学会与同伴合作。

（三）在体育游戏中发挥幼儿的自主性，引导幼儿自觉遵守规则

对幼儿来说，规则的意义在于它能促进幼儿的发展，教师应尽可能地发挥幼儿的自主性、创造性，让幼儿获得充分的自由，以及充分被尊重的感觉，培养他们发现问题和解决问题的能力。由幼儿自己制定、理解的游戏规则和规则游戏更容易为他们所理解和超越。同时，让师幼共同解决问题的过程变为修订规则的过程，规则会更完善、合理，也才会让幼儿更自觉地遵守。为此，我们组织幼儿进行体育游戏时，特别是竞赛游戏时，让幼儿自己想办法，自己制定规则，如游戏“小小侦察兵”，我设计了一张“铁丝网”，让幼儿讨论“侦察兵”如何前进，才能又快又安全地到达营地。有的幼儿说“如果铁丝网有电，就不

能碰着”有的幼儿说“侦察兵要趴着前进，才不被敌人发现”……于是游戏的规则在幼儿间的相互讨论中产生：“侦察兵”必须匍匐前进，不能碰着“铁丝网”。由于是幼儿自己制定的游戏规则，游戏过程中无一人违反规则，幼儿全身心地投入，沉浸于游戏当中，为游戏的秩序、情境所吸引，在一种高度忘我的状态中发展自己。

（四）教师正确评价体育游戏，强化幼儿的规则意识

游戏评价是游戏管理的主要手段，它作为游戏活动的重要环节可以使幼儿在评价的过程中获得大量的反馈信息。在有规则的体育游戏中，教师的正确评价，有助于强化幼儿的规则意识。首先教师对游戏的评价应注重发挥评价的激励作用，鼓励和支持每一个孩子在游戏中的创造，激发幼儿进行规则游戏的兴趣和热情。其次，评价以幼儿为主体，教师应引导幼儿就遵守游戏规则以及游戏过程和结果展开讨论，帮助幼儿理解游戏规则，知道遵守规则能使游戏顺利进行，体验游戏的成功与快乐，从而强化幼儿的规则意识。最后，教师在评价游戏时，正确处理好幼儿游戏中自由与规则的关系。教师时常会在准许幼儿自由与强调规则之间举旗不定，其实规则和自由并不矛盾，如果规则来自于幼儿或者来自于外部的，符合幼儿的需要，有利于游戏的开展，幼儿不仅能够较好地理解和遵守规则，而且也有利于幼儿在游戏规则的指引下更好地在游戏中发挥自己的主观能动性，灵活而自主地参与游戏，并从中逐步将规则内化为自己行为的一部分，在游戏和活动中建立良好的行为习惯。

体育游戏的内容和形式是丰富多彩的，游戏的规则也是多样的，通过体育游戏培养幼儿的规则意识，并将规则迁移到日常生活中，有助于幼儿形成良好的品质和行为习惯，促进幼儿全面和谐地发展。

三、激发小班幼儿的投掷兴趣，科学开展投掷活动（李新波）

内容摘要：小班幼儿投掷能力不足，主要表现为：幼儿对于挥臂、甩腕、投掷的时机把握不准确，不能很好地协调投掷的方向、速度和力度。上肢用力时，下肢和躯干不能协调配合。原因在于：第一，投掷本身就是幼儿基本动作中技术含量最大的。投掷对身体各个部位相互配合的要求很高，对于小班幼儿来说，投掷动作是最难掌握的基本动作。第二，由于幼儿投掷水平低，导致幼儿投掷的兴趣不足，不喜欢投掷活动，动作掌握就更加困难。解决措施：第一，提升教师的自我储备，掌握投掷的相关知识。第二，多种方式激发幼儿的投掷兴趣。第三，注重游戏的科学性，发展幼儿的投掷动作。

关键词：小班幼儿　　投掷

我园近几年的体能测试结果显示，幼儿的投掷成绩一直不是很理想，尤其是小班幼儿。主要表现在：幼儿对于挥臂、甩腕、投掷的时机把握不准确，不能很好地协调投掷的方向、速度和力度。上肢用力时，下肢和躯干不能协调配合。

原因在于：第一，投掷本身就是幼儿基本动作中技术含量最大的。投掷对身体各个部

位相互配合的要求很高，对于小班幼儿来说，投掷动作是最难掌握的基本动作。第二，由于幼儿投掷水平低，导致幼儿投掷的兴趣不足，不喜欢投掷活动，动作掌握就更加困难。

在参与本园市级课题“幼儿园体能锻炼教育策略的实践研究”的探索中，教师在激发小班幼儿投掷兴趣，科学开展投掷活动方面重点尝试，力求有所突破。

（一）提升教师的自我储备，掌握投掷的相关知识

我园教师翻阅了大量相关书籍，并从网上查找资料，对投掷动作的发展规律和动作要求，以及小班幼儿投掷动作的发展特点进行了梳理，为科学地指导幼儿投掷动作打下了基础。

1. 投掷基本动作的发展规律

投掷动作可分为低手、侧肩与肩上投掷，投掷的发展过程为从双手投掷到单手投掷，从低手投掷到肩上投掷。由此可知，肩上投掷动作可以视为成熟投掷动作的最终结果。

2. 投掷的动作要求

第一，准备动作时，手臂向后伸展。第二，准备投掷时，身体向一侧旋转 90 度，并随着投掷的过程将身体转向出手的方向。第三，手臂投球时，以肩上出手方式，朝前上方进行投掷。第四，以右手为惯用手者，左脚在前，右脚在后，投掷过程中将重心由后脚转移至前脚。

3. 小班幼儿投掷的特点

能掌握基本的投掷动作，但是动作不协调，主要是上肢用力，下肢和躯干不能协调配合。

4. 小班幼儿投掷的内容要求

自然地往前上方或向远处屈臂肩上投掷，出手方向为前上方。

（二）多种方式激发幼儿的投掷兴趣

《幼儿园教育指导纲要》中指出，要培养幼儿对体育游戏的兴趣，发展幼儿的基本动作。可见，兴趣是一切活动的基础。所以在投掷活动中，教师也应注重幼儿兴趣的培养。

1. 以情境游戏为主要活动形式，激发幼儿的投掷兴趣

小班幼儿的年龄特点决定了幼儿喜欢在教师的带领下一起游戏，喜欢模仿并扮演角色进行活动。所以，情境游戏是最适合小班幼儿的活动，投掷游戏本身可以赋予的角色也很多，既能调动幼儿投掷的积极性，又能满足幼儿游戏的愿望。例如根据动画片情境创设的游戏“喜羊羊与灰太狼”“海绵宝宝的大泡泡”“勇敢的蓝猫”等，根据故事内容创设的游戏“打跑大老虎”“狼和小羊”“勇敢的小裁缝”等，这些游戏内容，是幼儿熟悉和喜欢的，所以，易于激发幼儿的兴趣。再比如，在组织幼儿玩情境游戏“打跑大老虎”的游戏时，用皱纹纸条创设了森林情境，通过故事的形式，使幼儿了解，只有用沙包打跑森林后面的大老虎，它才不会穿过森林来欺负小动物。为了保护小动物，幼儿都努力地把沙包投过森林，兴趣非常高。

2. 丰富投掷材料，激发幼儿投掷兴趣

著名教育家陈鹤琴先生指出，小孩子玩，很少空着手玩的。必须有许多玩具来帮助才

能玩得起来，才能满足玩的欲望……玩固然重要，玩具更为重要。这说明材料与幼儿活动有着密切的关系，是幼儿直接进行活动的物质基础。所以，要提高幼儿投掷的兴趣，投放的投掷材料要丰富，满足不同幼儿的需要。小班除了投放不同质量如 100 克、200 克、500 克的沙包之外，还投放了不同质量的糖果、手榴弹、流星、布飞盘、纸飞盘，还有不同大小的球类，如橄榄球、网球、小皮球、羽毛球、硬纸球等，还利用生活物品，做为投掷的材料，如塑料袋宝宝、废旧手绢、纸片等，为幼儿在游戏中提供多种选择的机会。

3. 教师用激励性语言提升幼儿投掷的兴趣

《幼儿心理学》一书中指出，幼儿的自我评价主要来源于成人对自己的评价。所以，教师积极的评价和鼓励，对于幼儿建立自信和提升投掷的兴趣，有着举足轻重的作用。在组织幼儿游戏中，教师要以积极的态度评价幼儿，并在鼓励的同时提出新的要求，使幼儿在获得肯定的同时，有了新的努力目标，并乐于为这个目标努力。如在游戏“海绵宝宝的大泡泡”中，引导幼儿把大泡泡扔到大海里，赵璐在投掷时，用力方法不对，大泡泡只扔到最近的浅海里，教师会说：“璐璐今天真棒，把大泡泡都扔进海里了，再试试往高处扔，看看能扔进蓝色的海里吗?”这样，孩子会很有兴趣继续练习。

（三）注重游戏的科学性，发展幼儿的投掷动作

对于幼儿投掷动作的掌握，我们很多老师都认为，学生只要多多练习，练习的次数足够多之后，他们就能够做出正确的投掷动作了。实际上，研究表明：对大多数人而言，许多动作不会“自动”发展，也不会因为生理成熟而改善，需要有练习的机会、多多鼓励、正确的指导以及适当的学习环境，才能让学生逐渐熟练动作技能。所以，无论是在创设游戏还是在指导游戏时，教师都要注重游戏的科学性，有目的地促进幼儿投掷动作的发展。

1. 遵循幼儿年龄特点，循序渐进地开展投掷游戏

在组织幼儿投掷游戏初期，开展双手向前抛球，如游戏“小鱼吐泡泡”。开展双手向上抛物、单手向上抛物等游戏，锻炼幼儿手腕的力量，练习小臂和手腕的协调用力，以及对出手时机的把握。

然后再进行单手肩上自然抛物的练习。在每次游戏的创设上，教师要针对一个目标，循序渐进地指导，引导幼儿慢慢掌握投掷的基本动作。针对幼儿出手方向的练习，如“打跑大老虎”游戏中，设置树林的高度，使幼儿站在投掷线呈 45 度角，引导幼儿投过树林，感受投掷的方向。在引导幼儿手脚位置相反时：注重观察幼儿投掷的主力手，对左手为主力手的幼儿单独指导，引导幼儿知道投掷时脚的位置。又如针对幼儿转身的练习，通过顺口溜“手拿沙包身体转，扔出沙包面向前”，提示幼儿转身的动作，使幼儿在每次游戏中都能积累正确投掷的经验。

2. 注重幼儿的个体差异，游戏设计体现层次性

由于幼儿本身身体机能不同，所以掌握投掷动作的能力也不同，幼儿之间存在着较大的差异。在组织游戏过程中，教师要注重游戏创设的层次性，让不同水平幼儿都有成功体验，如在“海绵宝宝的大泡泡”游戏中，教师请幼儿做海绵宝宝把大泡泡扔回海里。在海的创设上，设置了远近不同的颜色，引导幼儿扔沙包，就算扔得比较近，幼儿也能体验到

成功的喜悦。

虽然投掷动作比较复杂，但是在探索与尝试中，小班幼儿已经能有意识地运用投掷的基本动作进行投掷，已经能够控制自己的动作进行投掷，投掷的效果也比较理想。

四、运用多种方法激发大班幼儿参与体育活动的兴趣（贾晓娟）

内容摘要：培养幼儿的兴趣是幼儿园体育教学活动中不可忽视的一个方面。教师根据幼儿的年龄特点、身体状况等组织生动有趣、形式多样的体育活动，对幼儿健康成长具有重要意义。

关键词：多种方法　　大班幼儿　　体育活动　　兴趣

体育活动是由一定的情节、形式、规则和结果等几个部分组成的综合性活动。兴趣是一种带有意识特点的心理驱动力，从心理层次出发反映到体育活动中，培养幼儿对体育活动的兴趣，有着非常重要的意义。兴趣不能离开具体的对象，根据幼儿所处的年龄阶段及特点，创设适合幼儿的体育活动，激发幼儿对体育活动的兴趣，才能更好地增强幼儿体质，发展幼儿的基本动作，培养幼儿勇敢、大胆、自信、坚强等意志品质。

幼儿对体育活动的兴趣，直接影响他们参与体育活动的主动性和积极性，也决定着幼儿运动技能的习得。事实证明，只要幼儿对体育活动有兴趣，就会把学习技能与体育锻炼作为自身的需要，主动克服主客观困难，积极参与体育活动，逐步增强身体素质，发展各方面的运动能力。因此激发幼儿的兴趣十分重要，可以从以下几个方面进行尝试。

（一）选择幼儿感兴趣的游戏内容

《幼儿园教育指导纲要》中指出：幼儿园教育活动的内容，既要贴近幼儿的生活，选择幼儿感兴趣的事物和问题，又要有助于拓展幼儿的经验和视野。因此，教师在组织体育活动时，应该以幼儿的年龄特点、生活经验为基础，贴近幼儿的生活，选择幼儿感兴趣的游戏内容。在讲故事《南瓜生蛋》时，幼儿对红军战士的形象十分喜爱和敬佩，吵着还要再听一遍。根据幼儿的喜好，教师选择了解放军战士这一题材。虽然幼儿都非常喜欢这一形象，但是在日常生活中，幼儿接触的机会并不多，为了让幼儿更加了解他们将要扮演的这一形象，教师搜集了各种解放军战士的照片、视频等，利用空闲时间和幼儿一起观看，让幼儿对解放军更加了解，让这一形象更贴近幼儿的生活。在观看这些影像资料时，幼儿不断地发出赞叹声，对这一形象的喜爱与敬佩之情更加浓厚了，在此基础上生成一个新的游戏主题“小小解放军”，抓住了幼儿的兴趣，也有了经验的铺垫，再请幼儿扮演这类角色时，他们便能更积极地参与其中。

（二）创设幼儿感兴趣的游戏情境

幼儿对生动活泼、具体形象的事物常保持着浓厚的兴趣，因此创设幼儿感兴趣的游戏情境，让幼儿有身临其境的感觉，让他们听得见、看得见、摸得着，能激发幼儿参与体育活动的兴趣。如在体育活动“小小解放军”中，教师针对幼儿所要扮演的解放军这一角色，为幼儿创设了上战场打敌人这一游戏情境。无论是指挥官、通讯员、侦查员等角色的设置，还是指挥官口中干脆利落的一个个口令，都使幼儿融入到了情境之中。特别是当幼儿听到指挥官布置任务，要请小解放军战士上战场打敌人时，每个小战士都是一副精神振奋、蓄势待发的样子，此时幼儿的兴趣也被激发起来。当听到出发的口令时，每个小战士都以自己最快的速度跨过前方的小河，拿好武器在草地两侧蹲下来隐蔽，隐蔽的时候也真实地融入到了情境之中，不敢出声音，因为他们怕被前方的敌人发现。当枪炮声的音乐响起，指挥官发出进攻的口令时，幼儿的情绪再一次被成功地调动起来，朝着前方的敌人，毫不留情地扔出手中的武器。当我宣布敌人已经全部被打败后，幼儿立刻欢呼雀跃起来。由此可见，创设逼真的游戏情境能很大程度地激发幼儿的兴趣，在幼儿全身心地投入游戏攻打敌人时，他们的投掷能力也得到很好地发展。

（三）选择丰富的游戏材料

在体育活动中，教师要用幼儿感兴趣的活动方式发展幼儿的基本动作，提高幼儿动作的协调性、灵活性。而吸引幼儿的除了生动、逼真的游戏情境，还有丰富的游戏材料，这些材料能最大限度地激发并维持幼儿对体育活动的兴趣。因此，游戏材料的选择十分重要。对于教师来说，最好的选材方法就是就地取材，注重日常生活用品、废旧物品的应用，既便利又能渗透环保教育。在游戏“小小解放军”中，其中一个情境是跨过小河，对于小河的设置，教师选择用小椅子和皮筋，遵循了就地取材原则；在小解放军战士隐蔽的这一环节，教师为幼儿提供的是用废旧奶盒贴上小草制作的有一定高度的草地，这一材料的提供体现了废旧物的利用；在攻打敌人这一环节，教师为幼儿提供了炸弹和形象逼真的手榴弹，以引发幼儿的操作兴趣；而在投掷的前方，教师为幼儿设置了投掷目标——各种表情的敌人头像，以及前方不远处敌人驾驶的由废旧纸箱制作成的两辆大坦克，使幼儿的攻打更加具有目的性；在幼儿拿武器攻打的过程中，教师还为幼儿提供了枪炮声的音乐，使幼儿更有身临其境的感觉。这些游戏材料的准备，都使幼儿对体育活动的兴趣更加浓厚。在前期的准备中，教师还让幼儿亲身参与制作材料的过程，培养幼儿的动手能力，如让幼儿将坏人头像沿轮廓剪下来粘贴、为两辆大坦克刷颜色等。在充分贯彻体育器材的安全性、实用性、节俭性原则的基础上，教师又让幼儿参与制作的过程，使幼儿了解“玩具”来之不易，应该好好保护和珍惜。

（四）组织竞赛性体育活动

《幼儿园教育指导纲要》中指出：要根据幼儿的年龄特点组织生动有趣、形式多样的体育活动，吸引幼儿主动参与。而竞赛性体育活动正是大班幼儿特别喜欢的一种活动形式，是激发幼儿兴趣和促进幼儿发展的一种有效策略，因此，教师可以根据幼儿的实际情况，选择合适、安全，并具有一定难度的竞赛性活动，让幼儿享受竞赛游戏带来的乐趣。在体育活动“小小解放军”中，其中两个环节都是以竞赛形式开展的，第一个环节就是小解放军战士训练时，训练场的前方五、六、七米处，教师分别用粉色、蓝色、红色旗子隔出了不同的区域，目的是给幼儿设置一个目标。有了目标、有了竞争，小解放军战士们自然能够竭尽全力地投入到训练的过程中。第二个竞赛式环节的设置就是在攻打敌人的时候，这一环节相对于之前的训练，更具有挑战性。因为比的不仅是投远，还涉及到了投准，能打中的目标小了，距离也相对远了，所以对幼儿的要求也就提高了。大班幼儿对这种有一定挑战性、有一定难度的活动十分感兴趣，尤其是这类竞赛性的体育活动，幼儿的兴趣会更加浓厚。有了兴趣，幼儿积极参与其中，投掷的技能就在不知不觉中得到了发展。

（五）教师积极引导并正确评价

《幼儿园教育指导纲要》中指出：教师应以关怀、接纳、尊重的态度与幼儿交往。耐心倾听，努力理解幼儿的想法与感受，支持、鼓励他们大胆探索与表达。因此教师应树立“我和幼儿一样高”的理念，成为他们活动中的支持者、合作者、引导者，仔细观察幼儿在游戏中的表现，并及时进行引导。在体育活动“小小解放军”的投掷练习中，有的幼儿扔了几次距离还是很近，教师通过观察发现是因为他没有掌握好出手的角度。教师没有批评他，而是鼓励他说：“你刚才动作做得特别认真，扔得也特别用力，但如果你能按照这样的角度扔（教师边说边示范），我相信你能扔得更远。”听了教师的话，他努力地尝试着，真的有了进步。此外，在体育活动的过程中，评价也是重要的组成部分，它能使幼儿对活动内容产生兴趣并维持积极性，进一步进行探索。以往教师单一、权威的评价，让幼儿感到游戏活动只是为了获得表扬。而如果在组织游戏活动的过程中尽量鼓励幼儿参与评价，引导他们在玩的过程中发现问题，解决问题，多想一想、说一说，就能促使他们保持浓厚的兴趣，激发他们学习的主动性。

体育游戏是体育教学活动的主要内容，是完成教学任务的一个有效途径。教师在组织体育活动时，应根据幼儿的喜好确定游戏内容，精心地创设游戏情境，提供丰富的游戏材料；采用幼儿喜欢的游戏形式，在活动过程中发现问题积极引导，在活动结束时正确地进行评价，这样就能更好地激发幼儿对体育活动的兴趣和参与积极性，帮助幼儿达到锻炼身体、增强体质、开发智力、增长知识、陶冶情操、健康发展的目的。

五、培养小班幼儿对分散活动兴趣的实践研究（李国莲）

内容摘要：幼儿园户外分散活动是体育活动中的一项，它与集体活动不同的是，它是一项幼儿自主选择、自由活动的项目。然而小班幼儿由于年龄较小，社会经验较少，对于许多户外玩具的玩法不是很清楚，以至于他们对户外玩具的兴趣不是很高，多数情况下，只是拿着它们追逐。《纲要》中指出：培养幼儿对体育活动的兴趣是幼儿园体育的重要目标，要根据幼儿的特点组织生动有趣、形式多样的体育活动，吸引幼儿主动参与。那么，如何培养小班幼儿对分散活动的兴趣，成为教师需要思考的问题。

关键词：小班幼儿　　分散活动　　兴趣

小班幼儿的活动方式是“游戏化的一日生活”，所以教师在组织活动过程中要以幼儿为主体，以培养幼儿的兴趣为出发点，从而使“游戏化的一日生活”在幼儿的户外分散活动中表现得淋漓尽致。就像爱因斯坦曾说的：兴趣是最好的老师。

以往，教师在组织分散活动时往往存在着以下问题。

第一，简单重复同样的活动，使幼儿对活动失去新鲜感和兴趣。

第二，缺乏目标及挑战性，幼儿在活动中处于“被动”地位，缺少主动性和创造性。

第三，教师的角色定位不准确，只是在一旁看幼儿玩。

那么怎样在尊重孩子的意愿、体现孩子自主性的同时，培养小班幼儿对分散活动的兴趣呢？我们采取了以下方式方法。

（一）角色扮演，游戏化的分散活动

小班幼儿的年龄特点是喜欢模仿，而且模仿能力极强。因此，为激发小班幼儿对活动的兴趣，教师可根据现有的活动材料，选取幼儿熟悉的动画片或儿歌，并创设与角色相关的场景，让幼儿扮演角色，参与分散活动。例如“猫捉老鼠”游戏，先是播放《猫捉老鼠》的动画片，然后请幼儿自主选择角色。在游戏开始前，教师和幼儿共同布置场地，如小老鼠的家，不同程度的障碍（彩石、荷叶、圈）等。游戏开始，幼儿之间会因为同伴的影响而主动地参与活动。又例如给幼儿讲小兔子爱吃萝卜的故事，引发幼儿扮演小兔子，佩带小兔子的腰饰，然后模仿小兔子蹦蹦跳跳的样子到菜园里去种菜。由此，开展一系列的活动，如小兔子种萝卜、小兔子拔萝卜、小兔子吃萝卜、小兔子与其他动物分享自己的食物等。孩子们在活动的过程中不仅了解了农作物种植生长的过程，还对双脚连续跳进行了充分练习。同时，在与其他小动物分享食物的过程中也培养了幼儿的社交能力。

（二）创设标志，规则化的分散活动

1. 画出规则示意图

例如，小班幼儿在进行玩球活动时，往往随意性很大，玩法单一，此时，我便会给他们画上球的多种玩法。小班幼儿初期可能就只是简单地感知球的弹跳，慢慢发展到能单手拍球并连续拍 5 下。然后，尝试进行双手交替拍球，利用其他物体代替手来拍球，以及两个或两个以上小朋友传球等形式的玩法。这样不仅能够拓展幼儿的思路，也便于教师对幼儿进行个别指导。

2. 以实物作为标记，让幼儿进行游戏

例如，在开小汽车的游戏中，教师可站在场地中央，手持红球和绿球。小班幼儿观察能力还不是很强，所以在刚开始玩这个游戏，当红球举起时，教师要同时用语言提示幼儿现在是红灯，幼儿所开的小汽车就要停下来等红灯。当绿球举起时，教师以同样的语言告诉幼儿，幼儿所开的小汽车可以正常行驶。待幼儿能够熟练掌握这个游戏时，教师可以制作一些交通标志，如下图。

教师可将这些标志在场地的相应位置摆放上，并在游戏前让幼儿了解这些交通标志的意义，为幼儿能够顺利地进行游戏打下基础。幼儿在教师的带领下，渐渐学会玩这个游戏。游戏中，还可以投放一个制作的加油器和停车场管理员的挂牌。

（三）材料提供，多样化的分散活动

在小班幼儿的分散活动中，材料能够影响幼儿参与活动的积极性，影响幼儿各项运动能力的发展。例如以圈为主题，深入研究圈的多种玩法。

1. 我是小司机

教师手举红绿灯，幼儿双手转着圈，在一定范围内四散跑。

2. 快乐的小兔

将圈平放在场地上，摆成各种形状的小路，幼儿可以进行双脚连续跳。

3. 好玩的击靶游戏

用圈制作成靶子，幼儿站在 1.5 米外用方包击打靶子中心的图案。

4. 勤劳的渔夫

幼儿扮演小鱼，教师扮演渔夫，师幼共同说完儿歌《我是小鱼》后，教师开始捕鱼。

5. 看谁钻得快

用架子或长绳将圈固定成一行，终点悬挂一面小鼓。将全班分成两队，进行接力赛，每队的最后一名选手敲鼓，谁先将鼓敲响即为哪队获胜。

6. 跳圈接力赛

将全班幼儿分成两组，每组分成两部分，相隔 5 米面对面。哨声响起，第一名幼儿双脚跳入圈中，并将第二个圈放在第一个圈前（要求挨着第一个圈摆放），再跳入第二个圈。依次摆放，直到挪到对面的队员前，两人交换，待全队人完成即为获胜。

（四）分层计划，注重个体差异性的分散活动

小班幼儿个体差异很大，可针对这种情况尝试进行分组。例如，在走梅花桩时，运动水平较好的幼儿，教师会让他走蛇形的，并且每个桩之间有一定的距离；对于运动水平中等的幼儿，教师会让他们走直线且有一定距离的梅花桩；而对于运动水平较弱的幼儿，则可在老师的帮助下走直线，并逐渐加快速度。

（五）教师的指导与帮助

教师对小班幼儿有效的指导是小班幼儿愉快参与分散活动的有力保证。教师的指导有

如下策略。

1. 转换角色——教师是幼儿最好的玩伴，在幼儿不知道如何进行游戏或者幼儿之间出现矛盾时，教师以玩伴的身份参与幼儿的活动，和幼儿一起游戏。

2. 榜样作用——小班幼儿的年龄特点是爱模仿、好动、好奇心强。我们抓住幼儿的这个特点，发挥教师的榜样作用，激励幼儿参与游戏。

3. 个别关注——在集体活动中我们应该多注意个别幼儿，尤其是体弱儿，不仅在活动中要给予保护，还要给予鼓励，使幼儿体验到成功与喜悦。

4. 师生互动——教师应关注幼儿在活动中的表现和反应，察觉他们的需要，给予适当的回应，形成良好的师生互动。

众所周知，幼儿园户外活动的组织形式基本分为集体活动和分散活动，其中集体活动是一种长期的活动形式，而分散活动是以幼儿为主体的发挥幼儿自主性的一项活动。在这类运动形态中，充分体现了幼儿的主观能动性、自由选择和幼儿的兴趣爱好，因此，深受幼儿的喜爱。

也正是由于分散活动与集体活动的不同特点，所以教师在活动中所起到的作用有着相当大的不同。教师在活动中对幼儿的指导更多体现在幼儿随机发生的状况中。

六、在体育游戏中促进幼儿的健康发展（郑艳荣）

内容摘要：幼儿园健康教育应以幼儿的身体健康为本，教师可以通过体育游戏、适当开展特色体育活动、充分利用游戏等途径，激发幼儿参加体育锻炼的兴趣。幼儿园应加强健康教育，并在环境与一日生活中渗透健康教育，促进幼儿健康意识与行为的发展。

关键词：身体健康　　体育游戏　　幼儿

陈鹤琴先生曾说："幼儿园应把健康放在第一位。"《幼儿园教育指导纲要》也明确指出："幼儿园必须把保护幼儿生命和促进幼儿健康放在首位。"因此，健康是幼儿园的首要任务。

游戏是幼儿的天性，是幼儿的基本活动，游戏能激发幼儿活动的兴趣。苏霍姆林斯基说过："所有的智力活动都依赖于兴趣。"因此，没有兴趣幼儿就不会参与，只有培养幼儿对体育游戏的兴趣，才能激发幼儿的活动激情，才能充分发挥幼儿的潜能，使其健康茁壮地成长，从而达到体育教育的目的。幼儿的各类游戏蕴藏着发展和教育的契机。在体育游戏中，幼儿可以把自身发展的多样性、差异性表现得淋漓尽致，在轻松的环境中通过体验、动作的表现构建经验、获得发展。

（一）根据幼儿的年龄特点，合理选材，精心设计体育游戏

幼儿阶段有着明显的年龄差异。因此，需要分析不同年龄段幼儿的心理、生理和动作特点。

小班：易掌握单一的动作，技巧性动作难以接受；喜欢玩同一类游戏，尤其喜欢角色

化的游戏内容，不喜欢竞赛、运动量大的活动，以独立运动为主。

中班：能掌握简单的不同动作，而创造性的大动作仍有困难；喜欢集体游戏，对合作性运动有兴趣，而竞赛性的游戏只重过程，目的性不强。

大班：能掌握技巧动作，会动脑筋完成有一定难度的动作，如玩一些创造性强或几种运动器械组合，需同时完成几个动作的内容；喜欢玩变化大、竞赛性强且运动量较大的游戏。

在指导幼儿开展活动时，老师要注意以下几个方面。

1. 目的性

玩具材料的投放与使用，应根据近期的目标，有目的、有计划地投放。要防止一成不变“老面孔”的内容出现，对新的活动形式遵循循序渐进的原则，由易到难。

2. 安全性

认真做好活动前的准备工作，如检查活动器械、活动场地，湿了的要擦干，损坏的要更换。还要合理布局场地，按不同内容划分各个区域，以安全、不互相干扰为原则。

3. 趣味性

活动中要避免单调、死板、机械的被动学习，避免练习的枯燥重复。要根据玩具和场地的特点，将活动内容游戏化，增加情节、角色，使之更具趣味性。可让幼儿按自己的意愿，自由结伴或单独活动。中小班在玩新内容时，可让大班幼儿示范。大带小的方式小班幼儿容易接受，也满足了大班幼儿当哥哥姐姐的愿望。只要是安全合适的，老师都给予支持，提高幼儿的主动性、积极性。

4. 创造性

教师在示范和指导幼儿活动时，注意引导幼儿自主探索和思考，变被动学习为主动学习，启发幼儿想出与众不同的玩法，做到一物多玩。如塑料圈可跳、可钻、可投，利用绳子钻、跨和花样跳。让幼儿变换可乐瓶的摆放方法，老师可先请想出独特玩法的幼儿做示范，让其他幼儿想一想、试一试“还有多少种玩法”。教师及时组织幼儿互相学习、推广，使幼儿在教师和同伴的接受和肯定中形成积极的自我概念。得到鼓励的幼儿情绪很高，其他幼儿也会产生创造热情。

5. 层次性

由于幼儿存在着个体差异，在创设活动内容和投放玩具时，要考虑幼儿不同的水平和能力，设计和安排难度不同的活动。如玩具有大有小、有宽有窄、有高有矮，便于幼儿根据自己的能力选择。老师要注意对不同心理状态和不同能力的幼儿施以不同的指导和帮助，要善于发现幼儿的优点和点滴的进步，以饱满的情感、积极的态度、鼓励的方法指导幼儿。

6. 掌握好度

要掌握好度，就是老师在活动中要巡回观察指导，及时调整各小组幼儿的人数，在鼓励幼儿分组轮换和创造性活动的同时，提醒幼儿不玩运动量太大或动作难度大的游戏，以不影响接下来的早操和教学活动为度。活动中还要观察幼儿出汗情况，及时提醒幼儿擦汗减衣，掌握适度的运动量和运动密度。

以钻、爬游戏为例。要使幼儿能积极、主动地参与钻、爬游戏活动中来，教师首先必须了解幼儿身心发展的特点，尤其是动作发展的特点。大班幼儿较适合开展一些难度较大的钻、爬游戏，用于钻、爬的游戏器材也可以稍长一些。为此，可准备富有情趣、多层次的活动器材：一组平铺的大垫子——由于大垫子上没有任何障碍，胆子小、动作能力差的幼儿可以有安全感，可以开展各种形式的爬行活动；一组阶梯状的垫子——将一组小的方形垫子摆成阶梯状，垫子的高低变化可增加爬行过程的难度，具有一定的挑战性，可以锻炼幼儿克服障碍、战胜困难的勇气和能力；一组全封闭式的钻、爬游戏相结合的拱形洞，增加其神秘感，并且，这种拱形的形式符合幼儿好奇的心理特点，可以使幼儿产生探索的欲望。当然，单一的钻和爬游戏容易使幼儿厌烦，不利于发展幼儿的探索精神与创新能力。为此，可通过增加辅助材料来激发幼儿参与活动的兴趣，同时，也可将一些活动规则渗透进来。例如，为幼儿提供玩具枪、信件等，这样幼儿便可模仿解放军打仗、送鸡毛信等情节进行“侧爬”的游戏或“匍匐爬”的练习，能激起幼儿活动的兴趣，促进其大肌肉的发展。

（二）创设有利于幼儿发展的户外体育游戏环境

幼儿园良好的户外环境能够满足幼儿活动的需要，给其安全感，让幼儿感到轻松愉快，能激发幼儿参与体育游戏的愿望，促进幼儿的发展。教师应提供符合幼儿兴趣和不同发展水平及多功能、可变化的活动材料，促进幼儿与材料互动。

在户外游戏中，为幼儿提供符合其兴趣需要的游戏材料是引导幼儿主动学习的重要因素，它可以激发幼儿参与体育游戏，促进幼儿身体的发展。

1. 老师要提供符合幼儿兴趣需求的材料

例如，阳春三月，孩子们对放风筝的活动很喜欢，并愿意自己动手放风筝，但是对于幼儿来讲有一定的难度。所以，我们将幼儿拣来的白色垃圾——塑料兜系上绳子当风筝，这样一来孩子们轻而易举地做好了风筝，兴趣得到满足，放风筝时也很高兴，孩子们在大肌肉和智能方面均得到发展。

2. 提供满足幼儿不同发展水平的材料

根据幼儿发展具有差异性的特点，我们在投放材料时应考虑材料的层次性，使每个幼儿都有成功的体验和健康的发展。

在投掷游戏中，教师设置了大小不同的投掷箱，有的口小些，有的口大些，有的高些，有的矮些，有正的，有斜的……在这些蕴涵着不同要求、不同内容的材料中，使每个幼儿在活动中得到满足，获得成功的体验。使幼儿从多种角度锻炼了投准能力，还有助于幼儿视觉协调能力和运动准确性的发展。

3. 提供可引导幼儿不断创新的材料

在幼儿户外活动中，一些废旧的半成品材料具有重要的价值，它可以引导幼儿不断创造新的玩法，丰富活动内容，提高参与活动的兴趣。在活动中还可以激发孩子探索的愿望，培养幼儿的创新意识。于是我们发动幼儿和家长共同搜集多种游戏材料：纸箱、纸杯、可乐瓶、报纸、轮胎等。幼儿根据自己的兴趣和水平来选择这些富于变化的材料，在老师的启发下创造了羽毛球、小推车、报纸球、树挂等多种游戏材料，使幼儿在快乐的体验中获得大肌肉和小肌肉方面的锻炼。

（三）设计游戏情境，构建师生互动的良好关系

游戏既能够满足孩子发展的需要，同时又能促进孩子发展，因此具有特殊的教育价值。要想更好地在游戏中促进幼儿的健康发展，就必须在游戏中创设各种情境，在不同的情境中用不同的师生互动关系推进游戏活动。

体育游戏能体现幼儿的需要兴趣与经验。其中，教师的导向作用是很重要的，即顺应幼儿的活动能力和需要，为他们提供相关的活动材料、充足的时间和适宜安全的场地，让幼儿自由探索。例如打怪兽游戏，老师事先把“怪兽”系到绳上，当老师带着孩子做各种小动物的动作进入操场时，配班老师将“怪兽”拉出来，孩子们被此情景吸引，老师便问：“有怪兽怎么办?”孩子们回答：“打!”老师引导孩子用什么打，然后请孩子们去找武器（报纸球）。老师也参与其中，以自己的行为引导孩子使用正确的投掷方法。打胜之后与幼儿欢呼雀跃，此时大灰狼音乐响起，老师和幼儿自然地捡起武器躲到家里（用屏风当作家），当“大灰狼”靠近家门之后，教师则以妈妈角色带领孩子用武器击打大灰狼。“大灰狼”反复出现，游戏反复进行。当“大灰狼”被打得遍体鳞伤不敢回来时，幼儿高兴得又唱又跳。通过这些生动有趣的体育游戏活动，幼儿既能体验到手臂的不同运动形式及投准的不同方式，又能感知手臂用力之间的复杂关系，而且还有助于培养幼儿敢于同坏人做斗争的勇敢精神。

（四）提升游戏效果，促进幼儿的身体健康

幼儿是不断发展的个体，各种能力都在游戏中不断地发展。我们为幼儿设计的体育游戏也应坚持从易到难的原则，提升游戏效果。这样能激发幼儿的创造性，培养幼儿的毅力，增强幼儿的自信心。

总之，体育游戏不但对幼儿身体有促进作用，对幼儿的心理健康发展也具有极大的价值，为幼儿养成自信、进取、机灵、勇敢的人格，成为二十一世纪高素质人才而奠定良好的基础。

七、利用比较研究法验证宏观微观投掷教学法的可行性（史新杰）

内容摘要：肩上挥臂投掷动作的发展是幼儿园阶段衡量幼儿体能发展的重要指标。投掷动作是一项综合动作训练，需要幼儿掌握好投掷姿势，投掷中的腰腹背的协调用力，以及出手时机的把握和上肢爆发力。通过研究3—6岁幼儿身体发展的特点及认知水平的发展局限性，提出宏观微观投掷教学法，从幼儿总体发展水平这一维度出发开展集体教学，从幼儿个体发展差异维度出发开展个别辅导。将投掷训练分为三个要素即动作、出手时机、上肢力量。根据幼儿的年龄特点进行有针对性的训练，促进幼儿投掷动作的整体发展。

关键词：宏观微观投掷教学法　　比较　　投掷动作　　力量　　出手时机

（一）概念的界定

宏观微观投掷教学法，是针对网球掷远能力测试应运而生的一种从宏观微观两方面进行分析的教学方法。本方法是上学期经过分析200名幼儿投掷录像，及进行全园教师教研后经过总结得出的一个方法，为验证教学方法的有效性进行了比较研究。宏观微观投掷教学法以幼儿网球掷远动作发展存在关键期为理论，从宏观角度和微观角度进行分析开展适时的教育训练和特色教育活动，提高幼儿网球掷远能力的方法。

1. 从宏观角度分析

将幼儿投掷发展的多个重难点进行分析后分为三类，分别为动作问题、力量问题及出手时机（手眼脑协调能力）。经过观察及对幼儿的分析，得出宏观的训练年龄及训练侧重点线状图。在下图可以看出，力量训练是围绕幼儿阶段发展持续进行的，动作的训练在小班及中班前期为重点，出手时机的训练放在中班后期及大班进行。小班幼儿小脑没有充分发育，手眼协调能力、手脑协调能力不足，所以如果在小班刻意训练投掷中的出手时机可能物极必反。把握关键期进行有针对性的训练可以有效促进幼儿投掷能力的发展。

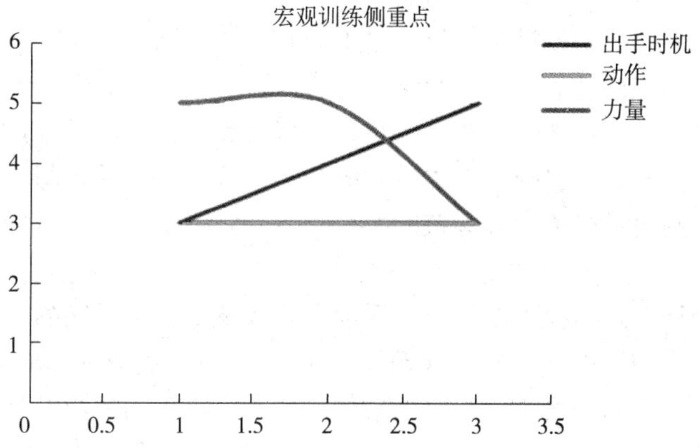

2. 从微观角度分析

宏观角度是从幼儿的年龄发展特点出发，适用于大部分幼儿发展的训练，微观角度是从每一个幼儿出发，根据每个幼儿的特点进行的训练。在宏观角度训练的指导下，有的幼儿在中班下学期还是对于动作掌握不好，这就需要教师进行及时的个别指导，从幼儿发展水平出发制定适合的方案，但是方案的制定还是在宏观的训练下进行的。

（二）研究过程

1. 研究方法

（1）纵向比较研究。在研究中采用纵向比较的方法，在中大班初期进行网球掷远测试（小班刚入园对于网球掷远基本没有概念，所以未测试），然后利用宏观微观教学法对幼儿进行的系统训练制定教学方案及指导策略。在小中大班末期进行测试与数据对比，从优秀率、良好率、及格率、不合格率等维度进行比较。

（2）横向比较研究。在研究中采用横向比较研究，对近三年的同年龄班的测试结果进行对比，也是从优秀率、良好率、合格率、不合格率等维度进行比较。

（3）样本。样本取2014届大班131名幼儿和2013届大班96名幼儿连续三年投掷体测数据。2014届为应用投掷教学法训练两年，2013届未用此方法。

2. 宏观微观角度下教学课程设计

（1）宏观角度下的体育课程设计。在宏观角度下体育课程的设计更有针对性，即针对幼儿发展的不同时期制定课程。在小班重点训练动作，以动作训练类课程为主。中班前期是幼儿掌握投掷动作协调性的关键期，所以动作教学以协调性为主，到中班后期教学重点改为动作与出手时机（手眼脑协调）的训练并重。大班教学重点为动作教学为辅，手眼脑协调训练为主。力量及手臂大肌肉的训练在幼儿一日生活中进行渗透，从幼儿园劳动到户外活动、早练间操等环节都是进行训练的好时机。在教学设计中还要注意方法的创新。我们运用的一些设计技巧如下。

①提高投掷类游戏的趣味性，激发幼儿兴趣。幼儿参与体育活动的主要动力来源于兴趣，只有对活动本身感兴趣时，才会表现出好动、想参与的愿望。因此我在组织开展投掷类的活动时，注重从多方面激发幼儿的兴趣。

第一，投放多种层次的投掷类材料。由于幼儿的投掷能力存在差异，因此在材料投放上要体现层次感。例如皮球、哑铃、沙包、手榴弹、自制小鸟球、拉力器、轮胎、飞盘等，标志物有动画人物、靶子、滚筒、篮筐等。将材料进行不同组合，创设幼儿感兴趣的情境，可以很好地激发幼儿参与投掷类游戏的兴趣。例如，利用自制小鸟球当作炮弹玩愤怒的小鸟的游戏，利用手榴弹玩打海盗的游戏。另外，在游戏中针对不同的幼儿在目标设立上体现差异。

第二，开展多种形式的投掷游戏。在活动中我发现，对于不同的“靶子”幼儿的兴趣也不一样。在打海盗的游戏中，第一个环节攻打静止的海盗图片，幼儿的积极性明显不高。第二个环节我请三名幼儿进入滚筒中模仿海盗开船逃跑的情境，其他幼儿用手榴弹攻击海盗。幼儿兴趣明显提高，在手臂发力的程度上很好地体现出来，第二环节发力明显比第一环节大，很多幼儿扔出了自己没有过的成绩。在大班投掷活动“人枪虎新玩法”中，利用对垒游戏的情境，激发了幼儿的竞争意识和求胜心态。幼儿努力投掷手榴弹，并且自己调整投掷的基本动作。可见，激发幼儿对于游戏的兴趣对幼儿的发展起到了更大的促进作用。

②利用多媒体设备，促进幼儿出手时机的掌握。网球掷远中出手时机的掌握；对于中大班初期幼儿很难，经常出现“扔球砸脚尖”的现象。原因在于幼儿并不明白怎么球就飞得又高又远，他们缺少直观的认知，就算在活动中教师示范也只是一瞬间的行为，并不直观生动。我观察孩子们对“愤怒的小鸟”电子游戏非常感兴趣，这个游戏正是投掷的一个过程，可以模拟很多幼儿常犯的错误。因此我尝试在体育活动中加入多媒体教学，前半节课在班上带孩子们玩“愤怒的小鸟”的游戏，带他们总结经验：怎么能打到小猪。最后幼儿总结道，一要用力，二要扔一个弧线。下半节课则来到户外运用总结的方法来玩一玩现实中的“愤怒的小鸟”的游戏，用手中的小鸟球打远处的小猪。幼儿经过反复尝试后找到

了方法，能够大致投掷出抛物线，“扔球砸脚尖”的现象明显改善，幼儿得到了发展。

③在游戏中，利用多种途径提高幼儿上肢爆发力。投掷动作的完成还要依靠上肢肌肉的爆发力，而手臂力量的锻炼主要集中在各种活动中，功夫在平时。例如大班轻器械操、玩跳袋时候手臂拉紧跳袋向上跳、练习拍球等都是一种锻炼。总之，上肢力量的锻炼不是一蹴而就的，需要循序渐进。

（2）微观角度下的个别指导。微观角度从每个幼儿出发，需要班级教师了解幼儿发展水平，利用体育教学活动外的户外活动等环节进行个别辅导。从幼儿的水平出发，从增强幼儿信心与训练兴趣为起点，利用多种游戏材料进行训练，从宏观训练入手针对弱项进行微观个别训练。

（三）数据分析

1. 纵向比较研究

对大班幼儿三年来的测试结果进行统计后，得出以下柱状图。2013、2014 年为运用投掷教学法进行训练的两个学年。优秀率（5 分）柱状图显示，大班末期对比小班末期和中班末期的 5％的优秀率提高了 20％。良好率（4 分以上含 4 分）柱状图显示，2013 年比 2012 年提高了 24.75％，2014 年比 2013 年提高了 20.23％。合格率（3 分以上含 3 分）和不合格率柱状图显示（2 分以下含 2 分），中班幼儿经过训练后不合格率明显下降。

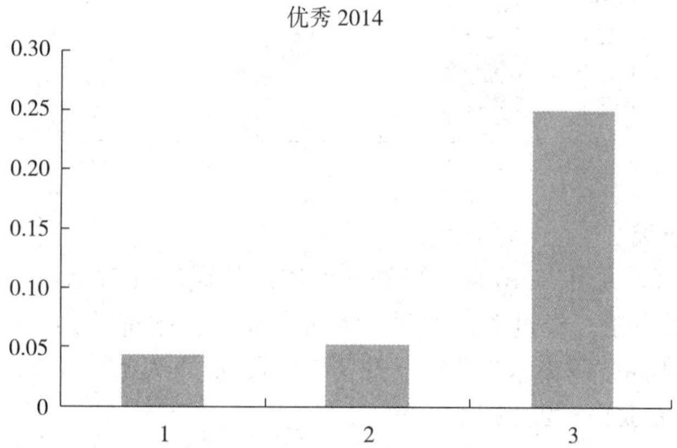

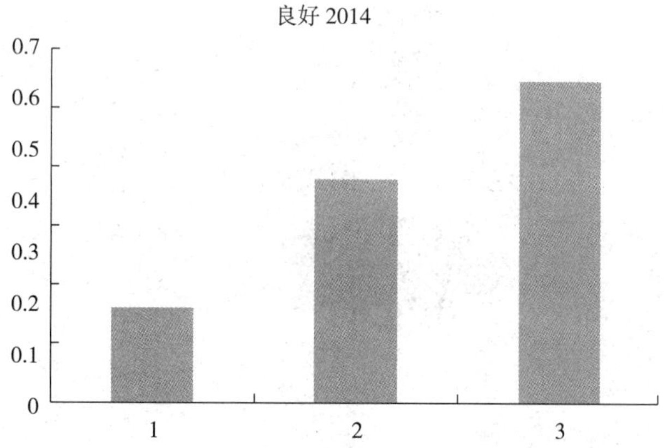

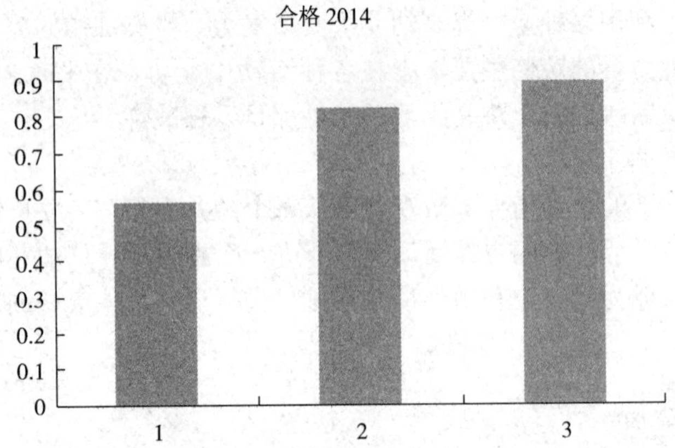

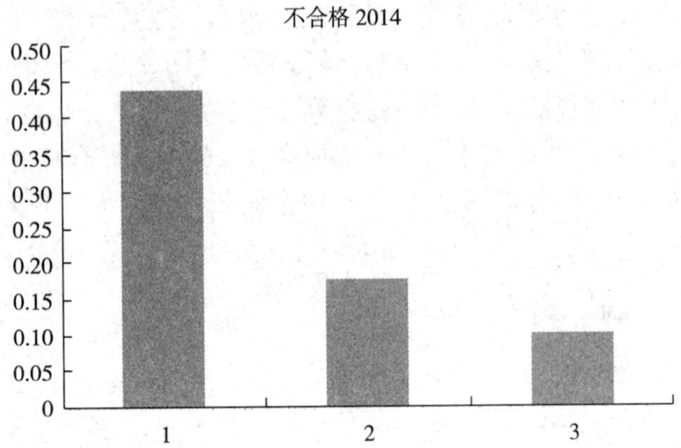

2. 横向比较研究

将 2014 届大班幼儿和 2013 届大班幼儿的体测数据进行对比，2014 届为应用教学法，2013 届则未应用此方法。经过对比发现，大班末期合格率都达到 90%以上，分析合格的构成不难看出 2014 届优秀率（5 分）上升了 14%，优秀人数比重加大。良好率及优秀率之和分别为 2014 届 64%，2013 届 63%。

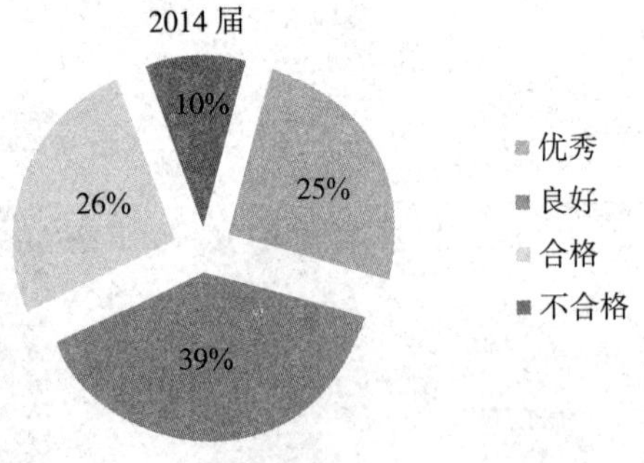

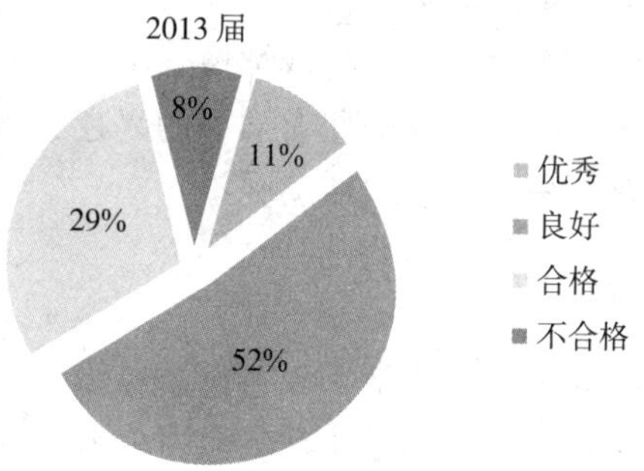

（四）结论

经过对本投掷训练法的实践研究，通过数据对比发现，本训练法针对幼儿的投掷发展是行之有效的。纵向对比发现，经过训练后优秀良好幼儿数得到提高，经过横向对比发现，优秀良好人数所占比重加大。同时本方法也存在不足，经过横向对比发现合格率基本持平。经过分析幼儿综合体测记录发现，不合格幼儿多为身体消瘦、运动发育较同龄人迟缓的幼儿。反应出本方法在微观教学的策略上存在不足，下一步要提高微观教学策略的实效研究。

参 考 文 献

［1］徐惠娥．提高幼儿园投掷教学效率的策略［J］．山东教育，2011，30：25－27.
［2］张国华．投掷教学中常见错误动作的探讨［J］．贵州民族学院学报（哲学社会科学版），2003，04：151－153.
［3］孙甲东．谈投掷教学中如何纠正学生的错误动作［J］．内蒙古民族师院学报（自然科学版），1998，02：110－112.

八、运用情境教学法激发幼儿参与体育活动兴趣（宋艳利）

内容摘要：《纲要》指出，培养幼儿对体育活动的兴趣是幼儿园体育活动的重要目标。教师采取情境式的教学方法激发幼儿兴趣，即情境游戏生活化；动作、技能发展情境游戏化；活动材料情境游戏化；户外区域情境游戏化；活动规则情境游戏化。幼儿在体育游戏中获得了快乐，同时又促进了幼儿身体动作协调发展和运动技能的提高，更重要的是在情境体育游戏中，更能激发幼儿运动的激情，培养其勇气、耐力、意志力以及健康向上的体育精神，为幼儿适应未来社会打下坚实基础。

关键词：情景　体育　兴趣

《纲要》中明确指出，培养幼儿对体育活动的兴趣是幼儿园体育的重要目标。要根据幼儿的年龄特点组织生动有趣、形式多样的体育活动，吸引幼儿主动参与。那么如何吸引幼儿参与体育活动呢？布鲁纳曾说：“任何教学形式都没有情境教学来得直观、深刻。”

情境教学法就是充分利用具体形象创设典型场景，激发幼儿的学习兴趣，将认知活动和情感活动结合起来的一种教学模式。这种教学模式生动、逼真，能够把幼儿带入一种意境，使幼儿产生一定的情绪情感，激发幼儿对学习的兴趣。情景教学法使幼儿易于理解和接受，那么如何利用情境教学法进行教学活动呢？

（一）情境游戏生活化

生活决定教育，教育改变生活，生活与教育密不可分。幼儿教育的内容必须源于幼儿的生活实践。只有来源于幼儿生活、贴近生活的教育内容才是有价值的内容，才是活的教育。例如，在发展幼儿触跳能力时，结合日常生活中的打苍蝇，为幼儿悬挂高低不同的苍蝇图片，并投放苍蝇拍，幼儿根据自己的能力跳起来拍打苍蝇，以此促进幼儿触跳能力的发展。

（二）动作、技能发展情境游戏化

在幼儿园的体育活动中，存在着一部分教师把体育课上成纯粹的游戏课的现象。只要体育课就上游戏，无论是新授课还是复习课，都通过设置情境来组织教学，从而造成动作的学习如同蜻蜓点水。那么，如何利用情境游戏来让幼儿真正地掌握体育活动中的技能、掌握动作要领呢？我们可以通过语言、实物、演示、音乐渲染等手段创设课堂教学情境，诱发幼儿学习体育技能的主动性与积极性。例如，在教幼儿跳远时，教师创设了“和青蛙妈妈一起学习本领”的游戏情境，教师当青蛙妈妈，幼儿当小青蛙，教师边讲解边示范，“小青蛙长大了，要和妈妈一起学习捉害虫了”，双脚自然分开，然后摆动胳膊，双脚蹲地用力跳到小苗上捉害虫。教师将单调的、有一定难度的技能内容进行情境设置，把动作技术进行有机整合，通过情境设置再让幼儿边学习边巩固，大大激发了幼儿锻炼的兴趣。

（三）活动材料情境游戏化

组织体育游戏时，通常以情境游戏引出活动主题。自然活动材料也在情境中引发幼儿进行体育活动的愿望和构想，并产生相应的行为和活动。在练习双脚连续跳时，我们将小红包设计成小草，小草的长、宽、高设计成 10 厘米×5 厘米×5 厘米，每棵小草的间距为 0.5 米，共摆放 10 棵小草，小兔子要双脚并在一起跳过草地去拔萝卜。我们将游戏材料情境化、游戏化，大大激发了幼儿参加体育活动的兴趣。

（四）户外区域情境游戏化

目标化的区域活动符合中班幼儿身心发展的要求。结合中班幼儿的年龄特点和中班幼儿发展的动作目标，我们创设了情境化的游戏区域。在场景中，幼儿不知不觉地进入角色的扮演。孩子们在这些假扮的、有趣的游戏中，依赖着游戏材料的支持，始终保持浓烈的兴趣，消除了他们参与活动的紧张心理，从而主动愉快地进行平衡、走、跑等基本动作的练习。例如，在户外区域活动中，我们贯穿了赶小猪、营救小动物、打苍蝇、小马运粮、小兔拔萝卜等情境游戏，使枯燥、机械的练习变得富有童趣，幼儿积极参与到体育锻炼中来，使教育目标在轻松愉快的气氛中完成。

（五）活动规则情境游戏化

在组织体育活动时，常常觉得幼儿的常规很难把握。他们喜欢自由自在地玩耍，很活跃，但自我保护意识差，稍不注意就会发生事故。如果老师只是一味地强行压制幼儿，只会造成幼儿更加无视规则，或者丧失积极性。如何让他们能自觉遵守活动规则，需要老师运用一些方法和策略。情境化、游戏化规则有利于促进幼儿参与活动的兴趣。在活动过程中，教师可以根据游戏情节，将规则趣味化，如飞行游戏中，老师明确了每个幼儿的角色——小小救护员，并赋予老师自己“总指挥”的角色，和幼儿共同游戏，以积极愉快的情绪感染幼儿，激发幼儿的兴趣。同时，也以“小救护员要听好总指挥的命令，否则将回到训练营中，不得参加营救活动”来约束幼儿的行为。孩子们都非常乐意接受这些有趣易行的规则，有了这些能够被孩子们接受的规则，体育活动就能够安全顺利地进行。

幼儿是在游戏中成长的，情境性的体育游戏符合幼儿特点和发展的需要。幼儿通过体育情境游戏获得快乐，获得各种能力的发展。幼儿根据自身的兴趣及能力，自由地对区域进行选择，体验参与体育活动的乐趣，促进了幼儿身体动作协调发展和运动技能的提高。更重要的是，在情境体育游戏中，能激发幼儿运动的激情，培养其勇气、耐力、意志力以及健康向上的体育精神，为幼儿适应未来社会打下坚实基础。

九、充分利用多种形式促进幼儿体能发展（宋扬）

内容摘要：《幼儿园工作规程》指出，幼儿园的主要任务是实行保育与教育相结合的原则，对幼儿实施体、智、德、美全面发展的教育，促进其身心和谐发展。体育活动是对幼儿实施全面发展教育的基础组成部分，也是关键。作为教师，要有计划、有目的地组织适合幼儿年龄特点的体育活动，促进幼儿体能发展。

关键词：体能　发展　游戏

《幼儿园工作规程》中明确指出，幼儿园的主要任务是实行保育与教育相结合的原则，对幼儿实施体、智、德、美全面发展的教育，促进其身心和谐发展。《规程》有目的地将“体”放在首位，可见幼儿的身体发展教育是幼儿教育之根。

体能，是指从事身体活动时表现出的能力，包括身体要素和基本活动技能。体能发展可以使幼儿运动系统、呼吸系统、神经系统、内分泌和免疫系统、消化系统正常发育，增强调节身体各部分动作和灵活控制身体的能力，使动作逐步协调且姿势正确。体能发展对于幼儿心理同样具有重要的作用，包括养成幼儿积极参加体育活动的兴趣和习惯，培养幼儿活泼开朗的性格等。幼儿在园的体能训练为3～6岁期间，正是幼儿身体发育的关键期，由此进行科学合理的体育活动相当必要。体育活动是对幼儿实施全面发展教育的基础组成部分，也是关键。作为教师，要有计划、有目的地组织适合幼儿年龄特点的体育活动，不断研究、实践、总结、创新幼儿园体育活动，以促进幼儿体能发展。以下是我在工作实践中的一些做法。

（一）利用晨间户外活动进行相关体能练习

晨间活动是幼儿园体育的一种基本组织形式，也是幼儿每日两小时体育活动的重要组成部分。早晨的空气凉爽、清新，在此时进行适当的体育锻炼，既可以提高幼儿机体对外界气温变化的适应能力，又可以激发和恢复幼儿机体主要器官的机能，使幼儿精力充沛、精神愉快地开始一天的生活，促进身心的健康发展。在晨间活动开始之前，我会根据季节及天气变化灵活安排幼儿体育运动。天气寒冷时，适当增加运动量，进行多跑、多跳的运动，使幼儿身体逐渐产生一定的热量，抵御天气的寒冷；天气暖和时，开展运动量适宜的活动，使幼儿的锻炼科学合理。围绕体能测试项目，教师会有意识地组织幼儿在晨间进行练习，利用地面上已画好的立定跳远、双脚跳的测试线和幼儿一同锻炼、练习。因为场地有限，教师还利用班级间操组织幼儿进行立定跳远的练习。除此之外，还有其它体能的辅助练习，如钻过大滑梯、双脚原地跳、踩着圆圈线走一走等。晨练的时间是有限的，但是日复一日，天天练习，教师充分、合理利用场地上的材料、器械等，有意识、有目的地锻炼幼儿，就可使幼儿在体能方面得到改善和提高。

（二）结合开展的阳光体育活动进行体能方面的练习

幼儿园开展阳光体育活动已有几年的时间了。阳光体育运动，对于学前儿童提高身体素质，增强体质，增进健康水平，将来更好地适应社会生活等，都具有重要的促进作用和深远的意义。

1. 在体育游戏中提高幼儿体能

体育游戏是幼儿体育最基本的组织形式，情节生动、内容丰富、形式多样的体育游戏能充分满足幼儿好奇、好动、好表现等心理需求。体育游戏将基本动作技能的锻炼寓于趣味性很强的活动之中，对于激发幼儿的体育活动兴趣，促进其以体能为主的各方面发展具有独特的作用。为改善游戏氛围，使单调、枯燥的技术练习变得生动、活泼，在丰富变化的情况下强化动作技能，促使幼儿运动技能的形成。例如“小兔子找家”“小青蛙跳荷叶”等双脚跳跃、立定跳远的游戏，“小袋鼠跳跳跳”“小马过河”等平衡游戏，“捉星星”“老狼老狼你在做什么（教师改编游戏）”等四散跑的游戏，“打灰狼”“流星球”的投掷游戏等，这些游戏把基本技能训练游戏化，运用灵活的教学方法，增加了练习的趣味性，吸引幼儿积极投入，更有利于掌握动作技能。

2. 适当开展民间体育游戏，促进幼儿体能发展

曾经看到一本关于阳光体育活动的书籍，民间游戏这一传统而在现如今又同样有教育作用的游戏内容启发了我。民间游戏的种类繁多，又富有兴趣性，形式简单，便于操作，深受广大幼儿喜爱。科学地开展民间体育游戏，能够增强幼儿体能，开发幼儿智力，增进友谊，丰富幼儿生活，还能培养幼儿机智、勇敢、坚韧、顽强的性格。例如，“老鹰捉小鸡”“踩影子”“揪尾巴”的游戏练习躲闪跑、四散跑的技能，发展幼儿腿部力量；“木头人”游戏则练习听指令做动作及自我控制力；“吹泡泡”游戏帮助幼儿在游戏中学会踮脚、下蹲、后跳，提高幼儿自我保护和保护他人的能力；“小马过河”游戏练习奔跑及立定跳远的技能，有利于掌握正确的跳跃方法。这些民间体育游戏不仅促进了幼儿骨骼肌肉的发育，而且锻炼了他们的运动技巧。民间游戏随地可寻玩具材料，既能节省财力，又能使幼儿感到其乐无穷，既满足了幼儿娱乐的需求，也促进了幼儿自然天性的发展。

（三）发挥亲子活动作用，拓展体能活动的实施

幼儿园体能活动是教师对幼儿体能方面进行锻炼的活动。体能的培养，同样需要幼儿家长的合作与支持。让体能活动走进家庭，教师可以利用邮箱或有计划地请家长到园观摩各种有趣的体育游戏活动，动员家长带领孩子在家、在大自然中，开展类似的体育锻炼，让幼儿充分感受亲子活动带来的快乐，感受体育锻炼的乐趣。对于促进幼儿体能的发展，还有很多方法、策略。例如，合理投放活动材料、加强有目的的引导和指导、合理设定体育游戏规则等。

总之，在体能培养方面，教师还要继续探索多种有效途径，为幼儿创设良好的教育环境，遵循体育活动原则和幼儿心理、生理特点，激发幼儿参与活动的兴趣。

十、在游戏中提高小班幼儿立定跳远能力（吴迪）

内容摘要：幼儿园健康教育要根据幼儿身心发展特点，通过适宜有效的多种活动，提高幼儿的锻炼兴趣。教师在组织体育活动时，要根据幼儿的年龄特点，运用适宜的组织形式，引导幼儿参与活动。

关键词：小班幼儿　　立定跳远

《纲要》中明确指出，幼儿园必须把保护幼儿的生命和促进幼儿的身心健康放在工作的首位。培养幼儿对体育活动的兴趣是幼儿园体育的重要目标，教师应根据幼儿的特点，组织生动有趣、形式多样的体育活动，吸引幼儿主动参与。

结合阳光体育活动的开展情况与《北京市 3～6 岁儿童体质测定标准》，园内开学初与学期末都会对在园幼儿进行体能测试。不论平时在练习体能项目还是在测试工作中，教师都很累很紧张，希望幼儿取得很好的成绩。但幼儿却表现得不是很喜欢，而且积极性也不高。在测试中，有的幼儿还没站稳就往前跳，10 米往返跑时跑进旁边幼儿的跑道，网球掷远随手一扔砸在地上。幼儿出现的这些状况，使我们不能了解到幼儿的真实发展水平。因此，结合本班的研究重点——立定跳远，教师开始了“在游戏中提高小班幼儿立定跳远能力”的研究。

（一）分析小班幼儿体能游戏的特点

三四岁幼儿体能游戏的特点是，内容和动作较简单，大部分是有具体情节和角色的游戏，角色不多，但都是幼儿非常熟悉的，如小猫、小兔。幼儿对游戏的结果不在意，不像中大班幼儿有较强的胜负意识，所以小班的游戏通常以欢乐的方式结束。

立定跳远是幼儿体能训练的项目之一，也是小班幼儿较难掌握的一个动作。通过对立定跳远动作的学习，结合在带班过程中对小班幼儿游戏时动作的观察，教师发现影响幼儿立定跳远距离的主要因素有：幼儿自身协调配合的能力较弱，幼儿不能理解动作的难点，

不能很好地掌握；与幼儿自身的年龄特点有关，大部分幼儿腿部力量不够。据此，我尝试着从幼儿感兴趣的游戏入手，以小袋鼠游戏的方式，由练习基本动作开始，有层次地开展训练。

（二）通过儿歌带动幼儿练习跳跃的基本动作

幼儿屈伸双腿和协调的摆臂动作是幼儿立定跳远的基础，但大部分幼儿不能很好地掌握。于是，教师利用儿歌《小小袋鼠跳》，在幼儿游戏前，教师边说儿歌边有节奏地进行腿部屈伸和摆臂练习。同时，在幼儿说儿歌时，教师先提示幼儿双手叉腰练习腿的屈伸，最后再加上摆臂动作。

为了使幼儿更快掌握起跳的动作，教师带幼儿玩“小袋鼠摘果子”的游戏。在操场上拴一根挂满水果的长长的绳子，让幼儿站在绳子下，向上起跳摘水果。幼儿在向上使劲跳起摘果子的一瞬间练习摆臂。幼儿掌握后，教师又将挂满水果的绳子拴在幼儿的前面，高度与幼儿一致，让幼儿练习向前跳跃的动作。在这个环节中，我重点指导幼儿双脚微微分开、蹬腿、落地等动作。通过一段时间的练习，幼儿有了明显的进步。

（三）在游戏中增强幼儿的腿部力量

通过之前的活动，幼儿掌握了跳的动作，但受自身腿部力量的影响，幼儿还是跳不了多远。于是我带幼儿又玩不同的锻炼腿部力量的游戏。例如“袋鼠妈妈找宝宝”让孩子们边念儿歌边练习蹲起的动作。此外，我还组织幼儿玩“高人走、矮人走”等游戏来增强幼儿腿部力量。为了提高幼儿跳跃时腿部的爆发力，我经常和小朋友们在操场上玩“袋鼠跳”的游戏，为跳跃时更好地控制身体做好铺垫。

（四）创设游戏情境，鼓励幼儿跳得更远

正式练习立定跳远的动作，是从“快乐的小袋鼠”游戏开始。每位幼儿都来扮演小袋鼠，操场上摆出各种玩具或食物的卡片。小袋鼠想要找到自己的食物或玩具，必须跳过插有小树苗的场地。在这个游戏中，幼儿可随意跳动，很自由，并且，幼儿又可自由选择要取的材料。孩子们在游戏中都很自主，很享受整个游戏的过程。

“小袋鼠跳房子”的游戏，是让幼儿扮演小袋鼠，操场上画出不同样式的房子，房子间的距离有近有远。每一只小袋鼠都努力从一间房子跳到另一张间房子里。这在锻炼立定跳远能力的同时，也满足了不同幼儿的需求。

教师从幼儿兴趣出发，开展了以“小袋鼠”为主题的系列体育游戏，在循序渐进、由易到难的游戏中，幼儿的立定跳远能力得到了显著发展。

（五）运用符合小班幼儿年龄特点的游戏进行测试

对幼儿测试时，在原有测试规则不变的前提下，加入符合小班幼儿年龄特点的游戏。例如，在学期末的测试中，教师在地面上画好的距离线前放置了泡沫垫当小河，并在小河前又粘贴了小鹿、小羊等贴画作为目标，激励幼儿跳得更远。

总之，经过研究，幼儿通过有趣的体育活动进行了专门的练习，立定跳远能力有了

一定的提高，对枯燥的体能测试的兴趣有了增强。在与环境的互动中，运动能力增强了，同时动作更协调、更有力了。当然，孩子们的成长是日新月异的，在以后户外体育活动的组织中，教师还要不断更新自己的教育观念，在坚持游戏化地组织孩子活动的同时，还要持之以恒，把主动性还给幼儿，提供足够的空间、资源，让幼儿创新活动内容。

十一、利用一物多玩促进大班幼儿体质锻炼（薛红梅）

《幼儿园教育指导纲要》中明确指出，幼儿园必须把幼儿的生命和促进幼儿的健康工作放在首位。这说明了体育活动对于幼儿的重要性。我们的体育活动通常看来就是玩，但该如何玩才能更好地激发幼儿地兴趣呢？玩分很多种，放纵地随心所欲是玩，盲目地跟从照搬是玩，小心地尝试探索也是玩……到底哪一种“玩”能够让孩子得到身心各方面的充分发展，究竟哪一种“玩”可以让“玩”得到深化呢？作为教师亦或是作为家长的我们，有责任研究出“玩”的境界，有必要提升幼儿“玩”的意义，培养幼儿“玩”的兴趣。

我们知道面对一个事物久了不管是孩子还是成人都会失去兴趣，幼儿的兴趣点更多是定位在没有尝试过的新事物上。新鲜事物我们老师可以提供一部分，但那完全不能满足他们的需求，孩子们需要“一物多玩”来激发他们参加体育活动的兴趣。一物多玩，是以一个物体为中介，让幼儿探索尽可能多的不同的玩法。在体育游戏活动中，一物多玩是孩子们最喜欢的创造性游戏。

（一）一物多玩可以激发幼儿参与体育活动的积极性

幼儿喜欢活动，游戏材料是激发其积极性的基本前提。只有以幼儿感兴趣的方式使用活动材料，才能维持幼儿的兴趣；只有幼儿对活动器材感兴趣，才能让幼儿在快乐中学习与运动。在一物多玩活动中，所选的游戏材料要可变化，可重组，蕴含多种多样的玩法，充盈着丰富的探索空间。利用日常生活用品开展形式多样的活动，更能引起孩子的兴趣。例如，“好玩的奶箱”活动中的材料是孩子们从家中带来的，在活动中我们开展跨跳、双脚跳过奶箱、S形赛跑、打坦克等不同游戏，激发了幼儿参与活动的积极性。

当一种活动器械被幼儿开发出不同的玩法，兴趣将是一条贯穿的主线，幼儿热衷于不同的“玩”所带来的新鲜感。下雨天我会在班上开展室内体育锻炼，会鼓励孩子们想一想怎样利用我们活动室内的物品达到锻炼身体的目的。孩子们会尝试站到椅子上再跳下来，也会想到把椅子摆成一排，孩子们在椅子上走，或将椅子隔开放，练习从这把椅子迈到另一把椅子上。小椅子在变化中让孩子们尽兴着自己的快乐，也让多种运动技能在不知不觉中得到锻炼。这种方式会促成一种良性循环，不断提高孩子们的活动积极性。

（二）一物多玩提高了幼儿活动的自主性

玩是孩子的天性，游戏更是他们生活中不可缺少的内容。让孩子在快乐、自主的游戏中发展，是幼儿体育活动的目标。在以往的游戏活动中，表面看来，孩子是在自主游戏，但实际却处处在教师的操控之中。游戏怎样玩，材料怎样使用，教师都事先准备好，事先告诉给孩子，孩子不用自己想，只要按照老师的要求去做就行了。孩子在活动中是被动的，没有创意的。孩子在活动中只是满足了身体上的需要，而更多心理、思维上的需求却得不到满足。通过对《纲要》的进一步学习，我重新对“一物多玩”进行了研究，努力寻求自主探索、自主发展的幼儿体育游戏方式，让幼儿在体育活动中，成为真正活动和学习的主体，为终身发展打下良好基础。

教师要注重为幼儿提供丰富的游戏材料，有了材料，幼儿才能创编出许多新的玩法。例如，在孩子们练习双脚跳跃游戏的时候，教师准备了轮胎、可乐瓶、纸板、套圈、纸箱等大小不同、宽窄不同、高矮不同的材料供幼儿选择，孩子们可以根据自己的爱好、能力进行挑选。他们有的选择轮胎来练习，有的选择圈来练习，还有的选择纸箱和纸板，把纸板架在纸箱上跳来跳去。孩子们在一个活动中可以自主地选择多种材料进行游戏，他们的主动性有很大的提高，游戏兴趣也很浓厚。丰富的材料，可以使孩子在游戏中有更多的选择机会。他们可以根据自己的喜好和水平选择相应的游戏材料，游戏材料在活动和游戏中为幼儿提供了一个自主的空间。另外，在幼儿开展活动时，如“好玩的报纸”活动中，我给予幼儿充足的材料和时间，鼓励幼儿尝试自我学习和发现。这时的孩子们俨然是一个个发明家，刘姿含把报纸顶在头上，王亚桐则团成团练习投掷，吴庭璋将报纸放在胸前猛跑，不让报纸掉下来，张云熙则把报纸卷起来当纸棒，皮雨鑫和张锦轩面对面夹住报纸小心地移动……这时的我则在一旁仔细观察、倾听孩子，活动结束我请孩子们交流经验，相互模仿。整个过程中我的作用似乎不明显，但教师少了一点灌输，多给孩子一点自由的空间、自主的环境，形成了积极、主动、有效的互动，形成了一种平等、良好的氛围。幼儿的主动性、创造性、敢于尝试、乐于合作的品质得到有效发展，孩子成为了游戏的真正主人。

（三）一物多玩可发展幼儿多种动作

幼儿体育活动内容主要有基本动作练习，基本动作主要有走、跑、跳、平衡、钻、爬、攀登、投掷等。之所以称这些锻炼内容为基本动作，是因为这些动作是人的基本生活中的主要运动内容，同样这些也是体育运动的基础。所以，发展幼儿的基本动作，对于锻炼他们的动作灵敏性、协调性、非常重要。对于大班幼儿而言，他们的身心发展比较稳定，正是活动能力迅速发展的时期，对各项动作能够建立很好的条件反射，可以进行较复杂的动作练习。“一物多玩”能够利用有限的材料实现对幼儿多种动作的发展。

高跷的活动发展了平衡走的能力，但这一技能在幼儿进入大班后已掌握较好。针对我班幼儿的具体发展水平，活动中我鼓励幼儿尝试走斜坡、踩高跷比赛走格子及跨越障碍物等，这样既发展了幼儿平衡能力，又练习了跨越的技能，同时培养了幼儿的竞争意识。

车轱辘是孩子们非常喜欢玩的玩具，孩子们往往是将它当作汽车，开到这儿开到那儿。一次户外游戏，我请孩子们帮我把车轱辘摆成一排，开展了“看谁走得快”的练习平衡的游戏，孩子们非常感兴趣。分散活动时我提出“车轱辘的多种玩法”，孩子们纷纷尝试。有的站到车轱辘里用双手搬轱辘练习臂力；有的将车轱辘放倒，从外跳到车轱辘里，再跳出来，练习有高度的双脚跳；王乐妍等几个女孩子则把车轱辘码成一排，练习手脚爬……孩子们玩得不亦乐乎，活动结束时我们进行了展示，并在之后的几天用孩子们自己想出的玩法开展了集体竞赛游戏，锻炼幼儿的多种运动技能。

（四）一物多玩能够增进幼儿的合作意识，有助于同伴间的相互学习

如果有共同的兴趣或目标，大班幼儿相互之间会有很好的分工合作。他们还会主动地向同伴学习，一起尝试探索。“一物多玩”对于所提供的活动器材本身没有过多的限制，幼儿可以随自己的意愿来设置，这样就不可避免地需要人为的器械操控。而人为就离不开幼儿同伴间的合作，通过合作来让自己的玩法更别具一格。从而发挥孩子是天生的创造者的才能，让他们自己尝试，自己探索合作，达到他们所想要的效果。在玩球游戏中，孩子们想到了单手拍球、左右手交替拍球、拍球行进走、夹球跳以及抛接球等玩法。这时杨灿和刘子睿小朋友两人用前胸同时夹住皮球运动，很多小朋友看到了觉得很好玩，纷纷模仿。紧接着，就有了用后背夹球、用头顶球等玩法。孩子们感受到了合作游戏的快乐，两人或三人抛接皮球、比赛投篮等游戏又应运而生。这样的户外体育活动，这样的一物多玩，既是一次玩的经历，更是一次合作的经历。我想孩子们不仅得到了身体的锻炼，社会合作经验也得到了丰富和锻炼。

对于教师来说，孩子们在进行一物多玩时，我们需要给予肯定而积极的评价，以促进他们去创造、想象“一物多玩”对大班孩子来说，不仅是一种同中求异的过程，同时也是一种动思结合的过程。幼儿在玩的过程中，得到了体能的锻炼，也得到了大胆想象的机会，发展了创造性的思维。幼儿在交流玩法的过程中，语言也得到提升，从而促进了幼儿的全面发展。

十二、以游戏材料为载体，促进中班幼儿体能发展（赵东霞）

内容摘要：体能是指有机体在运动活动中所表现出来的能力，也是人们在日常生活、劳动和运动中不可缺少的能力。教师通过创设良好的物质环境、提供多种材料以及家长的协助配合，促进幼儿体能的提高。

关键词：体能　幼儿　材料　发展

体能是指有机体在运动活动中所表现出来的能力，主要包括身体基本活动能力（简称运动能力）和身体素质能力两个方面。运动能力一般是指有机体在体育活动中，表现出来的走、跑、跳、投、攀爬、支撑、平衡等能力，也是人们在日常生活、劳动和运动中不可缺少的运动能力。体能发展可以使幼儿运动系统、呼吸系统、神经系统、内分泌和免疫系统、消化系统正常发育，并增强他们调节身体各部分动作和灵活控制身体的能力，使他们的动作协调、姿势正确。体能发展对于幼儿心理发展同样具有重要的作用，它可以提高幼儿智力活动的品质，促进智力发展，还可以发展幼儿个性，包括养成幼儿积极参加体育活动的兴趣和习惯，培养幼儿活泼开朗的性格等。体能发展的状况和水平是衡量幼儿身体发展与健康程度的重要指标，也是影响幼儿心理发展的一个重要因素。因此，为促进幼儿体能发展而进行的各种活动对幼儿来说意义重大。而游戏材料是幼儿园开展体育活动所必不可少的条件，因此本研究重点探讨如何通过游戏材料促进幼儿体能发展。

（一）创设良好的物质环境，提供充足的游戏材料，促进幼儿体能发展

《幼儿园教育指导纲要》明确指出，环境是重要的教育资源，应通过环境的创设和利用有效促进幼儿的发展。教师所创设的游戏环境要符合幼儿的年龄特点，适合幼儿自主主动发展。户外区域环境的创设，有利于幼儿自主自愿的活动。在每个区域环境创设中，教师有针对性地投放丰富的游戏器械、玩具材料，幼儿可以根据自己的兴趣爱好选择区域，自由结伴，自由游戏。例如，我们在投掷区提供了沙包、手榴弹、软飞盘、动物头、彩虹桥等，促进幼儿与材料互动，促使其投掷能力提高；在平衡区中，教师投放了平衡木、绳子、轮胎、梯子、梅花桩等，幼儿在游戏时可促进其平衡能力的发展；在跳跃区中，我们提供了桌子、跨跳器、小草、圈等，幼儿在与材料互动中可促进跳跃能力的发展；在钻爬区，我们投放彩虹伞、垫子，让幼儿在游戏中促进其手脚的协调性发展等。游戏过程中，教师进行适当保护、引导和帮助，使幼儿在轻松自主的环境中获得发展。

（二）提供多种玩具材料，促进幼儿体能的发展

游戏材料是激发幼儿积极性的最基本的前提，只有以幼儿感兴趣的方式使用活动材料，才能维持幼儿的兴趣；只有幼儿对活动材料感兴趣，才能让幼儿在快乐中学习与运动。幼儿园为幼儿提供了很多颜色鲜艳的皮球、拱形门、平衡木等，教师可充分利用这些材料组织幼儿游戏。例如，组织幼儿进行传球接力练习幼儿快速跑的能力，玩抛接球的游

戏来练习投掷的能力，用拱形门玩钻山洞的游戏锻炼幼儿钻的能力，用平衡木玩小熊过桥的游戏，锻炼幼儿的平衡能力。幼儿在与这些玩具材料进行互动游戏的过程中锻炼了跑、投、钻、平衡等多种能力。

（三）利用丰富的自制玩具，激发幼儿参与体育游戏兴趣，促进体能发展

《幼儿园教育指导纲要》指出："体育游戏能促进幼儿正常发育和身体能力的发展，增强体质，发展幼儿的基本动作，促进幼儿动作灵敏、协调、姿势正确。"在幼儿园体育活动中，很多是以自制材料为载体的。

1. 丰富的自制玩具激发了幼儿参与游戏的积极性

自制玩具就像是幼儿的天使，它形象逼真、近似实物、易感知。颜色鲜艳、样式新颖的自制玩具能够调动幼儿的感官，激发幼儿游戏的愿望，能引发幼儿的积极性，充分调动幼儿的主动性。这些自制玩具呈现在孩子们面前的时候，他们会不由自主地参与到游戏中。例如，教师为幼儿投放了自制的小花轿，两三个孩子一起抬着进行走、跑、跳的游戏；提供自己缝制的老鼠帽子及尾巴，幼儿带在身上玩猫捉老鼠的游戏；投放了用抽油烟机的抽气管制作的龙，幼儿进行舞龙游戏；投放了用废旧纸箱做的漂亮汽车、自制的方向盘，幼儿用它玩开汽车的游戏；投放用露露罐制作的梅花桩，幼儿可以在上面行走发展平衡等。这些样式繁多、种类丰富的自制玩具，激发了幼儿游戏的兴趣，使幼儿在与玩具游戏的过程中获得发展。

2. 自制玩具的一物多玩，发展幼儿多种运动能力

自制玩具的一物多玩，顾名思义就是用一种自制玩具材料想象出多种不同的玩法进行游戏。教师在户外游戏时为幼儿提供自制的彩色小棍，起初很多孩子拿在手里只是把它当做孙悟空的金箍棒，在空中随意挥舞。于是教师组织小朋友开动脑筋想彩色的小棍还可以怎样玩。小朋友们想出把小棍一根一根地摆在地上跳着玩，把小棍当小马骑着玩等。教师又引导幼儿想一想：除了一个人用小棍玩，两个人一起可以怎样玩儿？小朋友们想到两个人分别拉着两根小棍的两端变成汽车，就可以玩开汽车的游戏等。在玩自制软圈时，同样请幼儿想可以怎样玩。小朋友们想到了滚圈、抛圈、套圈、赶小猪、开汽车、开火车、拿着蹲或跳、放在手上转、套在脖子上做花环、放在地上铺成一条小路走或跳、夹圈跳、单脚跳、双脚跳、花样跳圈等。幼儿在与自制玩具进行游戏时，教师是幼儿学习的引路人、点拨者，教师没有直接教给孩子一些玩的方法，只是抛出几个问题，由此调动幼儿继续参与活动的动力，激发幼儿强烈的探索欲望，培养幼儿的探索精神和探索能力，同时在玩的过程中促进其体能的发展。

（四）家园合力，引导幼儿利用游戏材料促其体能发展

《纲要》提出，家庭是幼儿园的重要合作伙伴，家庭和幼儿园同步教育是促进幼儿体能发展不可缺少的条件。因此，在每个学期的家长会及班级的QQ空间中，教师都会向家长介绍几种游戏材料的不同玩法，让幼儿和家长一同进行亲子游戏。例如，教师示范讲解沙包的不同玩法，家长和孩子一同把沙包夹在两腿中间进行夹包跳比赛，把沙包顶在头上进行顶包赛，家长手中拿一个小筐或盆，幼儿拿沙包在指定的位置进行投篮等。家长在家

中对幼儿进行一对一的指导，不仅能锻炼幼儿走、跳、投、平衡的能力，同时也培养了家长与幼儿之间良好的亲子关系。

总之，幼儿在每天与各种户外游戏材料的互动中，激发和培养了体育兴趣，提高了参与体育活动的积极性和主动性，其合作精神、集体意识及交往能力都得到了发展，也培养了幼儿不怕挫折、勇于竞争、勇于创新的良好品质，同时各方面的运动能力也得到不断发展。

幼儿园简介

通州区新城东里幼儿园始建于1983年，是一所市办公立幼儿园。全园占地2793平方米，房屋建筑面积1852平方米，现有教学班级12个，在职教职工60余人，市级骨干教师1名，区级骨干教师5名。2002年被评为北京市一级一类幼儿园，2005年被评为北京市示范幼儿园。我园先后获得北京市“节约型”示范校、北京市社区早期教育示范基地、通州区学习型学校、通州区青年文明号等荣誉称号。2010年接收玉桥东里南社区配套幼儿园，开创了一园两址办园管理模式。

随着时代的发展，我们定位办园理念为：为每一个幼儿的成功人生奠定基础。我们的园所精神是：继承传统，进取创新。我们办园的使命价值观是：促进幼儿发展。以“创设自主活动空间、支持幼儿自主活动（生活、学习），促进幼儿积极主动的发展”为核心，以教研为先导，以自主教育为特色，在“温馨挚爱，严谨求实，和谐奋进”的校园文化建设中，努力探索一园两址的办园管理模式，建构园本课程体系，培养自主、健康、快乐、发展的幼儿，建设学习型、研究型教师队伍，促进幼儿园整体办园质量的发展。

2014年新城东里幼儿园与西营社区深入合作，开展了“逐梦未来”早教基地建设项目，本着服务幼儿、服务家长、服务社区的原则开展早期教育志愿服务活动，活动得到了社区居民的普遍认可和好评。新城东里幼儿园在今后的工作中将一如既往地为社区早期教育的发展贡献我们的力量，促进幼儿健康成长。

图书在版编目（CIP）数据

幼儿园趣味性体育活动案例及论文精选 / 王玉菊主编，李新波副主编.—北京：中国农业出版社，2016.4（2019.6 重印）
ISBN 978-7-109-21533-7

Ⅰ.①幼… Ⅱ.①王… Ⅲ.①体育课－教学研究－学前教育－文集 Ⅳ.①G613.7-53

中国版本图书馆 CIP 数据核字（2016）第 060409 号

中国农业出版社出版
（北京市朝阳区麦子店街 18 号楼）
（邮政编码 100125）
责任编辑 黎春花

北京万友印刷有限公司印刷 新华书店北京发行所发行
2016 年 4 月第 1 版 2019 年 6 月北京第 2 次印刷

开本：787mm×1092mm 1/16 印张：15.5
字数：335 千字
定价：38.00 元